高等职业教育“十三五”规划新形态教材

思想道德修养与法律基础实践教程

主　编　李世龙　王　欣　陈　悦

副主编　刘荣红　王永平　殷遇骞

北京理工大学出版社
BEIJING INSTITUTE OF TECHNOLOGY PRESS

图书在版编目（CIP）数据

思想道德修养与法律基础实践教程/李世龙，王欣，陈悦主编．—北京：北京理工大学出版社，2018.9（2019.1重印）

ISBN 978-7-5682-6285-9

Ⅰ.①思…　Ⅱ.①李…②王…③陈…　Ⅲ.①思想修养-高等学校-教材②法律-中国-高等学校-教材　Ⅳ.①G641.6②D920.4

中国版本图书馆CIP数据核字（2018）第204591号

出版发行／北京理工大学出版社有限责任公司
社　　址／北京市海淀区中关村南大街5号
邮　　编／100081
电　　话／（010）68914775（总编室）
　　　　　（010）82562903（教材售后服务热线）
　　　　　（010）68948351（其他图书服务热线）
网　　址／http：//www.bitpress.com.cn
经　　销／全国各地新华书店
印　　刷／三河市华骏印务包装有限公司
开　　本／787毫米×1092毫米　1/16
印　　张／13.5
字　　数／320千字
版　　次／2018年9月第1版　2019年1月第3次印刷
定　　价／38.00元

责任编辑／梁铜华
文案编辑／梁铜华
责任校对／周瑞红
责任印制／施胜娟

编者的话

《中共中央宣传部、教育部关于进一步加强和改进高等学校思想政治理论课的意见》指出：高等学校思想政治理论课所有课程都要加强实践环节；要建立和完善实践教学保障机制，探索实践育人的长效机制；实现教学方式方法多样化，实践教学规范化；要通过形式多样的实践教学活动，提高学生思想政治素养和社会工作能力，深化教育教学的效果。《中共中央宣传部、教育部关于进一步加强思想政治理论课教师队伍建设的意见》强调指出：完善实践环节制度，要从本科思想政治理论课现有学生中划出2个学分，从专科思想政治理论课现有学分中划出1个学分，作为本专科思想政治理论课实践学分。

本书是2018年版主教材《思想道德修养与法律基础》的配套有益补充。本书的编写，充分反映了习近平新时代中国特色社会主义思想和党的十九大精神，加强了大学生思想道德和法律教育，使大学生通过学习本书的文化知识，完成相关的项目训练和参与社会实践的锻炼，培养思维能力，养成良好行业习惯，提高综合素质，为今后的发展奠定素质基础，最终使大学生成为实现新时代中华民族伟大事业见证者、开创者、建设者，成为新时代中国特色社会主义建设事业的主力军；引导大学生对中华民族波澜壮阔复兴事业进行深刻认识，认清自己肩上的责任，增强拼搏、担当和奉献的自觉意识，在投身民族复兴事业的进程中绽放青春的精彩、成就绚丽的人生。

本书按照章节概述、知识点、重难点剖析、案例分析、实践教学项目设计等体例编写。由武汉职业技术学院李世龙、襄阳职业技术学院王欣、襄阳汽车职业技术学院陈悦担任主编。扬州工业职业技术学院刘荣红、广东舞蹈戏剧职业学院王永平、天门职业学院殷遇骞担任副主编。全书由李世龙、王欣、陈悦统稿。在本书编写的过程中，借鉴和吸取了许多国内外的研究成果，引用了大量的最新资料，对这些成果的作者我们在此表示感谢。由于水平有限，书中难免存在不足之处，敬请广大读者批评指正。

编　者

2018 年 7 月

目　录

学习单元一

人生的青春之问

第一章的主题是人生观问题，以“人生的青春之问”为章题。这一章共设有三节，分别是“人生观是对人生的总看法”“正确的人生观”“创造有意义的人生”，努力对人生观及其意义、我们应当坚持什么样的人生观、如何以正确的人生观为指导创造有意义的人生等重要问题作出明确的引导和回答。在这一章中，展开了对如何正确认识人的本质、人生观的主要内容、人生观与世界观的关系、个人与社会的关系等问题的探讨，落脚于阐明人生观是人们关于人生目的、人生态度、人生价值等人生问题的总观点和总看法；人生观决定着人生道路的方向，也决定着人们行为选择的价值取向和用什么样的方式对待实际生活。将服务人民、奉献社会概括为科学高尚的人生追求，强调大学生只有把自己的人生目的与国家前途、民族命运、人民幸福联系在一起，才能自觉自愿地把自己的一生奉献于利国利民的事业，与历史同向、与祖国同行、与人民同在，在服务人民、奉献社会的实践中创造有意义的人生。

知识点

1. 人生与人生观
2. 人生观的主要内容
3. 人生观与世界观
4. 个人与社会的辩证关系
5. 人生追求与人生态度
6. 创造有意义的人生

重点难点剖析

一、人生与人生观

马克思指出：“人的本质不是单个人所固有的抽象物，在其现实性上，它是一切社会关系的总和。”人们在一定的社会历史条件下，面对各种各样的境遇，在客观的不断变化的社会关系中实践人生，通过现实生活逐渐地感悟人生，形成相应的人生观。

二、人生观的主要内容

人生观的主要内容包括人生目的、人生态度和人生价值。人生目的回答人为了什么活着，人生态度回答人应当怎样活着，人生价值回答什么样的人生才有价值。这三个方面互相联系、相辅相成，统一为一个整体。

三、科学高尚的人生追求

在各式各样的关于人生目的的思想中，高尚的人生目的总是与奋斗奉献联系在一起。“服务人民、奉献社会”的思想以其科学而高尚的品质，代表了人类社会迄今最先进的人生追求。大学生要把为国家和人民事业无私奉献作为人生的最高追求，在服务他人、奉献社会中收获成长和进步。

四、积极进取的人生态度

（一）人生态度与人生观

所谓人生态度，是指人们通过生活实践形成的对人生问题的一种稳定的心理倾向和精神状态。第一，人生态度是人生观的重要内容；第二，人生态度是人生观的表现和反应。

（二）端正人生态度

1. 人生必须认真

要对自己负责、对亲人负责、对周围的人和更多的人负责，进而对民族、对国家和社会负责，自觉承担起自己应尽的责任。满腔热情地投入学习、工作和生活中，在为国家发展和社会进步贡献力量的过程中实现自己的人生价值。

2. 人生当务实

要把远大的理想寓于具体的行动中，不要好高骛远、空谈理想、眼高手低、浅尝辄止，否则就会脱离实际、一事无成。

3. 人生应乐观

要始终保持乐观向上的人生态度，不能因为没有满足自己的期望或者遇到困难和挫折就消极悲观、畏难退缩，甚至颓废堕落、自暴自弃。

4. 人生要进取

要发扬自强不息、敢为人先、百折不挠、坚韧不拔的精神，始终保持蓬勃朝气、昂扬锐气，充分发挥创造力，在为他人谋福利、为社会做贡献中努力提升自己的价值，在创新创造中不断书写人生的灿烂篇章。

五、正确评价人生价值

（一）人生的自我价值与社会价值

人生价值内在地包含了人生的自我价值和社会价值两个方面。人生的自我价值是个体的人生实践对自己的生存和发展所具有的价值，主要表现为对自身物质和精神需要的满足程度。人生的社会价值是个体的人生实践对社会、他人所具有的价值。衡量人生社会价值的标准是个体对社会和他人所做的贡献。

人生的自我价值和社会价值，既相互区别又紧密联系、相互依存，共同构成人生价值的矛盾统一体。一方面，人生的自我价值是个体生存和发展的必要条件。个体提高自我价值的过程就是通过努力自我完善，以实现全面发展的过程。人生自我价值的实现是个体为社会创造更大价值的前提。另一方面，人生社会价值的实现是个体自我完善、全面发展的保障。没有社会价值，人生的自我价值就无法存在。人是社会的人，这不仅意味着个体物质和精神的需要必须在社会中得到满足，还意味着以怎样的方式和在多大程度上得到满足也是由社会决定的。一个人的需要能不能从生活中得到满足，在多大程度上得到满足，取决于他的人生实践对社会和他人的贡献，即他的社会价值。

（二）人生价值的标准

人的社会性决定了人生的社会价值是人生价值的最基本内容。一个人的生活具有什么样的价值，从根本上说是由社会所规定的，而社会对于一个人的价值评判，也主要是以他对社会所做的贡献为标准。个体对社会和他人的生存和发展贡献越大，其人生的社会价值也就越大；反之，人生的社会价值就会越小。

人生价值评价的根本尺度，是看一个人的实践活动是否符合社会发展的客观规律，是否促进了历史的进步。在今天，衡量人生价值的标准，最重要的就是看一个人是否用自己的劳动和聪明才智为国家和社会真诚贡献，为人民群众尽心尽力服务。

（三）人生价值的评价

比较客观、公正、准确地评价社会成员人生价值的大小，除了要掌握科学的标准外，还需要掌握恰当的评价方法。

1. 坚持能力有大小与贡献须尽力相统一

每个人的职业不同、能力大小不同，对社会贡献的绝对量也不同，任何人只要在自己的岗位上尽职尽责、兢兢业业，就应该对其人生价值给予积极肯定的评价。

2. 坚持物质贡献与精神贡献相统一

人的生产劳动是物质生产劳动和精神生产劳动的统一及两种生产劳动成果的相互转化。社会的发展与进步是物质文明和精神文明的共同发展与进步。评价人生价值不仅要看一个人对社会做出的物质贡献，也要看他对社会做出的精神贡献。

3. 坚持完善自身与贡献社会相统一

人生的社会价值是实现人生自我价值的基础，评价人生价值的大小主要应看一个人对社会所做的贡献，但这并不意味着要否认人生的自我价值。社会是人类创造并由其个体组成的，人的自我完善和全面发展、人生自我价值的实现，是社会发展的根本目标；而人生自我价值的实现，又有助于个体为社会创造更大价值。

六、人生价值的实现条件

（一）实现人生价值要从社会客观条件出发

人生价值是在社会实践中实现的，人的创造力的形成发展和发挥都要依赖于一定的社会客观条件。大学生要把自己的人生追求建立在正确把握当今社会发展实际的基础上，努力实现自己的人生价值。

（二）实现人生价值要从个体自身条件出发

人的自身条件会有一定的差异。大学生要针对自己成长成才过程的实际，注重完善知识结构、丰富社会实践，坚持实事求是的原则，努力客观认识自己，准确把握影响人生价值实现的自身条件。

（三）不断增强实现人生价值的能力和本领

事实上，个人的主观努力，在相当大的程度上也决定着人生价值实现的程度。大学生可塑性强，可以通过各种方式和途径，全面提高自身的综合素质和能力，努力创造实现人生价值的良好条件。

七、辩证对待人生矛盾

（一）树立正确的幸福观

幸福是奋斗出来的。奋斗者是精神最为富足的人，也是最懂得幸福、最享受幸福的人。幸福不是毛毛雨，幸福不是免费午餐，幸福不会从天而降，幸福都是努力奋斗的结果。

（二）树立正确的得失观

大学生要以积极进取的态度去面对生活中的成败得失，使一时的成败得失成为人生的财富而不是人生的包袱。不要拘泥于个人利益的得失，要追求高尚的道义，跳出对狭隘利益的计较，既不要满足一时的得，也不要惧怕一时的失。

（三）树立正确的苦乐观

苦与乐既对立又统一，又在一定条件下相互转化。不经历风雨怎能见彩虹，不经历人生的苦难，怎能享受人生的乐趣？大学生要做迎难而上、艰苦奋斗的开拓者。

（四）树立正确的生死观

大学生要牢固树立生命可贵的意识，倍加爱护自己和他人的生命，理性面对生老病死的自然规律，努力使自己的生命绽放人生应有的光彩。我们无法增加生命的长度，但能追求人生的高度，努力给有限的个体生命赋予更有价值的意义。

（五）树立正确的荣辱观

大学生只有具备正确的荣辱观，才会在纷繁复杂的社会生活中明确应当坚持什么和提倡什么、反对和抵制什么，从而为自身判断行为得失作出道德选择，确立价值取向，提供基本的价值准则和行为规范。

（六）反对错误人生观

1. 反对拜金主义人生观

拜金主义人生观是一种认为金钱可以主宰一切、把追求金钱作为人生至高目的的人生观。在人类历史上，有了金钱就有了对金钱的崇拜，但拜金主义作为一种社会思潮却是伴随着资本主义的发展而形成的。

2. 反对享乐主义人生观

享乐主义人生观，是一种把享乐作为人生目的的人生观。主张人生的唯一目的和全部内容就在于满足感官的需求与快乐。

3. 反对极端个人主义人生观

个人主义人生观是以个人的利益为出发点和归宿的人生观。主张个人本身就是目的，具有最高价值，社会和他人只是达到个人目的的手段。极端个人主义是个人主义的一种表现形式，强调以个人为中心，在个人与他人、个人与社会的关系上表现为极端利己主义和狭隘功利主义。

案例分析

【案例一】 一位战略科学家的追梦人生

黄大年离开后的第246天，博士生乔中坤发了一条朋友圈，缅怀他的这位严师慈父和忘年之交。

这一天，是2017年9月10日。

2009年，51岁的黄大年放弃英国的一切，作为国家“千人计划”特聘专家回到祖国。他选择了到母校吉林大学做全职教授，成为东北第一个引进的“千人专家”。他负责“深部探测关键仪器装备研制与实验项目”及相关领域科研攻关，引领中国科学家冲入“深地时代”。

他没日没夜地工作，办公室深夜明亮的灯光被称为吉林大学地质宫“不灭的灯火”……

黄大年抱着“活一天就赚一天，哪天倒下就地掩埋”的信念，在通往世界科技强国的征途上，拼搏到生命的最后一刻。

正如他在生前最后一次接受采访时说：“为了理想，我愿做先行者、牺牲者。我已经50多岁了，生命也就这么几年了，我要做出点儿事情，让后来人有一条更好走的路。”

身影：追星逐日以身许国

吉林大学地质宫507房间的门一直关着。那个繁忙的身影，再也不曾出现。

很长一段时间，黄大年的工作秘书王郁涵都不敢从那扇大门前走过。

“哐当……”一年前从507办公室传来的那声闷响，王郁涵每每追忆都心悸不已，“冲过去一看，黄老师倒在地上了”。

翌日，在北京青龙桥地球深部探测中心，从长春飞来的黄大年神采奕奕，没有人知道他前一天曾累倒在地，也没有人知道他上台前悄悄吃了速效救心丸，与会评审专家认真听取他所负责的“深部探测关键仪器装备研制与实验项目”的汇报，最终给予了“项目成果具备国际领先水平”的专家组意见。

黄大年每天追星逐日，跟时间赛跑。

7年间，他平均每年出差130多天，最多的一年出差160多天，几乎每次出差的日程都被安排得满满的。订“最晚的班机”已经成了惯例，他总是在最后一刻合上电脑，下楼上车，等飞机平稳，再次打开电脑……

科学竞争只有第一，没有第二。不管你付出多少努力，都有可能在这场争分夺秒的竞赛中被其他人领先一个身位，顶尖科学家都被这种不安全感环绕着，黄大年也不例外。

没人知道，黄大年把24小时掰成多少块。

一拨拨记者进入黄大年生前的办公室、实验室，与曾和他并肩战斗的同事、学生谈话，试图拼凑出一张黄大年回国7年的图谱。可这张图谱始终没能形成一个完整的闭环，它总是被分叉的线头引向千头万绪，就像当我们凝视着黄大年办公室里足以覆盖整个墙面的2016年日程表，不断深入其中一件采访时，我们会发现，在那个时间点他同时做着其他几件事。

对于时间，黄大年锱铢必较。

“真的没时间”，每次让黄大年填写荣誉材料，吉林大学地球探测科学与技术学院党委书记黄忠民都会被这句话堵回来，“大年参加学术会议或讲座，能准备十几页的材料，但要让他填报荣誉材料，半页纸都找不到。”

黄大年对时间的焦虑感并非无来由，他知道地质勘探对于一个国家有多重要。

回国后，有一次记者问黄大年：中国的深地探测与西方发达国家有多大的差距？

“我们是‘小米加步枪’，人家是‘导弹部队’。”黄大年语气中带着忧虑，“就这些‘步枪’，还是进口来的！”

2009年年底，阔别祖国17年之久的黄大年，放弃英国国籍，说服妻子卖掉经营多年的两家诊所，“逃离”了英国。“必须立刻走，我怕再多待一天都有可能改变主意。”当时的他，正担任剑桥ARKeX地球物理公司研发部主任、博士生导师，带领着一支包括外国院士在内的300人团队，从事海洋和航空快速移动平台高精度地球重力和磁力场探测技术工作。

朋友孙伟说：“他这一回来，就像跑步上了战场！”

黄大年会抓住一切机会谈工作和构想，像一个布道者。“每次一见面，不论原来主题是什么，他说不了两句，就会开始讲他的科研。”比黄大年高一级的学长、吉林大学原党委副书记韩晓峰说。

但对学生，黄大年的时间支配简直是“挥金如土”。

在黄大年的笔记本电脑里，他给每名学生都建了学习笔记和读书报告文件夹，在开会休息期间他就通过邮件批阅。每次出差的午休时间，他都会通过视频通话，给学生解答问题。乔中坤记得，无数次黄大年拖着行李和疲惫身体出差回来，第一站总是实验室，他要检查学生的学习近况。

“进的青涩出的才。”这是国家交给他的另外一项使命。“我是在为国家培养人才，马虎不得。”黄大年常说。

7年间，黄大年指导了18名博士研究生、26名硕士研究生，还担任过地球物理系第一届“李四光实验班”班主任。这个班的好几名学生继续攻读硕博学位时，都选择了他做导师。

“你们是为国家做事情的人，老师有一身的本领要教给你们。”乔中坤本科刚入学时并不太理解黄大年这番话的意思，7年后，他懂得了老师每一句话的意思。

“我是从农村考来的，眼界、专业知识都是跟着黄老师一点点打开的。”黄大年住院后，乔中坤和其他学生轮流值守，他心疼原来那么壮实的导师在病床上一天天虚弱下去，“总觉得他打几天针，做了手术，能好起来……没有想到他就这样走了”。

黄大年去世后，他带的第一批博士生、“大弟子”马国庆比以前更忙了，晚睡早起，整天泡在实验室里，他要把导师未完成的工作做下去。

如今，那个繁忙的身影已经消失了，但地质宫的灯依旧夜夜不眠。

梦想：与世界比肩的“深探梦”

那个梦想，如同信仰一般，种在少年黄大年的心中。

地下千尺，黑褐色的煤层下埋藏着什么？这曾是黄大年少年时代的“天问”。

带上行囊，随父母钻进卡车，从一个矿区驶向另外一个矿区，这种情景在黄大年的童年不断重复着。在地矿系统长大的黄大年，从小跟着父母在矿区流动，“居无定所”，矿区像他另一个家。从那时起，“勘探”如同宿命般，同他，也同他脚下这片土地纠缠在了一起。

黄大年额头有一条明显的伤疤，那是物探在他身上留下的第一个痕迹。高中毕业后，单位子弟大多直接在系统内参加工作，黄大年也不例外地被分在广西第六地质队，做了物探操作员。“那时的工作充满风险，伤是在采集关键数据时留下的。”黄大年曾对人说。

山路，对于身为物探队员的他早已如同平地。1977 年高考前一天，他整整徒步一天，走向了广西容县杨梅公社中学，走进改变命运的考场，也踏上了一段传奇之旅。

放榜时，他以超出录取分 80 分的成绩考入长春地质学院（现吉林大学朝阳校区），毕业后留校任教。“大年老师当年的成绩是可以上清华北大的，但他依然选择了地球物理。”马国庆说。

韩晓峰长黄大年两岁，大学时比黄大年高一个年级，他说：“我俩不是一个专业的，但我对他印象很深，‘文化大革命’刚过，好不容易能够上大学，那个时候大家都刻苦，比着学，大年专业成绩和专业意识都非常出色，是全校仅有的 10 个‘三好标兵’之一。”

“农林水地矿油，当时是最艰苦的专业。”韩晓峰回忆说。

“同学们，你们知道什么是地质勘探吗？”开学时，老师问台下学生，学生们都摇头。

老师教他们唱了一首歌：“是那山谷的风，吹动我们的红旗。是那狂暴的雨，洗刷我们的帐篷。我们有火焰般的热情，战胜了一切疲劳和寒冷。背起我们的行装，攀上层层的山峰。我们满怀无限的希望，为祖国寻找出丰富的矿藏。”

“唱起这首歌，便知是地质人。”这首《勘探队员之歌》如同暗号，串联起那个时代地质人的共同梦想。

野外，尖利如刀的疾风，挟着沙石，磨糙皮肤，那是个苦差事。以铁轨声、驼铃声为伴奏，青年黄大年唱起这首歌时，浑厚歌声从胸腔发出，响彻荒原，一股力量在心中升腾，驱散疲劳。

几十年前，“为国家找矿”对于黄大年来说是一种近乎梦想的使命。他总是比其他人更刻苦、更努力，无形的鞭子在鞭策他。几十年后，他成了地球物理专家，初衷不改。

人工智能专家王献昌是被黄大年拉到吉大的“千人专家”，他说：“大年的梦想，是要形成高空、深海、深地综合的探测系统，这个目标非常宏大。”黄大年生前对王献昌说“自己一心想要为国家把失去的 20 年追回来”。

如今，国家间的竞争既是文化软实力的竞争，更是科技硬实力的竞争。

在大宗矿产资源领域，我国矿产资源探明程度仅为 1/3，依赖进口已成为影响我国经济发展和国家安全的重大问题。未探明的“2/3”，究竟在哪里？在陆地下 500 ~ 4 000 米乃至更深的地方！

当西方发达国家勘探开采技术深度已达 2 500 ~ 4 000 米时，我国却大多小于 500 米。向地球深部进军是我国面对国际能源竞争必须解决的战略问题。发展地球物理探测技术是其中的关键。

有人将黄大年称为“战略科学家”，很多人表示不理解。吉林大学地球探测科学与技术学院院长刘财觉得这是一个恰如其分的定位。

"一个科学家他是不是战略科学家，首先是他规划、完成的事情是不是服从于国家需要，是不是站在国际前沿上去思考问题；他所统领的各个碎片化的工作重新集成以后，能不能集成出一个真正的国家需求、国际前沿的这么一个成果来，或者说一个研究领域来。我觉得他做到了。"刘财说。

翻看黄大年的名片，上面的头衔是"吉林大学移动平台探测技术研发中心主任"。这个中心正是他回国后力推成立的。

在所有航空物探仪器中，最关键的是航空重力梯度仪，它历来是探测装备领域的制高点之一。它可以反映地下密度突变引起的重力异常中的变化，探测精度非常高，可以探测出海面以下几百米深度内一辆卡车大小的目标，并且效率也很高，不受地形限制，一天就可以完成传统方法几个月的工作量，这种装备对资源探测和国土安全意义重大。

2010 年 6 月，黄大年出任第九项目"深部探测关键仪器装备研制与实验"首席科学家，专攻深部探测所急需的高端设备的研发和实验。

黄大年没有把眼光仅仅盯着自己的学校，而是放眼全国，寻找最适合的科研单位。

许多单位想要参加，他不提前通知，直接"飞"到人家的实验室和车间，摸清对方资质和水平。一旦选到合适的科研单位，他会直接给对方负责人打电话，开口便说："我有一个几亿元的项目，想请您单位参与进来研究。"以至于很多单位的领导接到电话简直不敢相信："谁会主动给钱、给项目？不会是骗子吧！"有些自认为和他关系不错的专家找来，想"争取经费"，他一句"我没有对手，也没有朋友，只有国家利益"，噎得对方说不出话来。

后来，大家发现，"居然连吉林大学也没有多拿一分钱"。

为此，黄忠民曾与他争执，"学校学院年底都有考核，在项目和经费分配上，你给吉林大学做了什么，给学院又做了什么？"黄大年听罢只回答："可这是为国家做事。"

2016 年 6 月 28 日，以他所负责的第九项目"深部探测关键仪器装备研制与实验"结题为标志，短短几年时间，中国深部探测能力已跃居国际一流水平，部分领域处于国际领先地位。欧美学界发出惊叹——中国人不再沉默了，中国正式进入"深地时代"！

是夜，庆功宴上的黄大年喝掉半瓶白酒，泪水纵横："咱们追上了，终于追上了！"

旋律：海归科学家的爱国之歌

几年前的一次吉林大学留学人员联谊会上，吉林大学艺术学院副教授姚立华演唱了《我爱你中国》。一曲终了，一位个头不高、身材微胖的人走过来一边和她握手一边说："这首歌让我感动，我们常年在国外的人，对祖国的爱很深很深。"她能看出来，这位老师刚刚流了泪。

后来她知道这位老师叫黄大年，他是一个有很多头衔的专家，但他有个身份，是他最看重的——"爱国者"。如今，这位听到《我爱你中国》就会热泪盈眶的人却永远走了，消失在北方银色的冬天里。

2009 年年底，黄大年决定回国。

一切的起因，只是一封短短的邮件。

这是刘财发给黄大年的一封邮件，邮件中是国家"千人计划"的有关材料。

这封邮件让黄大年心潮澎湃。

"振兴中华，乃我辈之责！"1982 年 1 月，他在大学毕业纪念册上这样写道；

"我一定会回来的！"18 年前，他赴英国利兹大学攻读地球科学系博士学位时，对为自己送行的同学说；

“是时候了！”收到刘财的邮件后，黄大年做了一生中最重要的一个决定。它意味着放弃了每天绅士般的生活，放弃了世界上最好的科研条件，放弃了国际著名地球物理学家的高薪待遇……

他毫不犹豫地回到东北，回到他的母校，他爱这个国家的一草一木，就像他最爱的那首《我爱你中国》里唱的那样——“我爱你碧波滚滚的南海，我爱你白雪飘飘的北国”，他要把真正的论文写在自己祖国的大地上。

“当时我们有一项地球勘探项目，想在‘十二五’时期取得突破，缺一个领军人物。正着急时，有人推荐了刚回国不久的黄大年。”科技部一位负责人回忆道，“我去长春找了他，第二次见面才敢开口求他——因为这个经费上亿元的项目里，黄大年分不到一分钱。”“没问题！”黄大年不假思索的回答让对方愣住了，“我有一肚子的想法和本事，只要国家需要，我就和盘托出。”

2010 年春天的一个早上。项目课题组组长视频答辩会马上就要开始了，但人员还没到齐，汇报材料也没交全。“人浮于事！”电脑前的黄大年手一挥，猛地把手机砸向地面，把手机屏幕摔了个粉碎。助手们都惊呆了，从没见过黄老师发这么大的火。

“汇报材料不好好做，开会不按时到！这可都是国家的钱，都是纳税人的钱啊！”黄大年拍着桌子吼道。事后，黄大年坦言：“我有时很急躁，我无法忍受研究进度随意拖拉。我担心这样搞下去，中国会赶不上！”

同样是吉大人，同样旅居国外 18 年，同样的功成名就，在见到黄大年之前，吉林大学计算机科学与技术学院“千人计划”特聘教授崔军红就对这个师哥有种惺惺相惜的感觉。一次偶尔的学术交流，让当时还是美国康涅狄格大学教授的她再次踏上故土。

“中国水下国门洞开。”黄大年语气中的忧愤和焦虑让她难忘。跟黄大年从事的深地探测一样，崔军红所从事的水下通信在国内也面临着高端设备依赖进口的处境。

“回来吧，吉林大学要上天入海，母校需要你，祖国更需要你。”黄大年的语气中有种让人难以抗拒的魔力，闭门 5 小时的深谈后，走出地质宫，天擦黑，崔军红心绪澄明，她打定主意回国。

后来她才知道，黄大年在下一盘很大的棋，“他要打造一个学术特区”。2016 年，回国仅仅半年多，黄大年就统筹各方力量，打造了一个辐射地学部、医学部、物理学院、汽车学院、机械学院、计算机学院、国际政治系等的非行政化科研特区。

“大年的这个战略设想涉及卫星通信、汽车设计、大数据交流、机器人研发等领域的科研，可在传统学科基础上衍生出新方向，有望带动上千亿元产业项目。”现任吉林大学交叉学部副部长的“千人计划”专家马芳武说。

而支撑起这个特区的，是一批像黄大年一样的归国教授，王猷昌、马芳武、崔军红……

“试问有谁不爱国！”崔军红说。黄大年那没有任何杂质的拳拳赤子心，点燃了他们内心的冲动。“没有‘海漂’经历的人，很难理解我们这些‘海归’内心的急迫。”

“中国需要黄大年们，黄大年们更需要中国。”

在吉林大学移动平台探测技术研发中心，“千人计划”特聘专家、吉林大学地球探测科学与技术学院殷长春教授腰上缠着治疗腰肌劳损的护腰，那是长年劳累的后遗症。记者推开林君办公室的门时发现座位上的他握着笔睡着了……

在之后的采访中，不断涌现的细节一遍又一遍确认着，黄大年并非“孤勇”，这里有一帮跟他一样醉心科研的“疯子”。

2016 年 11 月 19 日晚上八点多，黄大年突然在微信朋友圈里问道：“谁还记得我们在校庆 70 周年晚会时合唱的那首歌叫啥名字？一天一夜没睡了，刚吃完一顿饭，就想听‘她’。”

这首让黄大年念念不忘的歌曲，正是 1988 年中央电视台播放的一部讴歌钱学森、邓稼先等科技知识分子的专题片主题曲——《共和国之恋》，歌词写道：“在爱里在情里，痛苦幸福我呼唤着你；在歌里在梦里，生死相依我苦恋着你……”

如今，这位爱国者已经离开，但是这首爱国之歌将被永远传唱下去。

——来源：《中国教育报》

【案例讨论】

1. 黄大年的追梦人生，体现了他怎样的人生价值观？

2. 作为当代大学生，你应该怎样向黄大年学习？

【思路引导】

一个人确立了服务人民、奉献社会的人生追求，才能清楚地把握人生的生命历程和生活目标，深刻理解人为了什么而活、应走什么样的人生之路等道理，才能始终对祖国和人民具有高度的责任感，在服务人民、奉献社会中实现自己的人生价值。黄大年将毕生所学贡献给祖国，为实现中国梦贡献智慧和力量，就是它生命价值的终极体现，就是照亮世界的精神之光。大学生要把为国家和人民事业无私奉献作为人生的最大追求，在服务人民、奉献社会中收获成长进步。

【案例二】“中国核潜艇之父”黄旭华功勋赫赫埋名 30 年

为保守国家最高机密，“中国核潜艇之父”黄旭华在研制核潜艇的 30 多年间，淡化了和家人之间的关系。若干年之后他的工作可以公开了，家里人才知道，他是在从事一项伟大的事业。

上月 17、18 日，黄旭华赴京参加“感动中国 2013 年度人物”颁奖典礼的录制，其间，他接受了央视《面对面》栏目和本报记者的采访。谈起往事，他说：“为祖国的核潜艇事业隐姓埋名，我无怨无悔。”

母亲生前一句话让他数次哽咽

1957—1986 年，黄旭华都没有回过广东老家。当他 30 年后第一次回到家乡时，他早已从一个青年变成花甲老人，母亲也已到 93 岁高龄。

黄旭华的身份公开后，他把媒体的报道寄给母亲，母亲看了很感动。回到家后，母亲特地把兄弟姐妹聚到一块，她讲的一句话，至今让黄旭华铭记于心：我是家里的老三，她说：“三哥的事情，大家要谅解。”

说到这里，黄旭华的声音哽咽了，泪光在眼中闪动。

在采访过程中，黄旭华又数次提及母亲说过的这句话，每次都忍不住落泪。“过去家里很困难，还想方设法培养我读大学。我 30 年都不回去，家里人自然有怨言，以为我大学一毕业，就把家给忘了。”

黄旭华隐姓埋名的 30 年，也正是家里最需要他的时候——父亲和二哥去世，他都因为研制工作太忙，没能回去奔丧。“父亲只晓得我在北京工作，一直到去世，他都不晓得我具体在什么单位、在干什么。”

30 年中，家里人和黄旭华之间的联系，仅仅只是一个海军的信箱。他不能回家，只能每月从工资里拿出 10 元、20 元寄回去。

“如果家里需要你帮忙怎么办呢?”记者问。

“那没办法，我还有 8 个兄弟姐妹，只能靠他们了……其实当年不止我一个人，我们团队的每一个人都像我一样。所以母亲的谅解，这辈子都让我非常感动!”黄旭华回答。

欠小女儿一个诺言至今未实现

黄旭华 1956 年成家后，由于工作忙，妻子、女儿很难跟他在一起。“妻子刚生完孩子，第三天我就到北京去了。我们分居好几年，都是她一个人带小孩，既当爹又当妈。”

女儿出生后，也很少见到父亲。有一次，黄旭华从外地回家，女儿说了一句让他哭笑不得的话:“爸爸，你到家里出差了?”

黄旭华是客家人，妻子拿这个跟他开玩笑：“你是真正的‘客家人’，你到家里来是做客的。”

最让黄旭华内疚的是，他对小女儿食言了。“我每次回家，她都会讲：‘爸爸回来了，是不是星期天带我去中山公园划船?’我答应她了。”

有一次，黄旭华果真带小女儿去中山公园玩了。可到划船的地方一看，排队的人太多，父女俩只好作罢。

“她早已长大，也有了小孩，可到现在为止，我都没有实现自己的诺言。女儿跟我母亲讲的一样，对她的父亲是谅解。”黄旭华说。

深潜成功后艇上写打油诗一首

20 世纪 70 年代末，美国核潜艇“长尾鲨”号做深潜试验时葬身大海，艇上 100 多人全部遇难。

1988 年，中国进行这项最危险的试验时，已经 62 岁的黄旭华亲自下潜，成为世界上核潜艇总设计师亲自下水做深潜试验的第一人。

黄旭华回忆，当年有人强调“任务光荣”，越讲光荣，艇员的思想就越乱，有的人甚至给家里写了遗书。“有人下艇之前唱了一首《血染的风采》，这首歌很好，但我当时说，‘今天要下潜，不希望大家唱这首歌，而要唱一个雄赳赳气昂昂的歌’。”

为了稳定军心，给大家打气，黄旭华决定亲自下潜。

下潜到设计要求深度时，艇上鸦雀无声……当核潜艇重新上升到水下 100 米左右时，气氛一下子变了，艇员们激动得相互拥抱。

有人建议黄旭华为试验成功题字，他写了首打油诗：“花甲痴翁，志探龙宫，惊涛骇浪，乐在其中。”

正是这一年，我国政府对外宣布：中国进行核潜艇水下发射运载火箭试验成功，中国成为继美、苏、英、法之后，世界上第五个拥有第二次核打击力量的国家。至此，中国第一代核潜艇的研制走完了它的全过程。

科研足迹

由于在核潜艇研制中做出的重大贡献，黄旭华个人获全国科学大会奖，还两次获得了国家科技进步奖特等奖（集体）。

1988 年

中国核潜艇准备进行极限深潜实验。黄旭华亲自上艇实验。

1963 年

设计出一艘长 25 米的实验艇，仅能容纳一人驾驶，海上航行实验成功。

1958 年

担任核潜艇研制总工程师，当时他就下定决心不计名利得失。

1954 年

在外国专家指导下，很快造出了新中国第一艘扫雷艇、猎潜艇。

1945 年

黄旭华以第一名的成绩被上海交通大学造船系录取。

时代到处是惊涛骇浪，你埋下头，甘心做沉默的砥柱；一穷二白的年代你挺起胸，成为国家最大的财富。三十载赫赫而无名，花甲年不弃使命，你的人生正如深海中的潜艇，无声但有无穷的力量。

——来源：《长江日报》，2014 -01 -18

【案例讨论】

1. 黄旭华的感人事迹给你最大的启示是什么？

2. 黄旭华隐姓埋名 30 年，你认为值得吗？

【思路引导】

黄旭华隐姓埋名 30 年，一生只做一件事，一件事可以做一辈子，一辈子感动一国人。那代人只有奉献，没有索取，用生命和血肉奠基了今日中国之崛起。科学的大家，人民的骄傲，向您致意！国家的英雄，民族的脊梁，向您敬礼！为此他获得了“感动中国 2013 年度人物”，在颁奖时，他发表了获奖感言：“现在在我子孙面前，我很自豪、很骄傲！因为我这一生没有虚度。此生属于祖国，属于核潜艇，我无怨无悔！”黄旭华用他感人的亲身经历和实践，回答了什么是正确的幸福观、得失观、苦乐观、生死观、荣辱观，并告诉我们：不是每个人都能成为杰出人物，但是只要每个人都能在自己的岗位上脚踏实地、埋头苦干，发挥聪明才智，为社会做贡献，就可以实现自己的人生价值，创造有意义的人生，成就出彩人生。

实践教学设计

【项目一】 大学生人生观、价值观现状调查

在讲授本专题之前，对大学生人生观、价值观现状进行问卷调查，掌握大学生人生观、价值观的整体情况和时代特征，引导学生树立科学高尚的人生观和价值观，为国家和民族的发展贡献出自己的力量。

【资料】大学生人生观、价值观现状调查问卷

1. 你的性别是：

A. 男　　　　B. 女

2. 你的年龄是：

A. 17～19　　B. 20～22　　C. 23～25

3. 你现在是否是学生：

A. 是　　B. 不是

4. 你来自哪里：

A. 城市　　B. 农村

5. 你是否是独生子女：

A. 是　　B. 否

价值观

6. 假如现在有一个发展前景很好的工作机会，但是这项工作在2年内需要经常加班，还要远离家人，这样你是否愿意接受挑战？

A. 非常愿意，这是一个锻炼自己的好机会，我会认真地工作

B. 可以尝试一下

C. 太辛苦了，还是平淡的生活比较适合

7. 如果你和你最好的朋友在同一家公司工作，现在你们两个中只有一个升职的名额，而且这对你的未来很重要，你会怎么做？

A. 光明正大地公平地与朋友竞争，在平时踏踏实实地做好自己的工作

B. 在平时和上司、同事搞好关系，希望他们能投自己一票

C. 在合法的前提下，运用各种手段实现自己升职

D. 在不被发现的前提下，运用各种手段实现自己升职

E. 顺其自然，让上司做选择

8. 你平时是如何消费的，有没有对于消费的计划？

A. 不太做计划，只要是合理的需要就可以买，钱不够再另外想办法

B. 量入为出，按计划使用

C. 控制在一定范围内，但是具体消费不在意

9. 你在交朋友时有什么要求？（请选三项最重要的）（多选题）

A. 和自己志趣相投的

B. 家里有背景的，有钱有势的

C. 学习成绩好的

D. 各方面能力强的

E. 自己觉得有亲切感的，投缘的

F. 条件和自己差不多的

10. 下面两种交友情况你更倾向于哪一种？

A. 朋友越多越好，多个朋友多条路

B. 朋友数量不在多，有几个知心朋友就好

C. 无所谓朋友多少，我一个人也过得挺好

11. 如果你在路边看到老人摔倒了，你会怎么做？

A. 虽然想去扶老人，可是没有行动，装作没看到

B. 马上去扶老人，看老人有没有受伤

C. 先找一个路人帮忙作证，再去扶老人

12. 你是否关注社会上的时事热点问题？
A. 很关注，每天都看新闻
B. 偶尔会关注一下
C. 很少关注
13. 对于这两天报道的伦敦奥运会，你怎么看待？
A. 这是我们国家体育事业的又一重要事件，感到很骄傲
B. 在看奥运会的时候很激动，很兴奋，这主要是国家体育局的事，和我们没多大的关系
C. 知道这事，但是没怎么关注

人生观

14. 如果给你选择，你最想拥有的是？
A. 美貌　B. 健康　C. 财富　D. 智慧
15. 你有明确的人生目标吗？
A. 有，非常明确　B. 有大致的方向，但不明确
C. 有，但经常替换　D. 没有，很少考虑
16. 在理想和现实的矛盾中，你会选择：
A. 现实最重要
B. 理想最重要
C. 在立足现实的基础上，追求理想
D. 在立足理想的基础上，追求现实
17. 如果你的心情有剧烈起伏（比如焦虑、愤怒等），通常你会以什么方式调整自己的心情？
A. 找信任的朋友倾诉
B. 逛超市或吃一顿好的，要么好好睡一觉，或冲一个澡
C. 打电脑游戏
D. 其他
18. 你认为当前最能规范人们行为的准则是：
A. 道德、纪律　B. 法律　C. 信仰　D. 社会家庭教育
19. 你觉得你可以控制自己的思想吗？
A. 完全可以　B. 绝大多数时候可以
C. 绝大多数时候不行　D. 几乎不能
20. 你是怎么丰富自己的精神生活的？
A. 看各种励志书籍
B. 听轻音乐
C. 到网上浏览关于心灵方面的内容
D. 其他
21. 你对生命的理解是：
A. 生命只有一次，且行且珍惜
B. 生命的意义在于获取他人的承认

C. 生无可恋，不如死了干净

D. 人应该为自己而活

世界观

22. 请选择你对“我思，故我在”这句话的感觉：

A. 简直是高山流水觅知音啊

B. 想过这个问题，但无力深入

C. 这仅仅是那位哲人的看法吧

D. 下次写思想汇报的时候似乎用得上

E. 一派胡言，看也看不懂

23. 可以想象到未来的我是一个怎样的人？

A. 如果你了解我，你看到的即我为未来铺设的道路

B. 目标在那里，你看到了吗

C. 父母已经与我商量好了一切，我只需一步步走下去便能到达

D. 这个问题让我感到慌张了，必须思考一番

E. 还没到时候，慢慢来嘛，我还想多玩几年呢

24. 人是有群居性的，说说你认为有几个朋友比较好？

A. 天下之大，吾友便天下

B. 人生得知己二、三足矣

C. 朋友要多，这样我们才能互相帮助

D. 随便啊，我能有多少朋友呢

25. 怎样的事物才可以被称为“无价之宝”？

A. 我说不出它，说出来它即会被我框定价值

B. “真理”，因为那是我们所不断追寻的目标

C. 同时具备世间罕有，且具有强大升值空间的事物

D. 那个在我心中不能被取代的东西，我会努力尝试保护的东西

E. 它不在特定的范围之内，却包含着所有的内容

F. 没有什么东西是不能被定价的，只有价值过高让人望而却步的事物

26. 怎样的战争才是正义的战争？

A. 文化不行武力加诛，没有哪场战争是正义的，那些正义只不过是战争的导火索

B. 对人类社会文化进步有积极促进作用的战争是正义的战争

C. 胜利者的战争就是胜利的战争，反之就是非正义的

27. 选择最接近你对“生命诚可贵，爱情价更高，若为自由故，两者皆可抛”的想法：

A. 他用自己的诗歌让我们看到了他的内心，我会与他感同身受

B. 我无法完全赞同他的说法，对我来说世间真理才能让我抛弃一切

C. 只要青山在不怕没柴烧嘛……何必抛来抛去

D. 我可以赞同他的眼界，但我也有我对生命与自由以及爱情的看法

E. 我们以极小的概率来到这个世界，生命的价值应该高于其他二者

28. 事业的基石是什么，事业的顶峰又是什么？

A. 基石是我拥有的知识和价值取向，顶峰是我今生将这些东西丰富到极致

B. 基石是我拥有的知识与方法，顶峰是用它们创造出更伟大的“作品”

C. 基石是我拥有的资金与知识，顶峰是利益的最大化

——来源：由作者整理资料得到

【项目二】 社会焦点透视——大学生救人溺亡，打捞者绑尸谈钱

在学习“正确的人生观”时，组织学生观看《长江大学学生救儿童，英勇献身》及《打捞船只绑尸索要高额打捞费》的视频，引导学生围绕以下问题展开讨论：

1. 3 名大学生为救两名儿童不幸身亡，你怎么看待这件事情？他们的死值得吗？
2. 打捞英雄尸体还要索要天价报酬，合理吗？

通过课堂讨论使学生客观认识整个事实真相，引导学生自觉抵制错误的人生观，端正人生态度，在奉献社会为人民服务的过程中实现自己的人生价值。

【资料 1】大学生救人溺亡，捞尸者手牵绑尸绳谈价钱

10 月 30 日上午，湖北荆州宝塔湾烟雾朦胧，远处的货轮像往常一样在长江上平稳行驶。岸边的沙滩上，自发来这里祭奠英雄的人们络绎不绝……

6 天前，当地两所高校的 3 名大学生何东旭、方招、陈及时为救两名落水少年，在这里献出了宝贵的生命。

令人心寒的是，在打捞英雄遗体时，面对同学们的“跪求”，个体打捞者不仅不为所动，而且挟尸要价，一共收取了 36 000 元的捞尸费！

危急关头，用生命谱写英雄壮歌

10 月 24 日，一个普通的周末。长江大学文理学院广电本科 5091 班和 5092 班的同学们起了个大早，这些大一的学生进校才一个多月时间，平日里难得有机会集体外出，一个多星期前他们特意策划了这次秋游野炊。

姜梦淋是 5091 班班长，这个 19 岁的河南新乡女孩联合两个班的班委组织了这次活动。出发前一天，姜梦淋和几个同学到超市买了羊肉串、小馒头以及一些蔬菜，细心的同学还拎回了几瓶可乐，一切都井然有序。

24 日早上 9 点，40 多名同学肩背手提，浩浩荡荡地上了公交车，向早就选好的野炊地点——万寿宝塔下的长江江堤进发。深秋的古城阳光普照，宽阔的江面波澜不惊，低飞的水鸟时不时掠过江面发出清脆的啼叫，同学们沉浸在眼前的美景中。调皮的同学还把手伸到江水里，摸起一个个圆圆的鹅卵石，向不远处的水面丢去，溅起的水花飞到了不少同学的身上，一时间打闹声一片。见此场景，姜梦淋有些担心，反复叮嘱同学们不要玩水。下午两点，带去的食物差不多都被“消灭”了，收拾好现场，同学们开始自由活动。姜梦淋和班上的几个同学找了块干净的草地，悠闲地聊起天。

“救命啊！”14 时 20 分左右，一阵急促的呼救声传来。姜梦淋和同学们循声望去，只见两个少年从距岸边不远的江中小沙丘上失足落水，渐渐漂向江心。

姜梦淋还没有回过神来，身边已经有人冲了过去。跑在最前面的是 17 岁的李佳隆和 20 岁的徐彬程。两人没来得及脱下衣服，就跃入滚滚江水之中。随后，张荣波、方招、龚想涛等人也跳进水中。此时，城建学院土木工程专业大一学生陈及时也听到了呼救声，跃入江中奋力游向落水少年。

李佳隆和徐彬程入水后，直接游向离岸最远的落水少年，在他们的共同努力下，孩子得

救了。

但湍急的暗流将这些本来水性就不好的学生置于危险的境地。水性较好的徐彬程见状又返回江中，拉起一名不相识的同学奋力游向岸边。而从河湾对面游过来的陈及时，被漩涡一下子卷到江底。

几乎是同时，岸上不会游泳的同学迅速手挽手组成"人链"，向江中延伸，试图救起离岸较近的落水少年。本来姜梦淋和另一名女同学处在"人链"的最前面，但19岁的何东旭立刻把她们换了下来。

突然，"人链"断裂了，位于前端的9名同学齐齐落入江中。

正在这时，3名冬泳的荆州市民闻声赶到，与岸上的同学一起陆续救起6名落水大学生。然而，何东旭、方招和陈及时却沉入滚滚江水之中……

捞尸者手牵绑尸绳谈价要钱好冷酷

"他们把捞尸体当作职业，只图赚钱，没有人性"

当冬泳爱好者、其他大学生、渔夫救出9名大学生和另外一名落水少年后，江面上就再看不到人影了——陈及时、何东旭、方招已经沉入江中。现场参与救援的两条渔船离开了宝塔湾，下水救人的冬泳队员韩德元、鲁德忠、杨天林也相继上岸。

按两艘渔船渔夫事后给警方的交代，此时因为江面上看不到目标，无法继续施救，所以他们离开了宝塔湾。

"江中救人和游泳池救人是完全不同的，一旦溺水者沉入流动的水中，根本找不到目标，很难施救。"对于渔夫的说法，多次参与水上救援的宝塔湾冬泳队队长王珏认为也不是没有一点道理。

渔船离开几十分钟后，两只打捞船向宝塔湾开来。此时，长江大学校领导闻讯也赶到事发现场。"'活人不救，只捞尸体，打捞一个1.2万元，先交钱，后打捞。'对方开口就是这话……"在场的高阳说。打捞船开到后，没有一点救人的意思，所有的对话都围绕着一个钱字。"救援的理想时间是溺水后的5~7分钟，等打捞船赶到的时候，早已没有'救人'的希望了。'见死不救'之所以被误传，是因为同学们把在事发现场的渔船和后来赶到的打捞船混淆了。"王珏认为，救援和打捞的基本事实是：前期，渔夫参与了救人；后期，捞尸者拿不到钱不打捞。

当时校领导身上带的现金不够，答应对方先捞人，剩余的钱随后补上，但打捞船船主不干。其间有女同学"跪求"打捞船船主尽快救人，但对方就是坐在船上不动。无奈，师生们掏出身上所有的钱，凑了4 000元交给对方，捞尸者才开始打捞，同时扬言："钱不到位的话，只打捞一个。"

现场多名同学证实，打捞船船主挟尸要价。有的目击者还现场拍下照片为证：画面上，被打捞上来的一具大学生的遗体被绳子绑着，大半个身子浸在水里；一名穿白衬衫的老年男子，一边拉着绑尸体的绳子，一边摆手和岸上的师生谈价要钱，表情木然。捞尸者就干脆坐在船上等着学校领导派人回校取钱。打捞3具遗体，捞尸者前后一共收取了3.6万元。"他们把捞尸体当作职业，只图赚钱，没有人性!"赵超广说。"第一次真实接触社会，很受刺激。我们很单纯，他们只认钱，两个极端。"高阳说。

——来源：浙江在线，2009－11－03

【资料2】河北工程大学章嘉珺群体获"邯郸市见义勇为模范"荣誉称号

2014年10月19日邯郸市人民政府作出《关于授予陈永佳等12人（含群体）〈邯郸市

见义勇为模范〉荣誉称号的决定》（以下简称《决定》），对全市见义勇为先进个人和群体进行表彰。河北工程大学建筑学院学生章嘉珺、孔庆博、王琛、侯汉阳、黄向斌群体获“邯郸市见义勇为模范”荣誉称号。

2014年6月1日晚章嘉珺等人在滏阳河罗城头桥西侧同学聚会，同伴不慎滑入水中，章嘉珺等5名学生立刻下水救援，因堤坝水流形成的水洼湍急，章嘉珺、孔庆波不幸牺牲，其他3名同学获救。章嘉珺等5名同学临危不惧、舍己救人、勇于奉献的事迹充分展现了当代大学生的精神风貌，彰显了中华民族的传统美德。《决定》号召向他们学习，学习他们临危不惧见义勇为的传统美德，学习他们危难处救人、不怕牺牲的英雄气概，学习他们乐于奉献、勇于献身的高尚情操。要以章嘉珺群体为榜样，树立正确的世界观、人生观、价值观，增强责任感和使命感，大力弘扬见义勇为的社会风尚，自觉践行社会主义核心价值观。

——来源：由作者整理资料得到

【项目三】 专题讨论——人的本质是什么？

在讲授“正确认识人的本质”时，由斯塔克斯之谜导入理论学习，激发学生的兴趣，组织开展关于人的本质的讨论。在讨论过程中，通过了解中西方思想关于人的本质的不同论述，引导学生全面把握马克思关于人的本质的科学论断。

【资料1】 人的本质究竟是什么？

人的本质究竟是什么？很多人并没有意识到这个问题对于一个自然人的重要性。正因为这个问题的真相没有被认知，才成为许多社会问题产生的根源。

司马谈《论六家要旨》中论及道家治身，主张“神本形具”——即视精神为生命之本，而形体为生命之具观。但是，神（精神）是一个泛化的概念，即使是生命之本，也并不一定就是人的本质。也就是说，人的本质并不是血肉之体，不是组成身体的细胞，也不是存在于身体中的个体思想和意识，那么究竟是什么？

关于人的本质，我们受马克思主义思想的影响较大，当然大都是曲解了马克思主义思想的本意和立论条件。马克思在《关于费尔巴哈的提纲》一文中指出：“人的本质不是单个人所固有的抽象物，在其现实性上，它是一切社会关系的总和。”

马克思的说法并没有错。马克思在这里所指的人，是指哲学概念上的“人”，广义即指人类，狭义是指人群，而不是一个具体的自然人。那么一个自然人的本质又是什么呢？马克思并没有清晰地问答这个问题。

也就是说，假设一个具体的自然人的本质就是“一切社会关系的总和”，这种假设本身就是荒谬的，因为当把“一切社会关系”当成一个大系统时，一个自然人所承担的社会关系仅仅是大系统中的一个元素而已，连子系统都算不上。

从整体上看，在人类思想史上，据称马克思第一次对人的本质作出科学界定。马克思关于人的本质思想主要有三个命题：一是“劳动或实践是人的本质”；二是“人的本质是一切社会关系的总和”；三是“人的需要即人的本质”。关于第一个命题，马克思在《1844年经济学哲学手稿》中指出：“人的类特性恰恰就是自由的自觉的活动。”这一思想，提出人的生命活动具有特有的方式，即实践或劳动。实践活动是人和动物最本质的区别，也是产生和决定人的其他所有特性的根据。在马克思看来，作为人的生命活动的物质生产和作为动物的生命活动的生产之间有着本质的区别。

——来源：由作者整理资料得到

【资料 2】斯芬克斯之谜

斯芬克斯是希腊神话中一个长着狮子躯干、女人头面的有翼怪物，坐在忒拜城附近的悬崖上，向过路人出一个谜语："什么东西早晨用四条腿走路，中午用两条腿走路，晚上用三条腿走路？"如果路人猜不出就会被吃掉，俄狄浦斯猜中了谜底，那就是——人，斯芬克斯羞愧地跳崖而死。

——来源：由作者整理资料得到

【资料 3】人的本质

人区别于动物的最根本特性，即人的本质属性。早在中国古代就有了人之初性本善与性本恶的争论。在古希腊时期，柏拉图认为人的本质（灵魂）有三部分，即理性、意志和情欲，其中理性居支配地位。人的这种本质的放大就是国家。国家相应于人的本质的三个部分划分为三个等级：国家统治阶级、武士阶级和劳动者。

亚里士多德认为人具有三种性质：偶然性（如脸白、鼻塌）、固有性（如有两脚、无羽毛）和本质属性（即社会性）。因而提出"人类在本性上也正是政治动物"（《政治学》）。

在近代，16 世纪，培根提出人的本质有两个方面：一个是"自我"（自爱）的性质；另一个是社会的性质。对人来说，"保持他对于公众的职责应当比保持他自己的生命和存在更为珍贵"（《培根论文集》）。

18 世纪法国启蒙思想家卢梭认为，"人的第一条法则是维护自己的生存，人最关怀的是他自己"，强调人是"社会的生物"（《爱弥儿》），指出自由平等是人的天生本性。

德国古典哲学家康德认为人的本质是理性，"人自身实在有个使他与万物有别，并且与他受外物影响那方面的自我有别的能力；这个能力就是理性"（《道德形而上学探本》）。

黑格尔将人的本质说成是"神圣的理性"，并且指出人的理性是社会的产物，只有在社会关系中才能体现和理解；人与动物的区别在于人有思想和意识，能够进行劳动创造。

费尔巴哈提出"人的最高本质就是人本身"，人的本质是"理性、意志、心（爱）"。

马克思早年受黑格尔的影响，把人的本质规定为自我意识和主体精神对客体的改造；后接受了费尔巴哈关于人的类本质的概念。1843 年马克思在《黑格尔法哲学批判》一书中，认识到人是"现实的人"，必须从一定物质生活关系中去把握人的本质；在《1844 年经济学哲学手稿》中，认为人与动物的根本区别是"自由的自觉的活动"，即劳动。"有意识的生命活动把人同动物的生命活动直接区别开来，正是由于这一点，人才是类存在物。"（《马克思恩格斯全集》第 42 卷第 96 页）。1845 年，马克思的《关于费尔巴哈的提纲》和《德意志意识形态》问世，从根本上解决了人的本质问题。他指出，"人的本质并不是单个人所固有的抽象物。在其现实性上，它是一切社会关系的总和"（《马克思恩格斯选集》第 1 卷第 60 页）。人的本质是劳动，或者说劳动是人类的本质。劳动把人和动物区别开来，展示了人的创造性、能动性和社会性。人的现实的劳动，一方面构成人和自然之间的改造与被改造的关系，同时又实现了生产劳动中人与人之间的社会联系。因此，人的本质的基础是一定的生产力和生产关系的统一。在阶级社会中人是"作为阶级的成员处于这种社会关系中的"，人的本质还应从阶级关系中得到说明。

近年来，中国有人认为，马克思提出的人的本质是一切社会关系的总和，仅仅是指人的本质在现实性上的表现，是指明正确认识和把握人的本质的方法，而不是关于人的本质的定义；有人认为人的本质是自由；还有人认为人的本质是社会属性与自然属性的统一。

——来源：由作者整理资料得到

【资料4】印度狼孩的故事

1920年10月，一位印度传教士辛格（Singh，J. A. L.）在印度加尔各答的丛林中发现两只狼哺育的女孩。大的女孩约8岁，小的一岁半左右。据推测，她们必是在半岁左右时被母狼带到洞里去的。辛格给她们起了名字，大的叫卡玛拉（Kamala）、小的叫阿玛拉（Amala）。当她们被领进孤儿院时，一切生活习惯都同野兽一样，不会用双脚站立，只能用四肢走路。她们害怕日光，在太阳下，眼睛只开一条窄缝，而且，不断地眨眼。她们习惯在黑夜里看东西。她们经常白天睡觉，一到晚上则活泼起来。每夜22点、1点和3点循例发出非人非兽的尖锐的怪声。她们完全不懂语言，也不发出人类的音节。她们两人经常动物似地蜷伏在一起，不愿与他人接近。她们不会用手拿东西，吃起东西来真的是狼吞虎咽，喝水也和狼一样用舌头舔。吃东西时，如果有人或有动物走近，便呜呜作声去吓唬人。在太阳下晒得热时，即张着嘴，伸出舌头来，和狗一样的喘气。她们不肯洗澡，也不肯穿衣服，并随地便溺。

她们被领进孤儿院后，辛格夫妇异常爱护她们，耐心抚养和教育她们。总的来说，小的阿玛拉的发展比大的卡玛拉的发展快些。进了孤儿院两个月后，当她渴时，她开始会说“bhoo（水，孟加拉语）”，并且较早对别的孩子的活动表现兴趣。遗憾的是，阿玛拉进院不到一年，便死了。卡玛拉用了25个月才开始说第一个词“ma”，4年后一共只学会了6个字，7年后增加到45个字，并曾说出用3个字组成的句子。进院后16个多月卡玛拉才会用膝盖走路，2年8个月才会用两脚站起来，5年多才会用两脚走路，但快跑时又会用四肢爬行。卡玛拉一直活到17岁。但她直到死还没真正学会说话，智力只相当于三四岁的孩子。

——来源：由作者整理资料得到

【项目四】 感动校园人物访谈——寻访身边的榜样

讲授“积极进取的人生态度”时，在学习《2017年感动中国十大人物先进事迹》基础上，开展“感动校园人物访谈”活动，通过寻访身边的榜样，引导学生感受榜样力量，提升精神境界，确立积极进取的人生态度。

具体实施环节如下：

1. 在校内选定访谈对象。

条件要求：

教师：学校杰出校友；历年来被评为“师德标兵”“优秀共产党员”“最美教师”“学生最喜爱的老师”以及在教学岗位中做出杰出贡献的在校教师。

学生：面对家庭的贫困，自强自立，用执着和坚持在逆境中飞扬，在逆境中创造奇迹的自强之星；恪尽职守，能热心为广大同学服务，带领同学创建一个团结进取、奋发向上、充满朝气的优秀学生干部；热心公益，甘于奉献，为志愿服务而不懈努力的大学生公益使者；尊敬师长、孝敬父母、拾金不昧、助人为乐的最美大学生等。

2. 了解访谈对象的背景资料，包括所取得的成绩、发展轨迹、相关评价等，准备一份详细的以“不懈努力奋斗，实现人生价值”为主题的访谈大纲，合理设计访谈环节。

3. 与访谈对象联系，商定访谈的时间、地点。根据访谈提纲围绕人生观、价值观的主题进行访谈，做好访谈记录、录音、摄影等相关资料积累工作。

4. 利用收集的资料、访谈资料，制作图文并茂的5分钟左右的PPT。
5. 教师择时抽取或指定部分学生进行汇报交流。

【项目五】 焦点新闻大家谈——雷楚年从抗震英雄到诈骗犯

在讲授"创造有意义的人生"时，向学生介绍并一起讨论焦点新闻"雷楚年从抗震英雄到诈骗犯"。通过对雷楚年事件的讨论剖析和反思，使学生深刻了解科学的人生观、价值观能够为人生指明正确的方向，而错误的人生观、价值观只会把人引向歧途。引导学生在服务人民奉献社会的高尚人生观的指引下，实现有价值的人生。

【资料】汶川抗震小英雄涉嫌诈骗或获刑10年

6年前，雷楚年救人并纵身一跃，为他人和自己争取到生的希望。

6年后，身负英雄光环的他，却跌入了深渊……

雷楚年，这个名字，不只在成都，在四川，乃至在全国来说，也曾经是一个响当当的名字——当年在汶川大地震中，这个彭州初中生，在地震发生时勇救7名同学，与林浩等一起被评为全国"抗震救灾英雄少年"，他也因此成为2008年北京奥运会火炬手。

荣誉给他带来了很多，比如被免试招进重点中学读书。

然而，随着名气越来越大，他却迷失了方向……雷楚年，从曾经那个瘦小的学生娃，变成了如今微胖的犯罪嫌疑人——成名后他借着自己的名气，声称可以通过自己所谓的"关系"，帮人找空姐工作、帮人就读重点中学、购买驾照等，被控诈骗了21人共46.3万元。

《成都商报》记者从权威渠道证实，雷楚年涉嫌犯诈骗罪、伪造国家机关印章罪、伪造公司印章罪，日前已被提起公诉，即将在成都接受刑事审判。承办检察官指出，雷楚年的诈骗金额巨大并有流窜作案的特别严重情节，应当在10年以上量刑。

一个曾经收获了荣誉和光环的英雄少年，为何走入了如今犯罪的深渊？近几日，《成都商报》记者走访了他的家庭、学校，采访办案检察官、案件受害人，以期还原他从成名到犯罪的人生轨迹。

雷楚年曾当过奥运会火炬手

他的光环

地震中勇救7同学

"平时胆子就很大"

10月30日下午，《成都商报》记者来到了雷楚年曾经就读的磁峰中学。学校警卫兼体育老师的黄老师对雷楚年的事情非常熟悉。

时年15岁的雷楚年曾是磁峰中学的初三学生。2008年，汶川大地震发生的瞬间，他正在课间休息，突然感觉脚下在抖；意识到发生地震后，他撒腿跑到了操场上。但他发现很多同学还没有下来，他又急匆匆地跑回了教室，冒着生命危险，救出了里面的7名同学，而自己的逃生之路则被阻断。雷楚年想起了教室旁边的那棵树，纵身一跃，他抱住了那棵树滑了下来。就在他踏进操场的那一瞬间，教学楼在他身后轰然倒塌。

黄老师说，当时他是雷楚年的体育老师，地震发生时他在另外一栋主教学楼上课，等他下来的时候，学生们已经在操场上了，基本上都被吓哭了，地面还在摇动。黄老师听说雷楚年把他们班上的几名同学救了下来，而他自己并未受伤。黄老师分析，雷楚年平时胆子就很大，遇到这种情况他是不怕的，就冲了上去。

地震过后，学校的板房很快修建起来，学生们开始在板房上课。当时有电视台得知雷楚年救人一事后前来采访。“突然之间来了很多记者，报道他的英勇事迹。”黄老师说，央视新闻频道“5·12”大地震特别节目《铭记》还给雷楚年做了一期14分钟多的《少年雷楚年》的专题，评价他是一个冷静、机敏和勇敢的娃娃。

《成都商报》记者在磁峰中学操场旁边的公示栏里看到了雷楚年当年作报告的照片，下面写着“全国‘抗震救灾英雄少年’”。照片上的他，穿着短袖，表情严肃，正在认真宣讲。

黄老师介绍，2008年6月，雷楚年成为全国37名抗震救灾英模报告团的一员，他是代表团唯一的学生。雷楚年是未成年人，黄老师陪同。黄老师说，与他同在一个报告团的还有中央电视台记者张泉灵和彭州市公安局民警蒋敏。黄老师说，雷楚年作报告很放得开，他的语言能力很强。不久，他又接到当奥运会火炬手的通知。

10月30日下午，《成都商报》记者来到雷楚年曾经住过的小区，当地群众对雷楚年的事迹还记忆犹新。雷楚年的邻居，也是雷楚年父亲同事的李先生告诉《成都商报》记者，发生地震时，雷楚年救了多个同学，他很聪明，很勇敢，思想也活跃。李先生说，雷楚年在当地很有名气。不过，李先生印象中，雷楚年成绩一般。

虽然学习成绩一般，但鉴于他在地震中的英勇表现，不少学校想免试录取他，他最终选择了成都的一所重点中学。据媒体公开报道，那所高中免除了他所有的学杂费，还给他发放每月200元的补贴。为了让他跟上全班的进度，各科老师还给他“开小灶”。

他的变化

离学校越来越远

大手大脚地花钱

前女友郝某回忆，她当时觉得雷楚年人不错，特别是在她母亲生病住院半个月期间，“他都在医院照顾我，陪着我，当时特别感动，就答应了。”不过，郝某记得一个细节，那时，她给雷楚年发了很简单的英文，他都看不懂，他回复三个字“说人话”。

郝某与雷楚年谈了大概一年恋爱。在郝某眼里，雷楚年是一个成绩很差、特别特别调皮的人，几乎不学习的那种，“在相处的一年时间里，我没见过他去学校，平时就和年纪比较大的社会上的人玩。”

承办此案的检察官在提讯雷楚年时，雷楚年曾说，到高中后，自己没怎么去读书。

“雷楚年走到哪儿都是英雄，最终迷失了自己。”被雷楚年称为黄哥的黄老师很关心他，一而再再而三地要求他返回学校读书，但均不起作用，“经常逃课，他那时的光环好重啊，到处耍。”

郝某说，雷楚年喜欢打牌，经常打牌。雷楚年曾向她炫耀，他上高中时特别火，有人带着他玩，带着他打牌，还给他钱。

郝某说，雷楚年平时花销很大，他在成都的正常花销每个月起码上万元。他还喜欢旅游，“我们去过三次三亚，还去了北京、厦门、桂林、丽江等很多地方”。每次出去旅游，雷楚年都要住四星、五星级别的高档酒店，租豪华车开。而且，他还经常在买了经济舱的机票后，偷偷换成头等舱，然后还告诉郝某，他是因为抗震救灾英雄的荣誉免费升级为头等舱的。

郝某还告诉记者，他曾说之前谈过一个女朋友，那时他每天晚上都要在酒吧喝酒，每天都要消费至少几千元。而雷楚年的家庭条件一般，父母为工薪阶层。

雷楚年还喜欢说大话、谎话。郝某说，由于雷楚年名声在外，也就有人托他办事，像读成都市重点中学、上户口等。

黄老师对他这一点看得更加透彻，“那时，有朋友找他帮忙，他说没事，有的是关系。经常很高调地说和哪个关系非常好，可以处理”。去年，有一名老师托雷楚年办事，给了他5万元，但雷楚年根本就办不到，最终把5万元还了。

这时，黄老师已经隐隐约约意识到，雷楚年离正道越来越远了。

他的犯罪

吹嘘能帮女友当空姐

诈骗10万元

郝某告诉《成都商报》记者，2012年12月，郝某经人介绍成了雷楚年的女友。2013年年初，郝某从母亲那里继承了近30万元遗产。后来，雷楚年说，他在夜店认识一家航空公司前董事长的儿子，可以帮郝某在航空公司找一份工作，但需要花10万元。郝某相信了雷楚年，给了他10万元现金，之后一直没有得到消息。眼看着航空公司招聘的空姐都开始培训了，郝某着急了，雷楚年却编织各种借口搪塞她。郝某和他闹分手，雷楚年不同意，并以分手后就别想要钱相威胁。其实，这些钱都被他挥霍掉了。之后，雷楚年离开成都，前往深圳。

最让郝某伤心的是，不是雷楚年骗了她的10万元，而是雷楚年骗走了她母亲生前送给她的一台笔记本电脑。郝某非常珍视那台笔记本电脑，采访中还请记者帮忙追问雷楚年电脑的下落。

检方查明，雷楚年诈骗郝某10万元，事实清楚，证据确实、充分。

吹嘘能帮孩子进重点

诈骗17.5万元

承办检察官介绍，有一次，在参加朋友聚会时，雷楚年声称他在教育局有关系，得知这一信息的周某说表姐朱某某想让孩子进成都某重点中学。雷楚年对他说只要花点钱就没问题，后来骗取了朱某某10.5万元，还骗了唐某某7万元。之后，为了掩饰谎言，雷楚年还伪造了教育部门的公章，制作了虚假的“通知”“成都市初中报名接收条”，交给朱某某、唐某某，其实他根本就不可能办成这件事。

吹嘘能帮人买驾照

诈骗13.8万元

2012年年底，巫某某通过郝某认识了雷楚年，在他的印象中，雷楚年是抗震救灾英雄少年，出手大方，喜欢打牌，输赢上万元，“经常找我借钱。”一来二往，两人非常熟络。

2013年八九月份，雷楚年对巫某某说，他在阿坝州交警队有关系，8 000元就可以购买一本驾照，让巫某某帮他介绍需要办驾照的人。雷楚年还对外承诺，三个月内拿证，一年后从阿坝州转到成都。巫某某陆续给他介绍了他母亲和岳父等10多人购买驾照。在收了费用后，雷楚年还伪造了阿坝州一家驾校的收据，交给受害人。在这件事上，他也根本办不到。

检方查明，雷楚年诈骗前来购买驾照的宋某某等16人13.8万元，还以发包工程为幌子，骗了巫某某等二人5万元。

2008年

雷楚年作报告：

经历磨炼

我长大了

2008年5月12日地震发生时，我撒开腿就往楼下跑。那会儿，操场上已经站了很多同学和老师。我在人群中仔细辨认着。咦？陈老师呢？我们班同学呢？糟了！

我急匆匆地往教室跑，身后一块讲台大小的楼板砸了下来，将楼梯斩断。我们班正准备下楼的5名女生吓得缩到教室门边抱头尖叫。我也害怕起来，但不甘心就这样死去，我得活着，大家一定要活着出去。我向那几个女生吼道："别怕，听我指挥，向那边楼梯跑。"大家都下楼后，我忽然发现，欧静怎么没跟上？我马上掉头回去找欧静，她居然还全身发抖地躲在教室门背后。我心里一急，抱起她就跑。当跑到楼梯口时，欧静终于回过神来，让我放下她，快步跑下楼。

这时大地又剧烈晃动起来，眼前的楼道瞬间被一块塌下来的楼板砸断了。我立即翻过走廊的栏杆，纵身一跃……

那些天，我经历了从未有过的磨炼。对友情的力量、亲情的宝贵和做一个对社会有用的人的责任感，我都有了更加深刻的体会。我发现，我长大了。

2014 年

雷楚年被指控：

有流窜作案情节

或获刑10年以上

2014年6月23日晚，尚不知道自己已被列为网上逃犯的雷楚年向深圳警方报案称，自己的钱包被偷，当地警方在受理过程中发现他竟是网上逃犯，一举将其抓获。被抓的雷楚年已不再是曾经的那个清瘦的英雄少年，而是变成了22岁胖乎乎的成年小伙儿。

检方查明，雷楚年总共诈骗包括他女友在内的21人46.3万元。检方指控，他在帮助别人进入成都重点中学以及购买驾照时，还伪造了成都市教育局印章以及驾校的印章。

检方指控，雷楚年以非法占有为目的，虚构事实，诈骗多名被害人财产，数额巨大，其行为已经构成诈骗罪，并且具有流窜作案的特别严重情节，应当判处10年以上有期徒刑，并处罚金或没收财产。同时，雷楚年还涉嫌伪造国家机关印章罪、伪造公司印章罪。雷楚年也因涉嫌这三重罪名，被起诉到法院。

而被害人均要求严惩雷楚年，并追回赃款，部分被害人还申请开庭时旁听庭审。郝某表示，她还在上海读书，没时间过来参加庭审。

我们的反思

梯子只能一格一格爬

雷楚年曾告诉办案检察官，他学习跟不上，觉得上学没啥意思，于是想通过各种方式挣钱。检察官觉得，雷楚年获得抗震救灾英雄少年称号后开始自我膨胀，价值观、人生观发生变化。

检察官告诉《成都商报》记者，在办案过程中，检方曾联系过他的父亲，不过雷父不愿提起此事。雷父曾告诉检察官，雷楚年在外边给他欠了很多账，目前帮他还了部分。现在实在还不起了，不想管他了。因此，雷父也没有为他聘请辩护律师，只是每个月打一点生活费供他在关押期间用。

在郝某看来，雷楚年之所以成这个样子，家庭教育上还是有问题。相反，突如其来的光环蒙住了他的眼睛，让他变得虚荣，变得不踏实。光环下，不能正确对待的他开始飘忽不定，变成了今天这个样子。

黄老师也说，之前一些老师也谈论过，这个娃子走不长。黄老师认为，每个学生都应踏踏实实地读书，梯子只能一格一格地爬，不能从第一格跳到最高一层，雷楚年，就因为这么一个事情，一下子收获了许多，他自己却不能正确面对给予他的这一切。

——来源：山西新闻网

【项目六】　课堂辩论——白毛女该不该嫁黄世仁

在讲授“人生价值的评价标准”相关内容时，组织课堂辩论——白毛女该不该嫁黄世仁？白毛女作为受黄世仁压迫奋起反抗的形象，本已深入人心，但是随着人们价值观的多元化，一些人对此有了不同的见解。白毛女的故事再次成了热点话题，大多数人认为：喜儿绝对不应该嫁。中国自古以孝为先，黄世仁逼死了自己的父亲，这种杀父之仇不共戴天，喜儿的不嫁，让我们看到了斗争、看到了反抗。这既符合传统道德观，也是当时社会价值体系的最高表现。但是也有少数人认为：喜儿如果嫁给黄世仁，这不失为一种以退为进的生存方法，而且如果黄世仁生活在现代，有钱有势，女孩儿为什么不嫁给他呢？大学生找工作这么难，嫁给黄世仁就有钱了，就可以创业了。

在辩论总结过程中引入“拜金女”“富二代”“官二代”“拼爹”等社会热点话题，让学生充分了解拜金主义、享乐主义错误人生观的危害性，掌握人生价值的正确评价标准，真正做到知荣明耻，褒荣贬耻，扬荣抑耻。

【资料 1】《焦点访谈》揭露相亲节目，痛批马诺误导择偶观

近来，一些电视相亲节目、情感故事节目受到了很多观众的批评和质疑。2010 年 6 月上旬，国家广电总局连续下发了两份通知，直指当前婚恋交友类电视节目和情感故事类电视节目中存在的“弄虚作假、低俗炒作、混淆是非、误导观众”等问题。两份通知公布后，立即引起了全社会的广泛关注。主流媒体应该担当起什么样的社会责任，应该坚守什么样的价值观，更成为人们关注的焦点。

随着前段时间电视相亲交友节目的井喷式开播，尤其是浙江卫视的《为爱向前冲》、江苏卫视的《非诚勿扰》、湖南卫视的《我们约会吧》、贵州卫视的《相亲相爱》等栏目，它们为抢眼球而炮制的越来越出位的话题，以及不加合理引导的价值误区，已引起无数质疑的声音。据某网站调查，有 71.6% 的受调查者认为，这类节目对社会道德和风气造成了损害。网友“刹那年华”说：“这些节目赢得了骂名，失去了荣誉，看了都觉得浪费时间，相亲是为了步入婚姻，婚姻是人生大事，岂可如此儿戏。这类节目是应该好好整顿管理了。”这些话，反映出大多数观众的心声。一位大学生说：“看了她们之后，觉得社会上的女生真可怕，我觉得马诺有些方面就是表现得挺过的，很多东西可能会误导一些人的择偶观。”

专家认为，片面追求收视率，热衷于收视率所带来的经济效益，是造成这类节目低俗化的主要原因。在片面追求收视率的思想指导下，一些媒体在最初策划时就把大部分精力放在吸引眼球、挑战观众心理底线上，这样的出发点为日后节目的出位埋下了隐患。作为社会公共资源，媒体应坚守责任，摆脱追名逐利的怪圈。

——来源：由作者整理资料得到

【资料 2】富豪相亲会，到底“相”的是什么？

原本，富豪征婚、美女应征无可厚非。通过“红娘”谋求更多的机会，也可以理解。何况，这纯属于私人的事情，他人似乎不容置喙。但纵观近年来“方兴未艾”、高潮迭起的富豪征婚潮，其中婚姻爱情的因子逐渐苍白，炫富作秀乃至低级恶俗的味道日趋浓重。“相亲”已演变成了高调、公开的婚姻物化行为。相亲会到底“相”的是什么？

蓝天、白云、沙滩，一排美女身着泳装台上展示，台下坐着评委和嘉宾，这是发生在武汉东湖沙滩浴场上的一场富豪相亲会。所有参与男性，要求个人资产3 000万元以上或年收入100万元，且要花99 999元买一张相亲会门票。女性免报名费……富豪相亲会到底“相”的是什么？

从办会宗旨可一见端倪：富豪相的是美貌，美女相的是财富。男方似乎在挑选“意中人”，实则已沦为“买色”；女方好像是“婚姻自主”，本质是受制于“拜金”。虽说还有其他因素是下一步要考虑的，但在此基础上建立的爱情、婚姻，已然相当不对味了。

富豪相亲将“郎财女貌”、“干得好不如嫁得好”思想泛滥化、庸俗化，助长了贪图享受、不劳而获的想法。

富豪相亲表面上是当事人之间你情我愿的纠葛，但如果爱情、婚姻可以“按质论价”，还有什么不可以买卖？正面张扬横流的物欲，实质意味着公正与美德的沦丧。因此，低俗的富豪相亲蔓延和泛化，是对社会文明的危害，不能不引起人们的关注与思考。

是“相亲”，还是“财色交易会”

美女似乎天生就是有钱人的“猎物”。只要有钱就可以掌控选择异性主导权，甚至还可以“全球猎艳”。每次看富豪相亲，都会发现其中所弥漫的浓厚的铜臭味。试想，若没有钱，也就不会有这些华丽的相亲会，更不会有各种极为严格的择偶要求。说到底，所发生的这一切都是人性借助物质的一次释放，富豪、美女、主办方，都有所得。只不过，相亲这个词格外刺眼，显然是被异化了的。笔者建议，不妨扯下“相亲”这块遮羞布，直接表明这就是“财色交易会”，如此“一个他有钱，一个她愿意”，公众也许就不会说什么了。

在这个物欲空前张扬的时代，一个女孩子要是长得漂亮，恐怕就是这辈子最大的资本。因为她们可以凭自己的美色钓到一位金龟婿，从此过上养尊处优的生活，这比那些靠老公工资养家或者干脆裸婚的女性来说，无疑是天上地下的区别。婚姻，对于那些美女来说，不仅是两个人组成一个家庭，更是自我人生的一次重新规划，以及一笔最高明的理财。

——来源：由作者整理资料得到

实践教学应注意的问题

1. 对人的本质的思考是一个古老且具有魅力的话题，在实践过程中对不同观点的解析使学生对这个问题的探索有一个清晰的认识，把学生带入更深入的思考之中，提高学生的哲学思辨能力，使学生深刻领悟马克思主义的科学论断：人的本质，并不是单个人所具有的抽象物，在其现实性上，它是一切社会关系的总和。

2. 大学时代是大学生形成系统的人生观和价值观的关键时期，实践教学过程应让学生不仅从道德上理解树立正确的人生观和价值观的重要意义，还要使学生从感情上真切地体会到为人民服务的人生观与劳动和奉献的价值观，才是具有价值的选择，努力在实践中创造有价值的人生。

学习单元二

坚定理想信念

第二章的主题是理想信念，以“坚定理想信念”为章题。这一章共设有三节，分别是“理想信念的内涵及重要性”“崇高的理想信念”“在实现中国梦的实践中放飞青春梦想”，努力在阐明理想信念基本理论问题的基础上，引导大学生牢固确立中国特色社会主义共同理想和共产主义远大理想，在为实现中华民族伟大复兴中国梦的奋斗中书写青春的精彩。在这一章中，探讨了理想信念的内涵、特征及其重要意义，强调理想指引方向，信念决定成败，理想信念是精神之“钙”；我们将中国特色社会主义共同理想、共产主义远大理想各专门设目予以呈现和阐述，分析其深刻内涵、意义及内在关联，将在展开阐述共同理想和远大理想之前，设专目回答我们为什么要信仰马克思主义的问题，努力引导大学生将对理想信念的思考建立在对马克思主义的深刻理解之上，建立在对历史规律的深刻把握之上。在逻辑结构上，这一章是对第一章关于人生问题探讨的进一步展开，着力引导大学生认识到青春只有在为祖国和人民的真诚奉献中才能更加绚丽多彩，人生只有融入国家和民族的伟大事业才能闪闪发光。

知识点

1. 理想信念的内涵和特征
2. 为什么要信仰马克思主义
3. 中国特色社会主义是我们的共同理想
4. 理想与现实的关系
5. 个人理想与社会理想的统一

重点难点剖析

一、理想信念的内涵和特征

（一）理想的内涵和特征

理想是人们在实践中形成的、有实现可能性的、对未来社会和自身发展目标的向往和追求，是人们的世界观、人生观和价值观在奋斗目标上的集中体现。

1. 理想具有超越性

理想是人们对客观事物的超前反映。理想在现实中产生，但它不是对现状的简单描绘，而是与奋斗目标相联系的未来的现实，是人们对未来美好生活的憧憬和期待。科学的理想是人的主观能动性与社会发展客观趋势的一致性的反映，是在正确把握社会历史发展客观规律的基础上形成的合乎社会发展要求、合乎人民利益的理想。

2. 理想具有实践性

理想是一定的社会实践产物，离开了实践，任何理想的产生都是不可思议的。理想的实现，同样也离不开实践。人们只有在改造客观世界和主观世界的过程中才能以实践为桥梁，化理想为现实。

3. 理想具有时代性

理想是一定时代的产物，带着特定历史时代的烙印。理想的时代性，不仅体现为它受时代条件的制约，而且体现为它随着时代的发展而发展。

（二）信念的内涵与特征

信念是人们在一定认识的基础上确立的对某种思想或事物坚信不疑并身体力行的精神状态。

1. 信念具有执着性

信念因其执着而为信念。信念一旦形成，就不会轻易改变。坚定的信念使得人们具有强大的精神定力，不为利益所动，不为诱惑所扰，不为困难所惧。

2. 信念具有多样性

一方面，不同的人由于社会环境、思想观念、利益需要、人生经历和性格特征等方面的差异，会形成不同的信念；另一方面，同一个人也会形成不同类型和层次的信念，并由此构成其信念体系。

（三）理想信念是精神之“钙”

1. 理想信念昭示奋斗目标

理想信念是人的思想和行为的定向器，一旦确立就可以使人方向明确、精神振奋，即使前进的道路曲折、人生的境遇复杂，也能使人看到未来的希望和曙光，永不迷失前进的方向。只有树立起崇高的理想信念，才能够解答好人生的意义、奋斗的价值以及做什么样的人等重要的人生课题。

2. 理想信念提供前进动力

志存高远，便力量无穷。一个人有了崇高坚定的理想信念，才会以惊人的毅力和不懈的努力成就事业。与此相反，一个人如果没有崇高而坚定的理想信念，就有可能浑浑噩噩、庸庸碌碌虚度一生，甚至腐化堕落、走上邪路。

3. 理想信念提高精神境界

理想信念是衡量一个人精神境界高下的重要标尺。理想信念作为人的精神世界的核心，一方面能使人的精神生活的各个方面统一起来，使人的精神世界成为一个健康有序的系统，避免精神空虚和迷茫；另一方面又能引导人们不断地追求更高的人生目标，并在追求和实现目标的过程中提升精神境界、塑造高尚人格。

二、为什么要信仰马克思主义

（一）马克思主义体现了科学性和革命性的统一

马克思主义深刻解释了自然界、人类社会、人类思维发展的普遍规律，为人类社会发展指明了方向；马克思主义坚持实现人民解放、维护人民利益的立场，以实现人的自由而全面的发展和全人类解放为己任，反映了人类对理想社会的美好憧憬；马克思主义揭示了事物的本质、内在联系及发展规律，是“伟大的认识工具”，是人们观察世界、分析问题的有力思想武器。

（二）马克思主义具有鲜明的实践品格

马克思主义不仅致力于科学解释世界，而且致力于积极改变世界。在人类思想史上，还没有一种理论像马克思主义那样对人类文明进步产生广泛而巨大的影响。

（三）马克思主义具有持久生命力

马克思主义具有与时俱进的理论品格和持久生命力。作为一个开放的理论体系，马克思主义不但不排斥而且最能够吸收、提炼人类创造的一切科学知识和文明成果，并将其运用于推动社会历史的进步。

三、中国特色社会主义是我们的共同理想

在中国共产党领导下，坚持和发展中国特色社会主义，实现中华民族伟大复兴，必须树立中国特色社会主义共同理想。中国特色社会主义是科学社会主义，不是别的什么主义。历史和现实都告诉我们，只有社会主义才能救中国，只有中国特色社会主义才能发展中国。中国特色社会主义是改革开放以来党的全部理论和实践的主题，是党和人民历尽千辛万苦、付出巨大代价取得的根本成就。中国特色社会主义，既坚持了科学社会主义基本原则，又根据时代条件赋予其鲜明的特色，以全新的视野深化了对共产党执政规律、社会主义建设规律、人类社会发展规律的认识，使我们国家快速发展起来，使我国人民生活水平快速提高起来。新时代坚持和发展中国特色社会主义，总任务是实现社会主义现代化和中华民族伟大复兴，在全面建成小康社会的基础上分两步走，在 21 世纪中叶，建成富强、民主、文明、和谐和美丽的社会主义现代化强国。当今中国，只有中国共产党才能领导中国人民坚持和发展中国特色社会主义，才能担当起带领中国人民创造幸福生活、实现中华民族伟大复兴的历史使命。大学生要牢固确立在中国共产党领导下走中国特色社会主义道路、为实现中华民族伟大复兴而奋斗的共同理想和坚定信念。

四、胸怀共产主义远大理想

马克思主义科学预测了未来社会的理想状态，指明了人类社会的发展方向。共产主义社会是物质财富极大丰富、实现按需分配、人的精神境界极大提高、每个人自由而全面发展的社会。中国共产党自成立之日起，就确立了共产主义远大理想，始终团结带领中国人民朝着这个伟大理想前行。共产主义是现实运动和长远目标相统一的过程。共产主义是崇高而远大的社会理想，既是面向未来的，又是一种现实运动、指向现实的。事实上，共产主义思想和

实践早已存在于我们的现实生活中，那种认为“共产主义是渺茫的幻想”“共产主义没经过实践检验”的观点是完全错误的。当然理想实现的路途是艰难曲折的，共产主义远大理想的实现更是需要一代又一代人的不懈奋斗和接续努力。作为当代大学生，要自觉做共产主义远大理想和中国特色社会主义共同理想的坚定信仰者、忠实实践者，为崇高理想信念而矢志奋斗。

五、理想与现实的关系

（一）两者是对立的，又是统一的

理想和现实存在着对立的一面，二者的矛盾与冲突属于“应然”和“实然”的矛盾。假如理想与现实完全等同，那么理想的存在就没有意义。理想与现实又是统一的。理想受现实的规定和制约，是在对现实认识的基础上发展起来的。一方面，现实中包含着理想的因素，孕育着理想的发展；另一方面，理想中也包含着现实，既包含着现实中必然发展的因素，又包含着由理想转化为现实的条件，在一定的条件下，理想就可以转化为未来的现实。脱离现实而空谈理想，理想就会成为空谈。

（二）不怕困难、艰苦奋斗是实现理想的重要条件

纵观人类社会发展史，任何一种理想的实现都不是轻而易举的，必然会遇到各种各样的困难和波折，充满着艰险和坎坷。实现理想、创造未来，必须有战胜种种艰难险阻的坚定不移的信心和坚韧不拔的毅力。“人类的美好理想，都不可能唾手可得，都离不开筚路蓝缕、手胼足胝的艰苦奋斗。”艰苦奋斗是我们中华民族的传家宝，艰苦奋斗的精神永远不会过时。为了实现既定的理想，要不怕吃大苦、耐大劳，不惜献出自己的一切。大学生要把敢于吃苦、勇于奋斗的精神，落实到日常的学习、生活和工作中。在学习上，刻苦钻研、不畏艰难，孜孜不倦地学习理论和专业知识，不断提高思想道德和专业知识水平；在生活上，艰苦朴素、勤俭节约，抵制和反对铺张奢华的思想和生活作风；在工作上，奋发图强、不怕困难、不避艰险，努力完成各项任务。

六、个人理想与社会理想的统一

（一）个人理想以社会理想为指引

在整个理想体系中，社会理想是最根本、最重要的，而个人理想则从属于社会理想。个人理想的确立要以社会理想为指引，个人理想的实现依赖于社会理想的实现。

（二）社会理想是对个人理想的凝练和提升

社会理想不是凭空产生的，也不是由外在理想强加的，而是建立在众人的个人理想基础之上。社会理想归根结底要靠全体社会成员的共同努力来实现，并具体体现在每个社会成员为实现个人理想而进行的活生生的实践中。

【案例一】　把生命交给国家的人——林俊德

他一辈子隐姓埋名，52年坚守罗布泊，参加过我国所有核试验，但没有多少人知道他

的名字。

（一）

他叫林俊德，没有多少人知道他。

他是院士，也是将军，一辈子隐姓埋名，坚守在罗布泊。他参加过我国所有的核试验。

他个子不算高，微胖，笑的时候嘴唇略显厚，脸更是会圆起来。

这是他平常时候的模样。4个月前，他因为癌症晚期病情严重住进了西安唐都医院，瘦得厉害，脸颊凹陷，额头显得特别突，几乎让人认不出来。他戴着氧气面罩，身上插着输液管、导流管、减压管，有时还有从鼻腔直通到胃里的三米长导管……最多的时候他身上插着十多根管子。这个样子，他仍坐在临时搬进病房的办公桌前，对着笔记本电脑，一下一下挪动着鼠标，每挪一下，都能让旁边的人心颤一下。

电脑里有关系国家核心利益的技术文件藏在几万个文件中，只有他自己才能整理；里面还有自己的科研思考、学生的培养方案，这些他都要系统整理。他还怕耽误学生的论文答辩和毕业。他知道自己的病情，时间太有限，要尽快。

他一开始就问医生，做手术和化疗以后能不能工作，医生回答不能，于是他放弃了治疗。住重症监护室不能工作，他难得用将军的威严下命令一定要搬去普通病房。在病房工作间歇，他休息也要坐着，怕躺下就起不来了。

他希望活得有质量，说不要勉强他，现在需要的是时间而不是手术。与其治疗后卧床不起，不如最后还能争点时间用来工作。他是闽南人，现在这个劲头，就像1960年大学毕业后西出阳关一头扎进戈壁大漠几十年一样倔强。

同事、学生、朋友、亲人赶到医院看望他，他说，“我没有时间了，看望我一分钟就够了，其他事问我老伴吧。”他让老伴在医院附近找了一间房子，专门用作接待，即使从闽南山区远道而来的亲人也是如此，没有商量余地。他继续吸着氧气、按着鼠标。插着管子工作没有效率，他两次让医生拔掉引流管和胃管。

他是癌症晚期，肚子里都是胀气和腹水，身上抽出过2 800多毫升积水，心率、呼吸快得接近正常人的两倍，严重缺氧，平常的喘气比刚跑完百米赛还剧烈。他从没因疼痛在人前发出一声呻吟，只有当医生凑近问怎么样时，他才说有点儿不舒服。

那一天早上，他的病情急剧恶化。上午，他要求、请求甚至哀求，想尽各种办法下床工作，两个小时里，他求了9次。不忍心他最后一个愿望都不被满足，他终于被放下地。半小时过去，他的手颤得握不住鼠标，也渐渐看不清，几次问女儿眼镜在哪，女儿说，眼镜戴着呢。这时候，很多人已经忍不住跑出去痛哭起来，怕他听到，还要使劲捂着嘴巴呜呜地哭。

他又接着工作了1小时。最后的5个小时里，他陷入了昏迷，但不时又能听到他在嘴里念“ABCD”“1234”，这些都是他在电脑里给文件夹排的次序。

老伴紧紧攥着他的手，贴着他的耳边，翻来覆去地说：“老林啊老林，这是我第一次把你的手握这么长时间。40多年了，你现在终于属于我了……”

2012年5月31日20时15分，他的心脏跳动不起来了，也不会再哀求着起床。他没做完他的工作，这几天他在电脑上列了个提纲敲敲打打，5条提纲的内容没有完全填满，家人留言这一条完全是空白。

医院科室主任张利华，54岁，扑通跪了下来，对着床头说，“林院士您安心地走，剩下的工作我们后人会接着完成。”张利华看了30多年的病人，像这样面对自己生死的，她是第一次见到。

得知他的离去，“两弹一星”功勋科学家、中科院院士、94 岁的程开甲写来一句话：“一片赤诚忠心，核试贡献卓越”。

他早早跟老伴安排了三个遗愿：一切从简，不收礼金；不向组织提任何要求；把他埋在马兰。最后一个，他也在病床上哑着声音和基地的司令员说过，算是他的一个要求。司令员听完转身，泪打湿了满脸。

罗布泊边缘的马兰，是他最惦念的地方，在那里，他和所有人一样，干着惊天动地的事，也做着隐姓埋名的人。人人都是戈壁里的一朵马兰花。

这个季节，马兰小院里的草长高了，杏也熟了，正等着他回去。他说过，院子里的草不要拔，让它们自由生长，戈壁滩长草不容易。

（二）

他这辈子有三个没想到：上大学，做将军，当院士。他最初也没想到，个人和国家命运绑得这样紧。

1964 年 10 月 16 日 15 时，罗布泊一声巨响，蘑菇云腾空而起。现场总指挥张爱萍将军向周恩来总理报告，我国第一颗原子弹爆炸成功。

周总理在电话里谨慎地问：“怎么证明是核爆成功？”现场指挥帐篷里顿时一片肃静。正好，程开甲带着26 岁的他匆匆赶到，说：“冲击波的数据已拿到，记录的波形和计算的数据证明，这次爆炸是核爆炸。”张爱萍看了看眼前不太面熟的年轻人，激动地拍了拍他满是尘土的肩膀说：“你们立了大功！”

他当时带头负责研制的钟表式压力自记仪，样子像一个罐头盒，用来测量核爆炸冲击波。这是他拿自行车轮胎和闹钟等，用土办法搞成的自主高科技，获得了当时证明核爆炸的重要数据之一，为此他还拿到了国家发明奖。那时候，他从浙江大学毕业也才 4 年。

他的家乡在福建永春大山深处一个偏僻乡村，少年时家中一贫如洗，曾经辍学，靠着政府资助上完了中学、大学，在大学里曾打着赤脚上课。从浙大机械系毕业后他被分配到单位，实际上他是被专门挑来的。他到了单位后，有人给他交底，“国家正在西北建设一个核试验场，把你挑过来，就是去那里工作。”

虽然对核试验知道不多，但他一听能跟国家命运靠得这么紧，就非常激动了。他一辈子被人看作学习狂和工作狂。即使年纪上了七十，在他的日程表里，搞研究、做实验、带学生几乎占去他所有时间。他一年只休息三天：大年初一、初二、初三。

他说，成功的关键，一个是机遇，一个就是发狂。他以自己为例：“成功不成功，的确有个机遇。一旦抓住机遇，就要发狂地工作，所以效率特别高，不可能的事就可能了。”

所以生命倒数第二天，他回首往事，看得出挺欣慰，断断续续说了两句话：“我这辈子只做了一件事，就是核试验，我很满意。”“咱们花钱不多，做事不少。咱讲创造性，讲实效，为国家负责。”

第一颗原子弹爆炸之后，1966 年年底的首次氢弹原理性试验是在高空，冲击波测量也在高空。仪器要在零下 60℃低温下工作，当时的实验条件还不具备。为了创造低温环境，他和同事们背着仪器，爬上海拔近 3 000 米的山顶待了一宿。

冬天漠风凛冽，山顶更是冰封雪冻。夜晚刺骨的寒风像针一样往身体里扎，又在每个人的鼻尖、胡子、眉毛上结上一层白霜。手冻僵了，脚麻木了，身子不停哆嗦……可一看温度表，才零下 20 多摄氏度。

他们还抱怨："这鬼天气，就不能再冷一点吗?"

后来，他们采用高空气球放飞试验解决了问题，赶在试验前研制出高空压力自记仪，为飞机投放氢弹安全论证提供了科学依据。

核试验从大气层转入地下后，他又开始带着人解决地下核爆炸力学测量这个世界性难题。艰苦攻关 20 多年，先后建立 10 余种测量系统，为国家的地下核试验安全论证和工程设计提供了宝贵数据。

他善于啃硬骨头，也常教自己的学生要敢于啃硬骨头。他的 23 个学生，个个都成为各自领域的专家。他走的那晚，学生们亲吻着他的手，长跪不起，希望昏迷中的他哪怕能抬抬手指，像父亲一样抚摸一下他们的头。

他军龄 52 年，他这一代人，一辈子自主的人生选择不多，做核试验也不是个人的选择。但在戈壁大漠像胡杨树一样，扎根半世纪，是他自己的抉择。

（三）

他是搞核试验的，说自己一不怕苦，二不怕死。现在，这两个都成了不折不扣的事实。

他研究爆炸力学，一辈子都和炸药打交道。为了拿到第一手资料，他每次总是尽可能地离炸药近一点。

一次在野外，等了好久炸药都没响，他用对讲机冲其他人大声喊："你们都不要动，我来弄。"他说着就走上前。快到炸药放置点时，他再次回头对跟在后面的人说："趴下，不要抬头"。他自己上去排除了险情。

他经常要在核爆后第一时间去抢收数据。有一次，车坏在了路上，他看到司机带着防护罩修车进度很慢，就先把自己的防护罩摘下来，证明没有危险才让司机也取下，提高修车效率。

他的学生说，为了拿到第一手资料，老师常年奔波在实验一线。凡是重要实验，他都亲临现场，拍摄实验现象，记录实验数据。这是他的专业需要，也是习惯。

去年，74 岁的他由于拍摄实验现场太专注，被绊倒在地，膝盖和脸部都被蹭伤，有人让他包扎一下，他笑着说没事没事，拍了拍灰尘继续工作。

每做一次实验，他都建一个档案，就像病人的病历一样，几十年从没间断。谁需要资料、数据，都能在他那儿很方便地找到。

简便实用、讲求实效，也是他一贯倡导的。他常对学生说，科学就是用简单的办法达到理想的目的。

为解决实验用的铅皮，他发明了用钢棒手工擀制的办法，像擀饺子皮一样，把 1 毫米厚的铅皮擀成了 0.2 毫米。为了找到力学实验的理想材料，他出差途中买了一块特殊木材做成的菜板，锯开分析密度和硬度。就连戈壁上的沙子，也被他用来作为实验的一种特殊材料。就这样，他解决了一个个技术难题，也节约了大量经费。

在病中留下的工作笔记上，他一笔一画绘下了保险柜开锁示意图，密码盘、固定手把、开门手把，以及三位密码刻度的标示，清晰明了。还有详细的文字，第一步干什么，第二步干什么……

他一丝不苟的程度，有点像人们所说的极致。

（四）

2012年春节刚过，一封近5 000字的长信，摆在了基地司令员的案头。它是关于基地建设发展想法的，言辞激烈，语气率直。信是他写的，看得出他很着急。直到司令员和他一起商定，安排人员和经费对他所提的发展路线进行研究，他绷紧的脸才松了下来，笑了。

住院期间，他和来看望他的基地司令员闭门谈了一个多小时。他也感叹，一生最大的缺点是说话直率得罪人，不懂人情世故，不会"做人"……

他说话硬，直来直去，不绕弯子。乍一听，难以接受，时间长了，都知道他不玩虚的，一辈子有自己的做事和做人原则。就像他去世前说自己，"我不善于交往活动，实事求是搞科学。"

凡是和他有过接触的人，都知道他讲原则不是空的。他参加学术评审会，从来不收评审费，不让参评人员上门拜访。从没有接受过一个人的礼物，材料都是通过邮局或其他人捎带的，他只要材料，不要见人。科研成果报奖时，他总是把自己名字往后排，不是自己主持的项目坚决不挂名。平时专门的请客吃饭他概不参加，就喜欢自助餐。讨论会上该说就说，不管在座官大官小。

他有"三个不"：不是自己研究的领域不轻易发表意见、装点门面的学术活动坚决不参加、不利于学术研究的事情坚决不干。

2005年，东北某大学邀请他当名誉教授。他说："我们研究领域虽然接近，可是距离太远，鞭长莫及的，我给不了什么指导，这挂名教授我还是别当了。"

去年，在安徽黄山召开评审会，会议主办方请他当主审。他老老实实地说："第一个成果跟我研究方向有点关系，但也够不上当主审；第二个成果不是我的研究领域，我当不了评委，你们抓紧时间再找人吧。"

他说，自己虽然是院士，只算得上某个领域的专家，不可能样样都懂，样样都精。而且专业越深就越窄，别的懂得就越少。

他工资不低，所以掏钱时并不手软。老战友在外地聚会，他说战友们转业早，工资不高，他慷慨解囊。青海玉树地震，他悄悄捐了3万元。

但他自己，一块手表用了15年，一个游泳帽用了19年，一个公文包用了20多年，一个铝盆补了又补舍不得扔。他搞实验，动手能力强，家里的沙发和床是他用包装箱拆下的木板做成的，沙发套是老伴亲手缝制的。客厅里的小木椅是他用家里铺完地板后剩下的废料，花了半天时间敲打好的。屋里的灯也是他引了一根电线加一个灯管改造而成的。

去世后，学生们收拾他的衣物，除了军装，没找到几件像样的便装，两件毛衣还打着补丁。

他偶尔也享受过一次，他和老伴去郊外一个农家乐吃饭，点了一个"大丰收"，就是玉米、南瓜、花生几个菜煮在一起，他从来没吃过，他对这个组合菜赞不绝口，对老伴说他们回去也做这个。

他的学生们说，老师是一个心里有爱的人，长时间接触，感受得更深。他戴了15年的手表，是大学母校百年校庆时送的纪念品，他一直戴着，旧了磨手，就用透明胶粘上。他去世后，护士想把手表摘下来，老伴理解他，说老林喜欢，就让他戴着走吧。

他带过的每位学生，都在他的电脑里有个属于自己的文件夹，每一个文件夹都详细记录着每个人的技术专长、培养计划和施教方案。

住院期间，他让学生们将各自的文件夹拷贝走，这时学生们才发现，从跟他的第一天起，短的三四年，长的十几年，他都准确详细地记录下了每个人的成长足迹。

去世前三天，他写下这辈子的最后338字，虽然手抖得厉害，但字迹工整，没有一丝潦草。这是他给学生写下的论文评阅意见。他在5月的最后一天去世，这个学生在6月通过了毕业论文答辩。

（五）

第一颗原子弹爆炸前一年，南京大学的高才生黄建琴参军到了马兰，她也搞核试验，是后来马兰有名的“核大姐”之一。

与他长达近半个世纪的相伴，黄建琴总习惯一个人的生活。最后，她含着泪说，老林的最后几天，是她跟他待在一起最长的一段时间。

他欠家里人太多，特别是对女儿一直有着愧疚。他带的23名学生都是科技精英，却没时间管女儿的教育，女儿没读过大学。他只好对女儿说，你是我们的第一个孩子，我们没有教育孩子的经验，你是我们的试验品，就多担待点吧。女儿出嫁，他在外执行任务。女儿办完结婚证，背着简单的行囊进了丈夫家。儿子结婚，他也一直没抽出时间和亲家见面，婚礼由对方一手操办。

他不是个完人，但他被家人理解。老伴说，“这一生我陪伴他，我觉得我值。因为，他为国家、为人民、为党，做好了他应该做的事情，良心上没有愧对党和人民对他的培养。”

他去世后，10万元慰问金交到老伴手上，她深深地鞠了一个躬表示谢意，说：“这些钱就当作他的最后一次党费吧，这也应该是他的心愿。老林一辈子干了他喜欢的事业，他对党和国家的爱刻骨铭心。”

女儿说，很多人说林院士一辈子没享过福，但我知道父亲不是这样的。他对幸福的理解不一样，他说过他这一辈子真的很愉快。

参加第一次核试验的人们回忆起，那个时候他一股朝气勃发的劲儿；到生命的最后一刻，虽然年纪大了、人沧桑了，他蓬勃的朝气、工作的热情一点没变。人们在想，是什么支撑着他走出了比75年更长的生命跨度？

创造了马兰精神、见惯了英雄的马兰人送给他一副挽联，为他送行：“铿锵一生，苦干惊天动地事；淡泊一世，甘做隐姓埋名人。”

——来源：《人民日报》2012年9月24日，原题《大漠铸核盾，生命写忠诚》

【问题思考】

1. 如何评价林俊德的理想？
2. 对于自己的理想你打算如何去实现？

【思路引导】

理想是指向未来的价值目标的，是现实生活中尚未存在的东西，因此真正的理想又需要具有实现其变成现实的可能。所以，在树立理想时，切忌不可空想和幻想，应立足于现实基础上。无论什么样的理想都需要一步一步地走、一点一滴地奋斗才能实现，理想不分大小，没有高低贵贱之分，只要是正确的，只要是一步一个脚印地去实现，就值得人尊重。

【案例二】 信念的高度决定人生的高度

一、张立勇：扬起生命新的风帆

张立勇，一个从赣南山区崇义县新坑村獭坑组走出去的打工青年，今年29岁。他一边在清华大学食堂打工，一边坚持自学英语8年，参加托福考试成绩高达630分，今年即将获得北京大学本科文凭。他的好学，他的发奋，他的艰辛，他的成功，为人才济济的清华北大学子折服。5月30日，他走进了中央电视台新闻频道《面对面》栏目侃侃而谈。至此，先后有《中国青年报》《北京日报》《香港大公报》等十多家海内外媒体作过专题报道。他的事迹传遍了大江南北，为赣南老区人民争了光，展现了新世纪江西青年的时代风采——

“你们放心，我以后还能上大学”

张立勇家住在崇义和上犹两县交界的陡水水库库汉里的一个边远而闭塞的小山村新坑村獭坑组。

闭塞导致贫困。张立勇从一出生就别无选择地和贫困结缘。村子里山上的林木全部划归水源涵养林予以保护，两亩[①]深山冷浆田就是全家人的“饭碗”。老实巴交的父母勒紧裤带望子成龙，借钱借米都坚持让三个细伢子上学。单薄瘦小的张立勇也下决心为父母争口气。从小学一年级直到考上县职业高中他都一直名列前茅。

正当张立勇和其他同学一样朝着考大学“跳出农门”理想迈进的时候，家境却越来越窘迫，几十元的生活费用常常接济不上。他不得不向同学借钱买饭。望着家里常年漏雨的老屋，望着父母为全家人的生活累得过早佝偻的身影，望着还在读初中和小学的弟弟妹妹渴望读书的眼神，一到高二下学期，18岁的张立勇作了中断高中学业的抉择。他把全部中学课本装进木箱带回家，父母不甘儿子回家耕田，三番五次劝说让他继续读下去。张立勇却懂事地安慰家里人说：“我只不过暂时把上大学的事往后推，你们放心，以后我还能上大学。”

“英语是开启新生活的金钥匙”

穷人的孩子早当家。张立勇回家务农，跟着父亲上山砍竹，织篾缆，刮松脂油，挖笋，下水放排，捕鱼，只要能增加一点家庭收入的零工，他都拼命地干。家里的两间老屋早已破烂不堪，每逢下雨天，屋里的积水像个泥潭，19岁的张立勇说服父亲，坚持要推倒老屋做一幢新房，挑泥，运木头，几次累伤了腰，在工地上奋战了一个冬天，全家人头一回住上了新房。

读书、建房，家里欠下了4 000多元的债务，在穷山沟里打工要赚这么多的钱，不知要哪一年才能还清。父亲卖掉了两捆篾缆，筹得90多元路费，就这样，张立勇带上自己的课本开始了外出打工的生涯。

第一次外出打工，张立勇经老乡介绍落脚在广州一家竹艺厂，一天12h都在流水线上。不久，他又进入了广东从化一家中外合资的玩具厂，那些玩具全部销往国外。订单是英文，纸箱的字是英文，标的尺寸也是英文，不懂英语，在这里工作就像一个“睁眼瞎”一样，自己出了差错都不知道。

张立勇从帆布包里掏出英语课本，又买来英语词典当助手，对照着包装箱上的英文，一个个蹦出汉字，每弄懂一个字，他都像喝了蜜一样，对学英语的兴趣油然而生。

① 1亩=666.67平方米。

那年秋天，厂里来了一批前来考察的外国客商，他们娴熟的英语让张立勇羡慕不已。来到自己岗位的时候，张立勇大胆地用英语说出了产品的名称，博得了客商的夸奖，这一下引起了玩具厂老板的注意。

随后，张立勇买回了更多的英语资料，开始在厂子里帮助老板做简单的翻译。然而，紧张而繁重的工作任务使得张立勇只能断断续续地学习英语。1996 年，叔叔从北京打来电话，介绍他到清华大学食堂打工，玩具厂的老板再三挽留，表示愿意把张立勇的工资涨一倍。清华大学是自己心中一直向往的地方，张立勇毅然辞工北上清华，在第 15 食堂当了一名切菜工。

第一次走进清华校园，张立勇感觉清华园真大，清华的学子真幸福，清华良好的学习环境和浓厚的学习氛围使他如沐春风。清华大学的校训“天行健，君子自强不息，厚德载物”给他的启示很大。他恍然明白，贫富不能选择，只要自强不息，未了的“大学梦”通过自己的努力就完全可以实现。

行胜于言。张立勇将自己感兴趣的英语作为学知识的突破口，开始了艰辛的自学道路。他要紧握这把与时代同行开启新生活的“金钥匙”。

“不能坚持的时候，再坚持一下就是成功”

书山有路勤为径，学海无涯苦作舟。但自学的艰难，张立勇还是始料未及，月薪微薄，他请不起老师，一台旧收音机成了他的“先生”。他每天早上 4 时多起床，菜墩前、窗口前要站上八九个小时，一天下来，腰酸腿软，人困马乏，没看上几页，眼睛就睁不开了。这样下去怎么行？后来，张立勇发现喝烫水能治瞌睡。每一次看书前，他就先灌满一壶开水，故意把舌头烫得钻心痛，以此驱散瞌睡虫。

张立勇天天晚上学到后半夜，集体宿舍只有天花板上镶嵌的一根荧光灯。同宿舍 10 个兄弟支持他学习，逐渐习惯了开着灯睡觉。过了一段时间，他心里不忍，自己搬出来了，租了一间 5 平方米的平房。床头前，贴上了座右铭“在年轻人的辞典里永远没有失败这个单词”。桌上贴上了学英语时间表。早上起来学 1 小时，午休时学 40 分钟，晚 7 时半下班学到凌晨一两点。时间就像海绵里的水，即使是食堂师傅吃饭的 15 分钟他都要挤出 8 分钟，躲到放碗柜背后的一个角落里背英语单词。

寒来暑往，8 年了，张立勇天天坚持按时间表的安排走。打牌、看电视等等爱好都让位学英语了。寒冬腊月，没有暖气，他围着炉子看着书。酷暑炎夏，蚊子嗡嗡，他摇着扇子写着字。他把自己几百元的工资全都花到了学英语中，买不起新书新磁带，张立勇找旧书摊买二手书，买二手的磁带。为了找一个安静的读书场所，他就找到教学楼的公共教室，第一次去教室看书，他生怕被学生认出来。去的次数多了，他逐渐融入了清华学子群体。

看了大半年英语教材，听了大半年英语磁带，张立勇自我感觉挺好，可在人前就是张不开嘴。傍晚，他来到闻亭旁的清华园英语角，凑过去听人家说。一个男生走过来，跟他用英语打招呼，他哼哼哈哈应付着。根本就不是会话，而是一个个地往外蹦单词。“说得不错，我能听懂，只要大胆张嘴说，慢慢就熟练了。”那个男生的鼓励，催发了一棵开始说英语的幼芽。

从此，清华、北大、人大的英语角，多了一位农民工。8 年了，他几乎每周坚持去一次。他大声问候每一个熟悉或不熟悉的中国人和外国人，大胆与他们交谈。那些曾经死板甚至毫不关联的单词和句子，在他嘴里流淌出来。张立勇加入清华大学英语协会，为了创造交流条件，他还主动找到外国留学生进行采访。英语口语和听力也在不经意间从量变到了质变。他先后拿下了英语四级和六级证书。

2001 年，张立勇参加了当年的托福考试。成绩下来，是 630 分。一般托福考试满分为 670 分，这个成绩就是接受正规系统教育的高才生也很难达到。清华学子折服了。一时间，在水木清华 BBS 论坛上，关于张立勇的话题成了热点。去年暑假，清华大学餐饮服务中心开办首期餐饮服务人员英语培训班，张立勇被中心主任指定为唯一的主讲教师，清华大学校长亲自接见了他。国内外媒体纷纷追踪报道他的事迹。

“自己还需要继续学习”

在四年前，张立勇就报考了北京大学成人教育学院，学习对外经济与国际贸易专业。天道酬勤。现在他已经拿下了大专文凭，再过几个月，就可以取得本科文凭，圆一个迟到了十年的大学梦。

张立勇接受央视采访时说，他不是“神”，只是一个普通的人。他常常告诫自己始终是一个农民的儿子。没有骄傲，没有自满。媒体的宣传使他很快成了一个知名人士。国内外许多公司和院校向他提出了高薪聘任的意向，许多人梦寐以求的机会他都唾手可得。然而，面对诸多的选择，张立勇却婉言谢绝。他说，考托福只是为了检验自己学英语的成果，虽然得了高分，他还需要继续学习，清华这样的环境不是用高薪可以买来的。

张立勇坚韧不拔，奋发进取的事迹早就传回了家乡崇义。两年前，县委书记廖明耕到北京出差专门去看望这位好学肯钻的青年。张立勇即将大学毕业的消息又传遍了竹乡的村村寨寨，县重点高中崇义中学和县职业中专的学生人手一份张立勇的事迹介绍，在干部群众中引起了强烈反响。在张立勇事迹的感召下，400 多名初中毕业未升学的竹乡农村青年重新走进了职业中专的课堂。

后记

美不美家乡水，亲不亲故乡人。采访结束时，笔者与远在北京的张立勇取得了联系，浓浓的乡音，寄语片言，却见远在他乡的游子心头魂牵梦萦着这片红土地，这片生他养他的热土。他饱蘸深情的笔墨，欣然写下了下面美好的祝愿：

深深地爱着她
生我养我的那片红色土地
无论我走到哪里
她总是给我无限的信心与勇气
多么爱她呀
江西·赣南·崇义
坚信的是——
她明天的更加辉煌与美丽
因为——
我们在共同努力

我们也衷心地祝愿这只凌空飞翔的雏鹰越飞越高。

二、只要你坚信，总有适合自己的种子

十几年前有一名学习不错的女孩，由于没考上大学，被安排在本村的小学教书。由于讲不清数学题，不到一周就被学生们轰下了讲台。母亲为她擦眼泪，安慰她说，满肚子的东

西，有人倒得出来，有人倒不出来，没有必要为这个伤心，也许有更适合你的事等着你去做。

后来，女儿外出打工。先后做过纺织工、市场管理员、会计，但都半途而废。然而，当女儿每次沮丧地回来，母亲总安慰她，从没抱怨。三十岁时，女儿凭一点语言天赋，做了聋哑学校的辅导员。后来，她又开办了一家残障学校。再后来，她在许多城市开办了残障人用品连锁店，这时的她，已是一位拥有几千万元资产的老板了。

一天，女儿问母亲，前些年她连连失败，自己都觉得前途渺茫的时候，是什么原因让母亲对自己有信心。

母亲的回答朴素而简单。她说，一块地，不适合种麦子，可以试试种豆子；如果豆子也长不好的话，可以种瓜果；如果瓜果也不济的话，撒上一些荞麦种子一定能够开花。因为一块地，总会有一种种子适合它，也终会有属于它的一片收成。

一块地，总会有一种种子适合它。每个人，在努力而未成功之时，都是在寻找属于自己的种子。我们就如同一块块土地，肥沃也好，贫瘠也好，总会有属于这块土地的种子。你不能期望沙漠中有绽放的百合，你也不能奢求水塘里有孑然的绿竹，但你可以在黑土地上播种五谷，在泥沼里撒下莲子，只要你有信心，等待你的，将会是稻色灿灿、莲香幽幽。

对于还在寻找种子的人们，道路是漫长而又艰辛的。也许前途渺茫，也许挫折重重，但只要你坚信自己有能力，并且有毅力，那么你必定会在某一时刻、某一地点找到属于自己的种子。它或许会躲在崖缝里，或许会藏在深山中，但你一旦找到它，它便会给你带来好收成。因为，这种子是为你而生、为你而长，而寻找的过程，告诉你要珍惜。

其实，每个人都有一个最适合自己的位置，只有找准了才能实现自己的价值。当一个位置不适合自己时，为什么不换个角色再试试？用平衡心态去寻找人生的另一个突破口，寻找属于你自己的种子。

三、信心的魔法，唤醒成功的潜能

从前，有一个聪明的巫师，他告诉国王自己发现了一种可以把沙子变成金子的魔法。国王当然很感兴趣，并给了他一大笔奖赏。于是巫师向国王解释了他的方法。整个过程看上去很简单——除了其中一条：在操作过程中，不能想到阿布拉卡达布拉这个词，只要一想到，魔法就会被打破，金子就没法变出来了。这个国王尝试了一次又一次，但他总是无法把那个词置之度外，于是，他始终没有变出金子。

这个故事也许只是为了讽刺魔法师的狡猾和国王的愚蠢，但温毕格勒博士却从另一个角度来看这个故事——理想、天分、潜力往往会由于我们一时的意识迷乱，或没有认识到自己的能力而被遮掩、被埋没。只要对自己的潜力有清醒的认识，有足够的信心、坚定的信念，并不断地给自己加油鼓劲，那么我们的潜能终会被唤醒，理想终会实现。

天堂就在你心中……这些话我们都已经烂熟于胸，甚至有时以为自己很自信，但事实上，每当要运用这种力量时，我们心中会暗暗地怀疑。

鲍得里把这种心理表述得更清楚明了：就像是想要变得富裕，心底里却预感自己仍然摆脱不了贫穷。这种总是对自己的前景持怀疑态度的心理无异于南辕北辙。当一个人想成功，却又总是怀疑自己的能力时，那么失败是必然的，谁也帮不了他。

有一条谚语说，羊每叫一声，就少吃一口草。人也是这样，当你说“我很穷”“我不可能变富”“我永远也做不到别人那么好”“我没有他们那种能力”“我是一个失败者，命运总是与我背道而驰”等话，放任自己怨天尤人时，实际上你是在给自己设置障碍。

无论你多么努力地为成功而奋斗，如果你的心里还是怀着对失败的恐惧，那么这种心态就会磨灭你的付出，葬送你的努力，使你的成功变得更遥不可及。

是什么让拿破仑成为他所处的那个时代里最伟大的征服者呢？最根本的原因就是他怀有坚定的信念，相信自己的宏伟事业一定会成功，相信世界上没有过不去的难关。直到他失去这种信念，失败才降临。当他在进与退之间徘徊、犹豫不决时，莫斯科的冬天到来了，在冰天雪地中，他的世界帝国梦化为了泡影。命运曾留给他很多条出路——那年冬天的雪迟到了整整一个月，但是他犹豫了，然后失败就降临了。打败他的并不是那场雪，也不是俄国人，而是他自己——他对自己失去了信心。

——由作者根据相关资料整理

【问题思考】

1. 通过案例你如何理解“信念”的内涵和作用？
2. 作为当代大学生应如何坚定自己的信念去实现理想？

【思路引导】

能使我们为之奋斗的东西叫理想；支撑理想、实现理想不可或缺的是信念。信念，理想的支架，理想的茁壮与花开都要依靠辛勤的浇灌。在追求理想的道路上不免会遇到各种艰难，此时，彷徨、迷茫、忐忑都会接踵而来。我们不退缩、不回头，是因为我们有坚定的信念。作为当代大学生，我们应树立正确的理想，并坚定自己的信念，不断努力，克服艰险，实现理想。

【案例三】 袁隆平的成功“秘诀”

毕生梦想消除饥饿——袁隆平

他是一位真正的耕耘者。当他还是一个乡村教师的时候，已经具有颠覆世界权威的胆识；当他名满天下的时候，却仍然只是专注于田畴，淡泊名利。一介农夫，播撒智慧，收获富足。他毕生的梦想，就是让所有的人远离饥饿。喜看稻菽千重浪，最是风流袁隆平。（摘自2004年度“感动中国人物”颁奖词）

科研诚信和良好学风是科学事业繁荣发展的前提，是建设创新型国家的基石。近日，中国科协、教育部联合在人民大会堂举行首都高校“科学道德和学风建设宣讲教育”报告会。两院院士师昌绪，国家杂交水稻工程技术研究中心暨湖南杂交水稻研究中心主任、中国工程院院士袁隆平，中国科学院院士杨乐分别结合“试谈做人做事做学问”“发展杂交水稻　造福世界人民”“培养优良学风　做好博士论文”等话题，与首都高校近6 000名新入学的研究生进行了交流。本文出处《光明日报》登载袁隆平的讲话内容，以飨读者。标题为编者所加。

杂交水稻：失败中孕育的成果

首先讲讲什么叫杂交水稻，因为在座的各位很多不是学农的。杂交水稻就是利用杂种优势，把两个遗传性不同的品种进行杂交，另外优良性形成互补，这样杂交之后来提高水稻产量，这就是杂交水稻。因为第一代有优势，所以每一年要生产第一代杂交种子用于大面积生产。

我为什么研究杂交水稻呢？那是在20世纪60年代初的一天，我到田里选种，突然看见一株“鹤立鸡群”的水稻，穗大而且粒数特别多，后来我把它收入做种子。第二年种上去，我管理非常细致，因为当时的品种亩产一般只有五六百斤①。我把它作为一个非常有希望的品种，每天去观察。可是到出穗的时候，我大失所望：我种了一千多株，没有一株像它的“老子”那样好。我一声叹息，坐在田埂上发呆，后来突然来了灵感，心中一阵欣喜，因为只有杂种的后代才可能出现分离，正好符合孟德尔的分离规律。这就证明了我发现的“鹤立鸡群”的优良稻种是一株天然的杂交稻。这样，我就萌发了要研究杂交稻的决心。

但是在那个年代，传统的观点认为水稻、小麦等自花授粉植物是没有杂交优势的。因此，我的研究受到不少人的反对和讽刺。但是我认为，杂交优势是生物界的普遍现象，小到微生物，高到人类都有杂交优势，有没有杂交优势不是由生殖方式决定的，而在于杂交双亲的遗传性是否有差异，而水稻绝不会例外。

为了证明水稻具有杂交优势，1972 年夏我们在湖南省农科院做了试验，种上杂交稻来说服有关人。我们种了四分田，还有对照品种，就是一个是高产品种，另一个是常规品种。我们的杂交稻长势很旺，对照种只有七八寸②高，我们的杂交稻就有 1 尺③高了，对照种只有四五个分蘖，杂交稻就有七八个分蘖了，长势非常旺。可最后验收的时候，结果却不尽如人意，产量还比对照种略有减产，而稻草增加了将近 7 成。于是有人讲风凉话，说“可惜人不吃草，如果要吃草的话，你这个杂交稻就大有发展前途了”。

后来就开会研究到底要不要支持杂交稻，我们那个时候是少数派，大多数是反对，说这个杂交稻是一堆草。我冷静地分析后，站起来发言：“从表面上看，我们这个试验是失败了，我们稻谷减产，稻草增产。但是从本质上讲我的试验是成功的，为什么？因为现在真正的焦点是水稻这个自花授粉作物究竟有没有杂交优势，现在试验证明了水稻具有强大的杂交优势，这是大前提。至于这个优势表现在稻谷上，还是稻草上，那是技术问题。因为我们经验不足，配组不当，使优势表现在稻草上了。我们可以改进技术，选择优良品种，使其发挥在稻谷上，这是完全做得到的。”

领导们被说服了，他们说：“是呀，老袁说的有道理，应该继续支持。”失败是成功之母，有好多事情失败里包含着成功的因素，因为失败当中有经验、有教训。搞科学试验决不会一帆风顺，不要怕失败，要善于从失败中总结经验教训，所谓“吃一堑、长一智”。一失败就灰心丧气，到此止步，这样的人是很难成功的。马克思有句名言：“在科学上没有平坦的大道，只有不畏劳苦沿着陡峭山路攀登的人，才有希望达到光辉的顶点。”我的体会是，只要大方向是对的，就应该有百折不挠的精神，才有希望取得最后的成功。

经常有人问我，你成功的“秘诀”是什么？其实谈不上什么秘诀，我的体会是八个字：“知识、汗水、灵感、机遇”。

首先，知识是基础，是创新的基础。现在科学技术这么发达，你是个文盲，是不可能成功的。“知识就是力量”，道理大家都很明白。我认为在知识方面不一定要博古通今，成为一个学问家，但是除了要对自己从事的专业很熟悉以外，还应掌握一些相关领域的知识，以开阔视野。要想了解最新发展动态，你就要懂一些外文。在科学研究中我赞成标新立异，但大方向要把握好，要正确，一定要避免盲目性，以免走进死胡同。过去有聪明人研究“永

---

① 1 斤 =500 克。

② 这里的“寸”应该为“市寸”，1 市寸 =3.333 3 厘米。

③ 这里的“尺”应该为“市尺”，1 市尺 =0.333 3 米。

动机”，这违反了能量守恒的自然规律，走向了死胡同。

第二点，是汗水。任何一个科研成果都来自深入细致的实干和苦干。育种研究是一门应用科学，要到田里去干，肯定要流汗。我们在攻关的时候，在水稻生产基地每天都背上一个水壶，我带两个馒头，中午下田，顶着太阳一干就是两三个小时，流了很多汗。虽然很辛苦，但是我乐在其中，因为有很强的希望在激励我。我培养学生，第一要求就是要下试验田，你不下田，我就不培养你，我说书本知识非常重要，电脑技术也很重要，但是书本电脑里面种不出水稻来，只有在田里才能种出水稻来。

第三，要有灵感。我的体会是灵感在科学研究与艺术创作中具有几乎相等的重要作用。灵感来了，一首好诗、一首好曲就来了，没有灵感，挖空心思、搜肠刮肚也写不出。什么是灵感？我体会它是以思想火花的形式出现，一闪就来了，但一闪又过去了，你要是去找可以找到，往往是由一种外界因素诱发产生。我体会到，灵感是知识、经验、思索和孜孜追求综合在一起的升华产物，它往往在外来因素的刺激下突然产生，擦出火花来。

1997 年，我到江苏农科院观察他们培育的新品种时，其中有一个品种形态吸引了我，我突然一闪念，领悟出了超级杂交稻的株型模式，现在这个模式已经在选育超级杂交稻品种的实际工作中得到运用。美国的《Science》（《科学》）杂志十分关注这个模式，并刊登了它，还加以介绍。其实那“一闪念”就是灵感。我奉劝从事科学研究的同志，要及时捕捉和运用在探索中孕育和迸发的灵感，做“有心人”，及时捕捉思想火花，不要让它闪丢了。

第四是机遇。雄性不育野生稻的发现，为杂交水稻研究成功打开了突破口。有的人说我们发现的雄性不育野生稻是靠运气，我看这里是有运气存在，但是不是单纯靠运气呢？我们在设计技术路线时，曾经构想“把杂交育种材料亲缘关系尽量拉大，用一种远缘的野生稻与栽培稻进行杂交”。通过这样来突破优势不明显的关隘。按照这一思路，我和助手到云南、海南去找野生稻。

美国学者唐·帕尔伯格先生曾写下《走向丰衣足食的世界》一书，他在书中谈到，从统计学上看，发现雄性不育野生稻事件明显是一个小概率事件，可是这种奇迹居然发生了。他还列举科学史上一系列偶然事件的巨大作用，如弗莱明研究导致人体发热的葡萄球菌时，观察到无意飘落的青霉菌可将葡萄球菌全部杀死，由此他发明了葡萄球菌的克星——青霉素；爱德华·詹纳看到挤牛奶的女工免出天花，从而发明了天花接种疫苗……这些发明创造有一个共同特点，就是当事人不仅亲眼看到了这些事物，而且从内心领悟并很快抓到了这些事物的本质。这就是科学研究工作的本质。

机会成就有心人，偶然的东西带给我们的可能就是灵感和机遇，所以我们说偶然性是科学的朋友。科学家的任务，就是要透过偶然性的表面现象，找出隐藏在其背后的必然性。

——来源：帮考网

【问题思考】

1. 袁隆平成功的秘诀是什么？
2. 袁隆平的故事对我们有什么影响？

【思路引导】

袁隆平，勇于实践、艰苦奋斗，实现了他的理想。通过向袁隆平同志学习，积极践行艰苦奋斗的精神，刻苦学习，不畏艰难，顽强拼搏，把握机遇，勇敢地追求自己的梦想。

【案例四】儿时的构想

有个叫布罗迪的英国教师，在整理阁楼上的旧物时，发现了一叠练习册，是皮特金幼儿园B（2）班三十一位孩子的春季作文，题目叫："未来我是……"

他本以为这些东西在德军空袭伦敦时早已被炸飞了，没想到，它们竟安然地躺在自己家里，并且一躺就是五十年。

布罗迪随手翻了几本，很快便被孩子们千奇百怪的自我设计迷住了。比如，有个叫彼得的小家伙说自己是未来的海军大臣，因为有一次他在海里游泳，喝了三升海水都没被淹死，还有一个说，自己将来必定是法国总统，因为他能背出二十五个法国城市的名字。最让人称奇的是一个叫戴维的小盲童，他认为，将来他肯定是英国的内阁大臣，因为在英国还没有一个盲人进入过内阁。总之，三十一个孩子都在作文中描述了自己的未来。

布罗迪读着这些作文，突然有一种冲动，何不把这些本子重新发到他们手中，让他们看看现在的自己是否实现了五十年前的梦想？当地一家报纸得知他的这一想法后，为他刊登了一则启事，没几天，书信便向布罗迪飞来。其中有商人、学者及政府官员，更多的是没有身份的人。他们都表示，很想知道自己儿时的梦想，并且很想得到那本作文本，布罗迪按地址一一给他们寄去。

一年后，布罗迪手里仅剩下戴维的作文本没人索要。他想，这个人也许是死了。毕竟五十年了，五十年间是什么事都会发生的。

就在布罗迪准备把这个本子送给一家私人收藏馆时，他收到了内阁教育大臣布伦克特的一封信。他在信中说：那个叫戴维的孩子就是我。感谢您还为我们保存着儿时的梦想。不过我已不需要那个本子了，因为从那时起，我的梦想就一直在我的脑子里，从未放弃过。五十年过去了，可以说我已经实现了那个梦想。今天，我还想通过这封信告诉其他三十位同学，只要不让儿时美丽的梦想随岁月飘逝，成功总有一天会出现在你面前。

布伦克特的这封信后来被发表在《太阳报》上，因为他作为英国第一位盲人大臣用自己的行动证明了一个真理，假如谁能把3岁时想当总统的愿望保持50年，那么他现在一定已经是总统了。

——来源：《作文评点报·小学阅读版》2013年第29期

【问题思考】

1. 理想信念对大学生成长有何意义？
2. 通过上面的故事，你如何理解立志高远与始于足下的关系？

【思路引导】

信念是世界观的体现和反映，所以人们往往是从自己的信念出发去审度事物的。人们对某种理论主张和思想见解坚信不疑，努力身体力行，不达目的不罢休，这就使得信念有极大的执着。千里之行，始于足下，实现理想的历程，应当从高远处着眼、细微处着手。没有踏踏实实的付出，再美的理想，也只是空中楼阁。

实践教学设计

【项目一】 大学新生理想信念现状——调查问卷

为全面了解学生信念理想的总体趋势和发展方向，组织学生进行大学新生理想信念问卷调查，引导学生树立远大理想，坚定崇高信念，努力成为中国梦的积极践行者。

【资料】大学新生理想信念现状问卷调查

1. 您的性别是（ ）[单选题]

A. 男　　B. 女

2. 您是（ ）[单选题]

A. 大一　　B. 大二　　C. 大三

3. 您认为成为一名大学生的主要目的是（ ）[单选题]

A. 实现理想抱负　　B. 学习，了解更多知识，提高自身素质

C. 获取文凭方便以后找工作　　D. 为自己的人生奋斗打下基础

E. 混混日子　　F. 找到人生的另一半

4. 刚入学时是否有为自己的大学三年制定目标？（ ）[单选题]

A. 没有　　B. 有，但是现在已经改变

C. 有，但是没有下一步计划　　D. 有，但好像现在发现不现实

5. 到了大学您是否重新调整自己的理想？为什么？（ ）[单选题]

A. 不曾改变，专注于同一个理想并为之努力

B. 因思想逐渐成熟而改变

C. 因别人的影响而改变

D. 为适应家庭或就业形势而改变

6. 你对自己的认识度（ ）[单选题]

A. 清楚知道自己要什么，并努力追求着自己要的

B. 还在摸索当中

C. 走一步算一步以后再打算，现在开心就好

7. 你相信你会成功实现自己的理想吗？（ ）[单选题]

A. 我相信我会成功，因为我有信念的支撑

B. 我相信我会成功，但是我觉得我的成功与信念无关

C. 我还不知道，因为理想与现实相差太远，信念有时很空洞

8. 您认为可能会影响您追求理想的因素有哪些？由大到小（ ）[排序题]

A. 个人能力有限　　B. 碰壁，路途坎坷，总感到不顺心

C. 自己有能力却没有遇到好机遇　　D. 学历的高低

E. 人际关系处理问题　　F. 父母及其他人不赞同

G. 私人情感问题影响严重

9. 如果你买彩票中了一百万元你会怎么使用？（ ）[单选题]

A. 享受物质的富足，充实自己的精神生活

B. 投资或创业以赚更多的钱来从事慈善，帮助更多需要帮助的人

C. 用来当作实现理想的资本

10. 你觉得你人生观的建立，谁影响最大？(　　)(必答)

A. 父母长辈　　C. 书籍　　B. 朋友同学　　D. 媒体

F. 生活阅历

11. 您是如何选择目前就读的专业的？(　　)[单选题]

A. 家人替自己选择的，并不是自己心中热爱的专业

B. 是自己一直感兴趣的

C. 根据社会就业前景做出的选择

12. 你觉得成功的标准是什么？(　　)[单项选择题](必答)

A. 赢得他人和社会的尊重　　B. 有财富地位

D. 平凡就算成功　　C. 有贡献

13. 倘若你毕业了，政府号召你去经济欠发达的西部支援建设当地，你会去吗？(　　)[单选题]

A. 会　　B. 不会　　C. 还不知道

14. 什么原因会使你放弃或改变理想？[单选题]

A. 我的思想成熟了

B. 我曾经努力过，但失败了，可能我真的无法做到

C. 别人劝我放弃，更现实点

D. 理想不现实，根本无法实现

15. 以下各项在您的大学课外生活中，花费时间比例比较高的三项：(　　)[多选题]

A. 完成课内作业

B. 课外阅读学习读报、浏览时事等

C. 体育锻炼

D. 学生工作（社团活动等）

E. 上网玩游戏、聊天、看电影等

F. 社会工作（兼职等）

16. 你为实现理想的动力信念来自哪里？(最多选三项)(　　)[多选题]

A. 为了让家人能过上好日子　　B. 为了让别人看得起

C. 为了自己美好的将来　　D. 为自己的另一半而努力

E. 报效社会　　F. 父母、师长及朋友的鞭策和鼓励

G. 实现人生价值

【项目二】　材料分析

在讲授“理想信念是精神之‘钙’”时，可引入钱学森追求科学理念信念的事例，并与“全能神”邪教教徒杀人事件作对比，使学生进一步认识坚持科学理想信念的重要意义，自觉树立科学的理想信念并坚决抵制不良信念。

【资料1】“中国导弹之父钱学森”的故事

“两弹一星”，是大国重器，彰显着中华民族的强国意志。“两弹一星”的缔造，离不开千千万万科技工作者的艰苦奋斗，其中有一个名字注定彪炳史册：钱学森。

钱学森，浙江杭州人，生于1911年。他出身名门，天赋聪颖，1934年因成绩优异公派留学美国。学成之后又在美国从事空气动力学、固体力学和火箭等领域的研究，28岁时就成为世界知名的空气动力学家。虽然身在美国，但是他始终惦念着祖国。

1949年，新中国成立的消息传来，他心潮澎湃，对妻子说："祖国已经解放，我们该回去，中国才是我永远的家。"但是美国政府却不愿放行，有一位军官声称："钱学森无论在哪里，都抵得上5个师，我宁可把这家伙枪毙了，也不让他回到中国！"美国联邦调查局甚至将他软禁起来。但是这一切都挡不住他报效祖国的决心。

1955年，钱学森成功寄信给中国政府，恳请帮助归国。在周总理的亲自关怀下，通过中国政府的外交努力，钱学森终于如愿回到祖国怀抱。

归国之后，钱学森全身心地投入工作。在他的努力下，1964年，我国第一枚中近程导弹发射成功；1966年，我国第一次中近程导弹运载原子弹试验成功；1970年，我国第一颗人造卫星"东方红一号"发射成功，一系列突破接踵而至。

由于他的巨大贡献，中国的导弹、航天科技至少跃进了20年，中国的强国步伐大大加快。他因此被誉为"中国导弹之父"，荣获"两弹一星功勋奖章"、"中国航天事业50年最高荣誉奖"等荣誉。

但是在他心中，永远是国家最重、个人最轻，事业最重、名利最轻。他曾说："我个人仅仅是沧海一粟，真正伟大的是党、人民和我们的国家。

——来源：《茂名日报》

【资料2】山东省招远涉邪教"全能神"故意杀人案一审宣判

2014年10月11日，山东招远涉邪教故意杀人案在烟台中院公开宣判。（新华社记者范长国摄）

新华社山东烟台10月11日电（记者　罗沙　吴书光）山东省烟台市中级人民法院11日上午对张帆等五名被告人故意杀人、利用邪教组织破坏法律实施一案作出一审判决，张帆、张立冬被判死刑，吕迎春被判无期徒刑，张航、张巧联分别被判有期徒刑十年、七年。

烟台中院认定，被告人张帆犯故意杀人罪，判处死刑，剥夺政治权利终身；犯利用邪教组织破坏法律实施罪，判处有期徒刑七年，决定执行死刑，剥夺政治权利终身。

被告人张立冬犯故意杀人罪，判处死刑，剥夺政治权利终身；犯利用邪教组织破坏法律实施罪，判处有期徒刑五年，决定执行死刑，剥夺政治权利终身。

被告人吕迎春犯故意杀人罪，判处无期徒刑，剥夺政治权利终身；犯利用邪教组织破坏法律实施罪，判处有期徒刑七年，决定执行无期徒刑，剥夺政治权利终身。

被告人张航犯故意杀人罪，判处有期徒刑十年。

被告人张巧联犯故意杀人罪，判处有期徒刑七年。

法院审理查明，被告人张帆、张立冬、吕迎春、张航、张巧联及张某（张帆之弟，12周岁）均系"全能神"邪教组织成员。2014年5月28日15时许，五被告人及张某到"麦当劳"招远府前广场餐厅就餐、滞留。当日21时许，张帆、吕迎春授意张航、张巧联、张某向餐厅内的其他顾客索要联系方式，为发展"全能神"教徒做准备。因向被害人吴某某索要手机号码时遭拒绝，张帆、吕迎春遂共同指认吴某某为"恶灵"，张帆首先持餐厅内座椅击打吴某某头部。被害人倒地后，张帆手撑餐桌反复跳起、踩踏吴某某头面部，并指使张立冬、张航、张巧联、张某诅咒、殴打吴某某，致被害人吴某某当场死亡。其中，张立冬持拖把连续猛击吴某某头面部，直至将拖把打断，后张立冬将吴某某从桌椅间拖出，用脚反复猛力踢、踩、跺吴某某头面部。吕迎春反复踢、踹被害人吴某某腰臀部，并驱使张巧联、张某殴打吴某某，还采取拳头击打、用头盔砸等方式阻止“麦当劳”餐厅工作人员施救和报警。

法院另查明，被告人吕迎春经他人介绍于1998年加入“全能神”邪教组织，并于2008年始纠合在招远的“全能神”教徒聚会，宣扬“全能神”教义。被告人张帆于2007年开始接触并信奉“全能神”，2008年与吕迎春通过互联网结识，并跟随吕迎春到招远多次参加“全能神”教徒聚会。2008年年底，张帆在河北省无极县先后将张立冬、陈秀娟（张帆之母）、张航、张某等家人发展为“全能神”教徒。2009年，张帆与家人移居招远市后，与吕迎春在招远市城区及下辖的玲珑镇、蚕庄镇、齐山镇等多地，秘密纠合“全能神”教徒四十余名聚会百余次。期间，吕迎春、张帆印制、散发了“全能神”宣传资料数十册，并利用互联网，先后在境内外网络空间内，制作、传播有关“全能神”的文章97篇，空间访问量总计17万余次。

被告人张立冬积极出资，在招远市租赁或者购买多处房屋及店面，作为“全能神”教徒的住所和活动场所，并出资购买交通工具、电脑、手机，安装网络宽带，供传播“全能神”使用。此外，张立冬听从吕迎春、张帆指使，将家庭财产1 000余万元以“奉献”给“教会”的名义，存于吕迎春、张帆名下。

法院审理认为，被告人张帆、张立冬、吕迎春、张航、张巧联共同残忍杀害被害人吴某某，均构成故意杀人罪；吕迎春、张帆、张立冬明知“全能神”系已经被国家取缔的邪教组织，仍然纠合教徒秘密聚会，制作、传播邪教组织信息，发展邪教组织成员，或者为上述行为提供便利条件，破坏国家法律、行政法规实施，均构成利用邪教组织破坏法律实施罪，应当数罪并罚。根据五名被告人犯罪的事实、性质、情节和对于社会的危害程度，法院遂依法作出上述判决。

——来源：由作者根据相关资料整理

【项目三】　资料学习——习近平总书记在纪念马克思诞辰200周年大会上的讲话

在讲授“为什么要信仰马克思主义”时，组织学生认真学习习近平总书记在纪念马克思诞辰200周年大会上的讲话，让学生充分了解和理解马克思的伟大功绩和光辉思想，认识到马克思至今仍然被公认为“千年第一思想家”。引导学生高扬马克思主义旗帜，坚定对马克思主义科学真理的坚定信仰，以科学的理想信仰指引人生前进的道路和方向。

【资料】习近平总书记在纪念马克思诞辰200周年大会上的讲话

同志们：

今天，我们怀着十分崇敬的心情，在这里隆重集会，纪念马克思诞辰200周年，缅怀马克思的伟大人格和历史功绩，重温马克思的崇高精神和光辉思想。

马克思是全世界无产阶级和劳动人民的革命导师，是马克思主义的主要创始人，是马克思主义政党的缔造者和国际共产主义的开创者，是近代以来最伟大的思想家。两个世纪过去了，人类社会发生了巨大而深刻的变化，但马克思的名字依然在世界各地受到人们的尊敬，马克思的学说依然闪烁着耀眼的真理光芒！

1818年5月5日，马克思诞生在德国特里尔城的一个律师家庭。早在中学时代，他就树立了为人类幸福而工作的志向。大学时代，马克思广泛钻研哲学、历史学、法学等知识，探寻人类社会发展的奥秘。在《莱茵报》工作期间，马克思犀利抨击普鲁士政府的专制统治，维护人民权利。1843 年移居巴黎后，马克思积极参与工人运动，在革命实践和理论探索的结合中完成了从唯心主义到唯物主义、从革命民主主义到共产主义的转变。1845 年，马克思、恩格斯合作撰写了《德意志意识形态》，第一次比较系统地阐述了历史唯物主义基本原理。1848 年，马克思、恩格斯合作撰写了《共产党宣言》。它一经问世就震动了世界。恩格斯说，《共产党宣言》是“全部社会主义文献中传播最广和最具有国际性的著作，是从西伯利亚到加利福尼亚的千百万工人公认的共同纲领”。

1848 年，席卷欧洲的资产阶级民主革命爆发，马克思积极投入并指导这场革命斗争。革命失败后，马克思深刻总结革命教训，力求通过系统研究政治经济学，揭示资本主义的本质和规律。1867 年问世的《资本论》是马克思主义最厚重、最丰富的著作，被誉为“工人阶级的圣经”。晚年，马克思依然密切关注世界发展新趋势和工人运动新情况，努力从更宏大的视野思考人类社会发展问题。

——马克思的一生，是胸怀崇高理想、为人类解放不懈奋斗的一生。1835 年，17 岁的马克思在他的高中毕业作文《青年在选择职业时的考虑》中这样写道：“如果我们选择了最能为人类而工作的职业，那么，重担就不能把我们压倒，因为这是为大家作出的牺牲；那时我们所享受的就不是可怜的、有限的、自私的乐趣，我们的幸福将属于千百万人，我们的事业将悄然无声地存在下去，但是它会永远发挥作用，而面对我们的骨灰，高尚的人们将洒下热泪。”马克思一生饱尝颠沛流离的艰辛、贫病交加的煎熬，但他初心不改、矢志不渝，为人类解放的崇高理想而不懈奋斗，成就了伟大人生。

——马克思的一生，是不畏艰难险阻、为追求真理而勇攀思想高峰的一生。马克思曾经写道：“在科学上没有平坦的大道，只有不畏劳苦沿着陡峭山路攀登的人，才有希望到达光辉的顶点。”马克思为创立科学理论体系，付出了常人难以想象的艰辛，最终达到了光辉的顶点。他博览群书、广泛涉猎，不仅深入了解和研究哲学社会科学的各个学科知识，而且深入了解和研究各种自然科学知识，努力从人类创造的一切文明成果中汲取养料。马克思毕生忘我工作，经常每天工作 16 个小时。马克思在给友人的信中谈到，为了《资本论》的写作，“我一直在坟墓的边缘徘徊。因此，我不得不利用我还能工作的每时每刻来完成我的著作”。即使在多病的晚年，马克思仍然不断迈向新的科学领域和目标，写下了数量庞大的历史学、人类学、数学等学科笔记。正如恩格斯所说：“马克思在他所研究的每一个领域，甚至在数学领域，都有独到的发现，这样的领域是很多的，而且其中任何一个领域他都不是浅尝辄止。”

——马克思的一生，是为推翻旧世界、建立新世界而不息战斗的一生。恩格斯说，“马克思首先是一个革命家”，“斗争是他的生命要素。很少有人像他那样满腔热情、坚韧不拔和卓有成效地进行斗争”。马克思毕生的使命就是为人民解放而奋斗。为了改变人民受剥削、受压迫的命运，马克思义无反顾投身轰轰烈烈的工人运动，始终站在革命斗争最前沿。他领导创建了世界上第一个无产阶级政党——共产主义者同盟，领导了世界上第一个国际工人组织——国际工人协会，热情支持世界上第一次工人阶级夺取政权的革命——巴黎公社革命，满腔热情、百折不挠地推动各国工人运动发展。

马克思是顶天立地的伟人，也是有血有肉的常人。他热爱生活，真诚朴实，重情重义。

马克思、恩格斯的革命友谊长达40年。正如列宁所说："古老传说中有各种非常动人的友谊故事"，但马克思、恩格斯的友谊"超过了古人关于人类友谊的一切最动人的传说"。马克思无私资助革命事业，即使在自己生活极度困难的情况下仍然尽最大努力帮助革命战友。马克思和妻子燕妮患难与共，谱写了理想和爱情的命运交响曲。

同志们！

马克思给我们留下的最有价值、最具影响力的精神财富，就是以他名字命名的科学理论——马克思主义。这一理论犹如壮丽的日出，照亮了人类探索历史规律和寻求自身解放的道路。

马克思有一句名言："批判的武器当然不能代替武器的批判，物质力量只能用物质力量来摧毁；但是理论一经掌握，群众也会变成物质力量。"马克思主义主要由哲学、政治经济学、科学社会主义三大组成部分构成。这三大组成部分分别来源于德国古典哲学、英国古典政治经济学、法国空想社会主义。然而，最终升华为马克思主义的根本原因，是马克思对所处的时代和世界的深入考察，是马克思对人类社会发展规律的深刻把握。马克思说："共产党人的理论原理，决不是以这个或那个世界改革家所发明或发现的思想、原则为根据的。""这些原理不过是现存的阶级斗争、我们眼前的历史运动的真实关系的一般表述。"

只有在整个人类发展的历史长河中，才能透视出历史运动的本质和时代发展的方向。马克思的科学研究，就像列宁所说的那样，"凡是人类社会所创造的一切，他都有批判地重新加以探讨，任何一点也没有忽略过去。凡是人类思想所建树的一切，他都放在工人运动中检验过，重新加以探讨，加以批判，从而得出了那些被资产阶级狭隘性所限制或被资产阶级偏见束缚住的人所不能得出的结论。"马克思的思想理论源于那个时代又超越了那个时代，既是那个时代精神的精华，又是整个人类精神的精华。

——马克思主义是科学的理论，创造性地揭示了人类社会发展规律。在马克思提出科学社会主义之前，空想社会主义者早已存在，他们怀着悲天悯人的情感，对理想社会有很多美好的设想，但由于没有揭示社会发展规律，没有找到实现理想的有效途径，因而也就难以真正对社会发展发生作用。马克思创建了唯物史观和剩余价值学说，揭示了人类社会发展的一般规律，揭示了资本主义运行的特殊规律，为人类指明了从必然王国向自由王国飞跃的途径，为人民指明了实现自由和解放的道路。

——马克思主义是人民的理论，第一次创立了人民实现自身解放的思想体系。马克思主义博大精深，归根到底就是一句话，为人类求解放。在马克思之前，社会上占统治地位的理论都是为统治阶级服务的。马克思主义第一次站在人民的立场探求人类自由解放的道路，以科学的理论为最终建立一个没有压迫、没有剥削、人人平等、人人自由的理想社会指明了方向。马克思主义之所以具有跨越国度、跨越时代的影响力，就是因为它植根人民之中，指明了依靠人民推动历史前进的人间正道。

——马克思主义是实践的理论，指引着人民改造世界的行动。马克思说，"全部社会生活在本质上是实践的"，"哲学家们只是用不同的方式解释世界，问题在于改变世界"。实践的观点、生活的观点是马克思主义认识论的基本观点，实践性是马克思主义理论区别于其他理论的显著特征。马克思主义不是书斋里的学问，而是为了改变人民历史命运而创立的，是在人民求解放的实践中形成的，也是在人民求解放的实践中丰富和发展的，为人民认识世界、改造世界提供了强大精神力量。

——马克思主义是不断发展的开放的理论，始终站在时代前沿。马克思一再告诫人们，马克思主义理论不是教条，而是行动指南，必须随着实践的变化而发展。一部马克思主义发展史就是马克思、恩格斯以及他们的后继者们不断根据时代、实践、认识发展而发展的历史，是不断吸收人类历史上一切优秀思想文化成果丰富自己的历史。因此，马克思主义能够永葆其美妙之青春，不断探索时代发展提出的新课题、回应人类社会面临的新挑战。

同志们！

《共产党宣言》发表170年来，马克思主义在世界上得到广泛传播。在人类思想史上，没有一种思想理论像马克思主义那样对人类产生了如此广泛而深刻的影响。

在马克思亲自领导下，在马克思主义指导下，"第一国际"等国际工人组织相继创立和发展，在不同时期指导和推动了国际工人运动的联合和斗争。在马克思主义影响下，马克思主义政党在世界范围内如雨后春笋般建立和发展起来，人民第一次成为自己命运的主人，成为实现自身解放和全人类解放的根本政治力量。

列宁领导的十月革命取得胜利，社会主义从理论变为现实，打破了资本主义一统天下的世界格局。第二次世界大战结束后，一大批社会主义国家诞生，特别是中华人民共和国成立，极大壮大了世界社会主义力量。尽管世界社会主义在发展中也会出现曲折，但人类社会发展的总趋势没有改变，也不会改变。

马克思、恩格斯积极支持被压迫民族和人民的解放斗争。进入20世纪后，以列宁为代表的马克思主义者继承和发展了马克思主义民族理论，指导和支持了殖民地半殖民地国家民族解放运动。第二次世界大战结束后，一大批获得独立和解放的民族国家建立起来，彻底瓦解了帝国主义的殖民体系，世界各民族平等交往、共同发展，展现出光明前景。

今天，马克思主义极大推进了人类文明进程，至今依然是具有重大国际影响的思想体系和话语体系，马克思至今依然被公认为"千年第一思想家"。

同志们！

马克思主义不仅深刻改变了世界，也深刻改变了中国。中华民族在几千年的历史进程中创造了灿烂的中华文明，为人类文明进步作出了重大贡献。1840年鸦片战争以后，西方列强凭着坚船利炮野蛮轰开了中国的大门，中华民族陷入内忧外患的悲惨境地。

帝国主义的野蛮侵略和中国人民的深重苦难引起了马克思高度关注。第二次鸦片战争期间，马克思撰写了十几篇关于中国的通讯，向世界揭露西方列强侵略中国的真相，为中国人民伸张正义。马克思、恩格斯高度肯定中华文明对人类文明进步的贡献，科学预见了"中国社会主义"的出现，甚至为他们心中的新中国取了靓丽的名字——"中华共和国"。

近代以后，争取民族独立、人民解放和实现国家富强、人民幸福就成为中国人民的历史任务。在旧式的农民战争走到尽头，不触动封建根基的自强运动和改良主义屡屡碰壁，资产阶级革命派领导的革命和西方资本主义的其他种种方案纷纷破产的情况下，十月革命一声炮响，为中国送来了马克思列宁主义，给苦苦探寻救亡图存出路的中国人民指明了前进方向、提供了全新选择。

在这个历史大潮中，一个以马克思主义为指导、一个勇担民族复兴历史大任、一个必将带领中国人民创造人间奇迹的马克思主义政党——中国共产党应运而生。

中国共产党诞生后，中国共产党人把马克思主义基本原理同中国革命和建设的具体实际结合起来，团结带领人民经过长期奋斗，完成新民主主义革命和社会主义革命，建立起中华人民共和国和社会主义基本制度，进行了社会主义建设的艰辛探索，实现了中华民族从东亚病夫到站起来的伟大飞跃。这一伟大飞跃以铁一般的事实证明，只有社会主义才能救中国！

改革开放以来，中国共产党人把马克思主义基本原理同中国改革开放的具体实际结合起来，团结带领人民进行建设中国特色社会主义新的伟大实践，使中国大踏步赶上了时代，实现了中华民族从站起来到富起来的伟大飞跃。这一伟大飞跃以铁一般的事实证明，只有中国特色社会主义才能发展中国！

在新时代，中国共产党人把马克思主义基本原理同新时代中国具体实际结合起来，团结带领人民进行伟大斗争、建设伟大工程、推进伟大事业、实现伟大梦想，推动党和国家事业取得全方位、开创性历史成就，发生深层次、根本性历史变革，中华民族迎来了从富起来到强起来的伟大飞跃。这一伟大飞跃以铁一般的事实证明，只有坚持和发展中国特色社会主义才能实现中华民族伟大复兴！

实践证明，马克思主义的命运早已同中国共产党的命运、中国人民的命运、中华民族的命运紧紧连在一起，它的科学性和真理性在中国得到了充分检验，它的人民性和实践性在中国得到了充分贯彻，它的开放性和时代性在中国得到了充分彰显！

实践还证明，马克思主义为中国革命、建设、改革提供了强大思想武器，使中国这个古老的东方大国创造了人类历史上前所未有的发展奇迹。历史和人民选择马克思主义是完全正确的，中国共产党把马克思主义写在自己的旗帜上是完全正确的，坚持马克思主义基本原理同中国具体实际相结合、不断推进马克思主义中国化时代化是完全正确的！

可以告慰马克思的是，马克思主义指引中国成功走上了全面建设社会主义现代化强国的康庄大道，中国共产党人作为马克思主义的忠诚信奉者、坚定实践者，正在为坚持和发展马克思主义而执着努力！

同志们！

恩格斯说过："一个民族要想站在科学的最高峰，就一刻也不能没有理论思维。"中华民族要实现伟大复兴，也同样一刻不能没有理论思维。马克思主义始终是我们党和国家的指导思想，是我们认识世界、把握规律、追求真理、改造世界的强大思想武器。

马克思主义思想理论博大精深、常学常新。新时代，中国共产党人仍然要学习马克思，学习和实践马克思主义，不断从中汲取科学智慧和理论力量，在统筹推进"五位一体"总体布局、协调推进"四个全面"战略布局中，更有定力、更有自信、更有智慧地坚持和发展新时代中国特色社会主义，确保中华民族伟大复兴的巨轮始终沿着正确航向破浪前行。

——学习马克思，就要学习和实践马克思主义关于人类社会发展规律的思想。马克思科学揭示了人类社会最终走向共产主义的必然趋势。马克思、恩格斯坚信，未来社会"将是这样一个联合体，在那里，每个人的自由发展是一切人的自由发展的条件"，"无产者在这个革命中失去的只是锁链。他们获得的将是整个世界"。马克思坚信历史潮流奔腾向前，只要人民成为自己的主人、社会的主人、人类社会发展的主人，共产主义理想就一定能够在不断改变现存状况的现实运动中一步一步实现。马克思主义奠定了共产党人坚定理想信念的理论基础。我们要全面掌握辩证唯物主义和历史唯物主义的世界观和方法论，深刻认识实现共产主义是由一个一个阶段性目标逐步达成的历史过程，把共产主义远大理想同中国特色社会主义共同理想统一起来、同我们正在做的事情统一起来，坚定中国特色社会主义道路自信、理论自信、制度自信、文化自信，坚守共产党人的理想信念，像马克思那样，为共产主义奋斗终生。

——学习马克思，就要学习和实践马克思主义关于坚守人民立场的思想。人民性是马克思主义最鲜明的品格。马克思说，“历史活动是群众的活动”。让人民获得解放是马克思毕生的追求。我们要始终把人民立场作为根本立场，把为人民谋幸福作为根本使命，坚持全心全意为人民服务的根本宗旨，贯彻群众路线，尊重人民主体地位和首创精神，始终保持同人民群众的血肉联系，凝聚起众志成城的磅礴力量，团结带领人民共同创造历史伟业。这是尊重历史规律的必然选择，是共产党人不忘初心、牢记使命的自觉担当。

——学习马克思，就要学习和实践马克思主义关于生产力和生产关系的思想。马克思主义认为，物质生产力是全部社会生活的物质前提，同生产力发展一定阶段相适应的生产关系的总和构成社会经济基础。生产力是推动社会进步最活跃、最革命的要素。“人们所达到的生产力的总和决定着社会状况。”生产力和生产关系、经济基础和上层建筑相互作用、相互制约，支配着整个社会发展进程。解放和发展社会生产力是社会主义的本质要求，是中国共产党人接力探索、着力解决的重大问题。新中国成立以来特别是改革开放以来，在不到70年的时间内，我们党带领人民坚定不移解放和发展社会生产力，走完了西方几百年的发展历程，推动我国快速成为世界第二大经济体。我们要勇于全面深化改革，自觉通过调整生产关系，激发社会生产力发展活力，自觉通过完善上层建筑适应经济基础发展要求，让中国特色社会主义更加符合规律地向前发展。

——学习马克思，就要学习和实践马克思主义关于人民民主的思想。马克思、恩格斯指出，“无产阶级的运动是绝大多数人的，为绝大多数人谋利益的独立的运动”，“工人阶级一旦取得统治权，就不能继续运用旧的国家机器来进行管理”，必须“以新的真正民主的国家政权来代替”。国家机关必须由社会主人变为社会公仆，接受人民监督。我们要坚定不移走中国特色社会主义政治发展道路，在坚持党的领导、人民当家做主、依法治国有机统一中推进社会主义民主政治建设，不断加强人民当家做主的制度保障，加快推进国家治理体系和治理能力现代化，充分调动人民的积极性、主动性、创造性，更加切实、更有成效地实施人民民主。

——学习马克思，就要学习和实践马克思主义关于文化建设的思想。马克思认为，在不同的经济和社会环境中，人们生产不同的思想和文化，思想文化建设虽然决定于经济基础，但又对经济基础发生反作用。先进的思想文化一旦被群众掌握，就会转化为强大的物质力量；反之，落后的、错误的观念如果不破除，就会成为社会发展进步的桎梏。理论自觉、文化自信，是一个民族进步的力量；价值先进、思想解放，是一个社会活力的来源。国家之魂，文以化之，文以铸之。我们要立足中国，面向现代化、面向世界、面向未来，巩固马克思主义在意识形态领域的指导地位，发展社会主义先进文化，加强社会主义精神文明建设，把社会主义核心价值观融入社会发展各方面，推动中华优秀传统文化创造性转化、创新性发展，不断提高人民思想觉悟、道德水平、文明素养，不断铸就中华文化新辉煌。

——学习马克思，就要学习和实践马克思主义关于社会建设的思想。马克思、恩格斯设想，在未来社会中，“生产将以所有的人富裕为目的”，“所有人共同享受大家创造出来的福利”。恩格斯结合马克思在《共产党宣言》《哥达纲领批判》《资本论》等著作中提出的一系列主张，阐明在社会主义条件下，社会应该“给所有的人提供健康而有益的工作，给所有的人提供充裕的物质生活和闲暇时间，给所有的人提供真正的充分的自由”。人民对美好生活的向往就是我们奋斗的目标。我们要坚持以人民为中心的发展思想，抓住人民最关心最直接最现实的利益问题，不断保障和改善民生，促进社会公平正义，在更高水平上实现幼有所育、学有所教、劳有所得、病有所医、老有所养、住有所居、弱有所扶，让发展成果更多更公平惠及全体人民，不断促进人的全面发展，朝着实现全体人民共同富裕不断迈进。

——学习马克思，就要学习和实践马克思主义关于人与自然关系的思想。马克思认为，“人靠自然界生活”，自然不仅给人类提供了生活资料来源，如肥沃的土地、渔产丰富的江河湖海等，而且给人类提供了生产资料来源。自然物构成人类生存的自然条件，人类在同自然的互动中生产、生活、发展，人类善待自然，自然也会馈赠人类，但“如果说人靠科学和创造性天才征服了自然力，那么自然力也对人进行报复”。自然是生命之母，人与自然是生命共同体，人类必须敬畏自然、尊重自然、顺应自然、保护自然。我们要坚持人与自然和谐共生，牢固树立和切实践行绿水青山就是金山银山的理念，动员全社会力量推进生态文明建设，共建美丽中国，让人民群众在绿水青山中共享自然之美、生命之美、生活之美，走出一条生产发展、生活富裕、生态良好的文明发展道路。

——学习马克思，就要学习和实践马克思主义关于世界历史的思想。马克思、恩格斯说：“各民族的原始封闭状态由于日益完善的生产方式、交往以及因交往而自然形成的不同民族之间的分工，消灭得越是彻底，历史也就越是成为世界历史。”马克思、恩格斯当年的这个预言，现在已经成为现实，历史和现实日益证明这个预言的科学价值。今天，人类交往的世界性比过去任何时候都更深入、更广泛，各国相互联系和彼此依存比过去任何时候都更频繁、更紧密。一体化的世界就在那儿，谁拒绝这个世界，这个世界也会拒绝他。万物并育而不相害，道并行而不相悖。我们要站在世界历史的高度审视当今世界发展趋势和面临的重大问题，坚持和平发展道路，坚持独立自主的和平外交政策，坚持互利共赢的开放战略，不断拓展同世界各国的合作，积极参与全球治理，在更多领域、更高层面上实现合作共赢、共同发展，不依附别人、更不掠夺别人，同各国人民一道努力构建人类命运共同体，把世界建设得更加美好。

——学习马克思，就要学习和实践马克思主义关于马克思主义政党建设的思想。马克思认为，“在无产阶级和资产阶级的斗争所经历的各个发展阶段上，共产党人始终代表整个运动的利益”，“他们没有任何同整个无产阶级的利益不同的利益”，而是要“为绝大多数人谋利益”，为建设共产主义社会而奋斗。共产党要“在全世界面前树立起可供人们用来衡量党的运动水平的里程碑”。始终同人民在一起，为人民利益而奋斗，是马克思主义政党同其他政党的根本区别。我们要统揽伟大斗争、伟大工程、伟大事业、伟大梦想，增强政治意识、大局意识、核心意识、看齐意识，持之以恒推进全面从严治党，坚持把党的政治建设摆在首位，坚持和加强党的全面领导，坚决维护党中央权威和集中统一领导，做到坚持真理、修正错误，永远保持共产党人政治本色，把党建设成为始终走在时代前列、人民衷心拥护、勇于自我革命、经得起各种风浪考验、朝气蓬勃的马克思主义执政党！

同志们！

中国共产党是用马克思主义武装起来的政党，马克思主义是中国共产党人理想信念的灵魂。1938 年，毛泽东同志指出：“如果我们党有一百个至二百个系统地而不是零碎地、实际地而不是空洞地学会了马克思列宁主义的同志，就会大大地提高我们党的战斗力量。”

回顾党的奋斗历程可以发现，中国共产党之所以能够历经艰难困苦而不断发展壮大，很重要的一个原因就是我们党始终重视思想建党、理论强党，使全党始终保持统一的思想、坚定的意志、协调的行动、强大的战斗力。

当前，改革发展稳定任务之重、矛盾风险挑战之多、治国理政考验之大都是前所未有的。我们要赢得优势、赢得主动、赢得未来，必须不断提高运用马克思主义分析和解决实际问题的能力，不断提高运用科学理论指导我们应对重大挑战、抵御重大风险、克服重大阻力、化解重大矛盾、解决重大问题的能力，以更宽广的视野、更长远的眼光来思考把握未来发展面临的一系列重大问题，不断坚定马克思主义信仰和共产主义理想。

从《共产党宣言》发表到今天，170 年过去了，人类社会发生了翻天覆地的变化，但马克思主义所阐述的一般原理整个来说仍然是完全正确的。我们要坚持和运用辩证唯物主义和历史唯物主义的世界观和方法论，坚持和运用马克思主义立场、观点、方法，坚持和运用马克思主义关于世界的物质性及其发展规律，关于人类社会发展的自然性、历史性及其相关规律，关于人的解放和自由全面发展的规律，关于认识的本质及其发展规律等原理，坚持和运用马克思主义的实践观、群众观、阶级观、发展观、矛盾观，真正把马克思主义这个看家本领学精悟透用好。

全党同志特别是各级领导干部要更加自觉、更加刻苦地学习马克思列宁主义，学习毛泽东思想、邓小平理论、“三个代表”重要思想、科学发展观，学习新时代中国特色社会主义思想。要深入学、持久学、刻苦学，带着问题学、联系实际学，更好把科学思想理论转化为认识世界、改造世界的强大物质力量。共产党人要把读马克思主义经典、悟马克思主义原理当作一种生活习惯、当作一种精神追求，用经典涵养正气、淬炼思想、升华境界、指导实践。

对待科学的理论必须有科学的态度。恩格斯深刻指出：“马克思的整个世界观不是教义，而是方法。它提供的不是现成的教条，而是进一步研究的出发点和供这种研究使用的方法。”恩格斯还指出，我们的理论“是一种历史的产物，它在不同的时代具有完全不同的形式，同时具有完全不同的内容”。科学社会主义基本原则不能丢，丢了就不是社会主义。同时，科学社会主义也绝不是一成不变的教条。我说过，当代中国的伟大社会变革，不是简单延续我国历史文化的母版，不是简单套用马克思主义经典作家设想的模板，不是其他国家社会主义实践的再版，也不是国外现代化发展的翻版。社会主义并没有定于一尊、一成不变的套路，只有把科学社会主义基本原则同本国具体实际、历史文化传统、时代要求紧密结合起来，在实践中不断探索总结，才能把蓝图变为美好现实。

理论的生命力在于不断创新，推动马克思主义不断发展是中国共产党人的神圣职责。我们要坚持用马克思主义观察时代、解读时代、引领时代，用鲜活丰富的当代中国实践来推动马克思主义发展，用宽广视野吸收人类创造的一切优秀文明成果，坚持在改革中守正出新、不断超越自己，在开放中博采众长、不断完善自己，不断深化对共产党执政规律、社会主义建设规律、人类社会发展规律的认识，不断开辟当代中国马克思主义、21 世纪马克思主义新境界！

同志们！

今天，我们纪念马克思，是为了向人类历史上最伟大的思想家致敬，也是为了宣示我们对马克思主义科学真理的坚定信念。

恩格斯说：“只要进一步发挥我们的唯物主义论点，并且把它应用于现时代，一个强大的、一切时代中最强大的革命远景就会立即展现在我们面前。”前进道路上，我们要继续高扬马克思主义伟大旗帜，让马克思、恩格斯设想的人类社会美好前景不断在中国大地上生动展现出来！

——来源：《人民日报》

【项目四】　主题学习——只有共产党才能救中国，只有中国特色社会主义才能发展中国

在讲授“中国特色社会主义是我们共同理想”时，组织学生查阅相关历史资料，宏观把握中国共产党创立并领导中国人民进行革命、建设、改革和发展的历史过程中，深化学生对只有中国共产党才能救中国，只有中国特色社会主义才能发展中国的认识，进一步理解走中国特色社会道路符合当今中国国情，符合全国人民的根本利益，是中国走向富强、民主、文明、和谐、生态的必然选择。

具体实施：以班级为单位分别组成若干小组，每组派若干名代表发言，之后学生提交心得体会。

第一组围绕只有共产党才能救中国这一主题，指导学生阅读中国近代史相关资料，了解鸦片战争以来，中国各阶级阶层探索救亡图存和实现民族复兴的历程，使学生认识到只有共产党才能救中国。

第二组围绕只有中国特色社会主义才能发展中国这一主题，指导学生查找中国现代史相关资料，使学生了解1949年以来，尤其是改革开放后，中国社会发生的巨大变化，深刻理解只有社会主义才能发展中国。

【资料】

1840年第一次鸦片战争，西方资产阶级殖民者用坚船利炮打开了古老中国的大门，中国开始沦为半殖民地半封建社会。国家积贫积弱，社会战乱不堪，人民生灵涂炭。这是从那一刻开始，中华儿女为了寻求民族独立、人民解放、国家富强和人民富裕，进行若干道路的探索，最终历史和人民选择了中国共产党领导，走社会主义之路。

进入半殖民地半封建社会后，面对西方列强的侵略，首先站在最前沿的是林则徐和魏源等人，他们提出了“师夷长技以制夷”等主张，开启了近代向西方学习的新风。经历三十年的洋务运动，是这一思想的继承和发展，它是向西方学习器物技术，并没有使中国走向富强。1851年，由农民发动的太平天国运动，由于无法克服农民阶级具有的阶级局限性，农民阶级也没能救中国。中日甲午战争中，中国的惨败唤醒了中国民族资产阶级知识分子，维新变法运动兴起。然而，维新变法如同昙花一现仅存在了103天就夭折了。它的失败说明在半殖民地半封建的中国，试图通过统治者走自上而下的改良道路实现国家的独立、民族富强是根本行不通的，必须用革命的手段推翻帝国主义封建主义联合统治的半殖民地半封建的社会制度。辛亥革命是资产阶级领导的以反对君主专制制度、建立资产阶级共和国为目标的革命，是一次比较完全意义上的资产阶级民主革命，是一朵不结果的花，这个果实最后被袁世凯篡夺了。

1921年中国共产党成立后，接下来是四个阶段的革命战争。国民大革命后期，因为蒋介石、汪精卫在1927年发动“四·一二”和“七·一五”反革命政变，叛变革命，中国革命处于白色恐怖之中。中国共产党召开“八七会议”和组织了著名的三大起义——南昌起义、秋收起义和广州起义，回答了敢不敢革命的问题。三大战役之后，中国革命发展到一个新阶段——土地革命战争时期。1931年“九·一八”事变之后中日矛盾上升为主要矛盾，1937年“卢沟桥事变”之后，中国抗日战争进入全国性抗战的新时期。历经八年艰苦卓绝的斗争，取得了胜利。1946年解放战争爆发，通过三年的解放战争推翻了帝国主义、封建主义和官僚资本主义“三座大山”。1949年10月1日中华人民共和国成立，中国人民在中国共产党的领导下，彻底赢得了民族独立，

改革开放40年来，在中国共产党的坚强领导下，中国国民生产总值以年均9.7%的比率增长，是新中国经济发展最快的时期。城乡居民收入快速增长，居民消费结构明显改善，居住条件和生活环境逐步改善。改革开放带来的福祉正在为广大居民所共享。中国经济总量跃居世界第二位，综合国力快速提升，几代人梦寐以求的民族复兴的中国梦正在逐步变为现实。

——来源：由作者根据相关资料整理

【项目五】 新闻时事大家谈——从“狱中八条”到周永康案，看党中央反腐决心

在讲授“坚定对中国共产党的信任”相关内容时，组织学生观看《走基层·解密“狱中八条”》系列纪录片，学习《人民日报》关于《关于周永康严重违纪案的审查报告》及评论员文章，通过学习和交流，使学生充分了解在中国共产党成立90多年来的光辉历程中有一条红线贯穿，那就是坚持反腐始终不渝。从中央苏区时期的谢步升、左祥云到抗日战争时期的黄克功、肖玉璧，到新中国成立初期的刘青山、张子善，再到今天的薄熙来、周永康，对这些贪污腐化分子的严惩，彰显了党中央反腐的持续性。因此，我们应该充分坚定对中国共产党的信任，拥护党的领导，努力为党和人民的事业奋斗终生。

【资料1】解密“狱中八条”

69年前，重庆终于迎来了解放。但被关押在渣滓洞、白公馆监狱的革命志士，却在重庆解放的前三天，被国民党特务残忍屠杀。可大家不知道的是，烈士们在牺牲前还留了一份用血的教训凝结成的，从未完整公开的秘密文件。从今天起，我们将把他们留给未来执政党最后的话告诉大家，这些话，被一位从大屠杀中逃出的革命志士记录在了一份报告中，报告最重要的部分，给我们的党提了八条意见，我们将它称为“狱中八条”。

这份报告是谁写的？又是如何流传下来的？这要从重庆的渣滓洞、白公馆监狱说起。

重庆渣滓洞和白公馆监狱，是1949年前国民党特务专门用来关押政治犯的地方，1949年10月1日，新中国成立的消息让关押在这里的近200名共产党员兴奋不已，但没有想到，敌人开始了最后的疯狂。

此时在狱中关押了近十年的中共川东特委青委宣传部长许晓轩，也就是小说《红岩》中许云峰的原型之一，他觉得不能再等待下去了，他说，“死，也要死得其所”。

许晓轩提议一出，以前狱中小范围的议论立刻汇集成一种非常强烈的声音。大家所熟知的《红岩》小说的作者之一罗广斌，也参与了狱中的讨论。

1949年的11月27日，特务开始了最后的屠杀，按照蒋介石的命令，必须当天处决完所有政治犯。

由于渣滓洞关押人数较多，白公馆的枪手后来被调到了渣滓洞帮忙，白公馆只留下看守班班长杨钦典独自看守尚未屠杀完的19位志士。

后来，白公馆里剩的这19人全部安全逃出。渣滓洞也逃出15人。在整个大屠杀中，共

有285人遇难，只有34人脱险。三天后，重庆解放。而罗广斌逃出监狱后马上回了家。

到家后的罗广斌将自己关在房间里整整28天，终于完成了一份三万六千字的《重庆党组织破坏经过和狱中情形的报告》，提交给了当时的重庆市委，而这份报告，就是同志们在牺牲前的那段时间集体讨论的结晶。报告的最后一章，也是最重要的一部分，里面是狱中同志在生命的最后一刻向党总结出的八条意见，是他们最后的嘱托。

一、防止领导成员腐化；

二、加强党内教育和实际斗争的锻炼；

三、不要理想主义，对上级也不要迷信；

四、注意路线问题，不要从“右”跳到“左”；

五、切勿轻视敌人；

六、重视党员特别是领导干部的经济、恋爱和生活作风问题；

七、严格进行整党整风；

八、惩办叛徒、特务。

这八条是如何得来的？每一条背后又对应着怎样的惨痛教训？我们将在明天的节目中，为大家继续讲述。

历史是最好的教科书。重温党史，可以以史鉴今、资政育人。渣滓洞、白公馆里的两百多位革命志士在69年前留下的这“狱中八条”，用鲜血和生命写成，用教训与反思写成。“狱中八条”一针见血地指出了在残酷的革命战争环境下，一个政党的思想建设、组织建设、作风建设是多么重要，一个共产党人的理想信念、组织纪律、道德情操是多么重要。今天，在改革开放的时代进程中，中国共产党人既肩负着引领中华民族走向伟大复兴的历史使命，也仍然面对着与69年前那些先辈同样的考验。再过几天，12月4日，就是新一届中央领导集体提出关于改进工作作风、密切联系群众的八项规定两周年的日子。两年来，全党深入落实八项规定精神、反对“四风”的努力，与69年前革命先辈们的这份厚重思考，精神相通，使命相连。这份来自历史、又充满现实意义的思考，是今天的中国共产党人增强理想信念的必修课、加强党的自身建设的必修课，也是把党和国家的事业继续推向前进的必修课。

——来源：由作者根据相关资料整理

【资料2】中共中央决定给予周永康开除党籍处分

新华社北京电2014年12月5日，中共中央政治局会议审议并通过中共中央纪律检查委员会《关于周永康严重违纪案的审查报告》，决定给予周永康开除党籍处分，对其涉嫌犯罪问题及线索移送司法机关依法处理。

2013年12月1日，中央政治局常委会召开会议，听取了中央纪委在查办案件中发现的周永康违纪线索情况的汇报，决定开展相应核查工作。2014年7月29日，中央政治局召开会议，听取了中央纪委开展核查工作情况的汇报，决定对周永康立案审查。

经查，周永康严重违反党的政治纪律、组织纪律、保密纪律；利用职务便利为多人谋取非法利益，直接或通过家人收受巨额贿赂；滥用职权帮助亲属、情妇、朋友从事经营活动而获取巨额利益，造成国有资产重大损失；泄露党和国家机密；严重违反廉洁自律规定，本人及亲属收受他人大量财物；与多名女性通奸并进行权色、钱色交易。调查中还发现周永康其他涉嫌犯罪线索。周永康的所作所为完全背离党的性质和宗旨，严重违反党的纪律，极大损害党的形象，给党和人民事业造成重大损失，影响极其恶劣。

2014年12月5日，中央政治局会议审议并通过中央纪委《关于周永康严重违纪案的审查报告》，根据《中国共产党纪律处分条例》的有关规定，决定给予周永康开除党籍处分，将周永康涉嫌犯罪问题及线索移送司法机关依法处理。

——来源：由作者根据相关资料整理

【资料3】评论员文章：坚决惩治腐败，严肃党纪党规

2014年12月5日，中共中央政治局决定给予周永康开除党籍处分，对其涉嫌受贿犯罪问题及线索移送司法机关依法处理。最高人民检察院经审查决定，依法对周永康涉嫌犯罪立案侦查并予以逮捕。这一决定，充分表明了以习近平同志为总书记的党中央，坚定不移维护党的团结统一、坚定不移惩治腐败的坚强意志和鲜明态度，充分体现了我们党坚持党纪国法面前人人平等、反腐没有禁区的原则，充分彰显了我们党坚定维护人民群众根本利益的宗旨信念，深得党心、深得民心。

治国必先治党，治党务必从严。从目前公布的事实来看，周永康滥用职权，收受巨额贿赂、为他人谋取非法利益、泄露党和国家重要机密，严重违反党的政治纪律、组织纪律、保密纪律，所作所为完全背离党的性质和宗旨，极大损害党的形象，给党和人民事业造成重大损失，影响极为恶劣。党中央果断决策，对周永康进行立案审查和严肃处理，这是对党和人民事业的高度负责，是对党的纪律的坚决捍卫，是对社会主义法治的坚定维护。

党与腐败水火不容。腐败现象是侵入党的健康肌体的毒瘤，坚持不懈反对腐败、坚定不移割除腐败毒瘤，是坚持党的性质和宗旨的必然要求，是坚持党的领导、巩固党的执政地位和执政基础的必然要求。党的十八大以来，以习近平同志为总书记的党中央突出强调坚持党要管党、从严治党，提出了一系列明确要求，对腐败现象绝不姑息，对腐败分子绝不手软，坚持“老虎”“苍蝇”一起打，向全党全社会表明，从严治党不是口号，惩治腐败没有例外。“对腐败分子，发现一个就要坚决查处一个。”我们要通过查处周永康严重违纪案件，深入推进反腐败斗争，坚持零容忍的态度、猛药去疴的决心、刮骨疗毒的勇气、严厉惩处的尺度不变，凡腐必反、除恶务尽。

坚决惩治腐败，严肃党纪党规，是我们党有力量的表现，也是全党同志和广大群众的共同愿望。“木受绳则直，金就砺则利。”各级党组织和全体党员特别是各级领导干部要坚决贯彻党中央从严治党的明确要求、切实增强党的观念和政治意识，严守党的政治纪律红线，决不允许阳奉阴违、自行其是，确保全党在思想上政治上行动上同以习近平同志为总书记的党中央保持高度一致，自觉维护中央权威。严明党的组织纪律，坚决反对拉帮结派、搞团团伙伙，决不允许在党内搞任何形式的非组织活动，维护党的团结统一。坚决遏制腐败现象蔓延势头，坚定不移深化反腐败斗争，党员领导干部务必不断加强党性锻炼，加强廉洁自律，始终保持共产党人的浩然正气和廉洁操守，始终保持党的先进性和纯洁性。

治党纪为首，治国法为先。习近平总书记指出，坚决反对腐败，防止党在长期执政条件下腐化变质，是我们必须抓好的重大政治任务。党的十八届四中全会提出全面推进依法治国，对党风廉政建设和反腐败工作提出了新要求。继续保持反腐败高压态势，继续坚持严格依规治党，不断增强自我净化、自我完善、自我革新、自我提高的能力，我们党就一定能够成为中国特色社会主义事业的坚强领导核心。

——来源：由作者根据相关资料整理

【项目六】　开展“讲历史典故，看逆境成才”演讲会

以《构架通往理想彼岸的桥梁》中《史记·太史公自序》引文为主线，以班级为单位，让学生自愿分组结合，搜索引文中讲述的历史人物和故事，小组推荐同学代表讲述历史人物成为伟人的艰辛之路，通过讲述引文中的历史典故和人物故事引导学生以引文中的历史人物为榜样，正确看待人生的顺境和逆境，认识顺境和逆境存在的客观必然性及其辩证关系，勇于迎难而上，创造属于自己的成功之路。

【资料】《史记·太史公自序》引文

昔在颛顼，命南正重以司天，北正黎以司地。唐虞之际，绍重黎之后，使复典之，至于夏商，故重黎氏世序天地。其在周，程伯休甫其后也。当周宣王时，失其守而为司马氏。司马氏世典周史。惠襄之间，司马氏去周适晋。晋中军随会奔秦，而司马氏入少梁。

自司马氏去周适晋，分散，或在卫，或在赵，或在秦。其在卫者相中山。在赵者，以传剑论显，蒯聩其后也。在秦者名错，与张仪争论，于是惠王使错将，伐蜀，遂拔，因而守之。错孙靳，事武安君白起。而少梁更名曰夏阳。靳与武安君坑赵长平军，还而与之俱赐死杜邮，葬于华池。靳孙昌，昌为秦主铁官，当始皇之时。蒯聩玄孙卬，为武信君将，而徇朝歌。诸侯之相王，王卬于殷。汉之伐楚，卬归汉，以其地为河内郡。昌生无泽，无泽为汉市长。无泽生喜，喜为五大夫，卒，皆葬高门。喜生谈，谈为太史公。

【项目七】　观励志电影，写心得体会

在讲授“认清实现理想的长期性、艰巨性和曲折性”的相关内容时，组织学生观看《中国合伙人》等中国十大青春励志电影，以“观励志电影，品精彩人生”为题写一篇观后感，抒发对作品的感受，畅想未来的成才之路。通过活动，使学生了解理想的实现是一个长期而艰巨的过程，在这个过程中既会有春风得意马蹄疾的喜悦，也会有拔剑四顾心茫然的忧郁，引导学生正确对待人生的顺境和逆境，勇于克服困难，挑战自我。

【资料】影片介绍

1.《致我们终将逝去的青春》

看点四：赵又廷首触内地青春剧，全力打造“高傲青春范儿”。

《致我们终将逝去的青春》简介：18岁的郑微（杨子姗饰）满怀期冀地步入大学校园，开始她的追爱之旅。原来，郑微从小便与邻家的林静（韩庚饰）大哥哥青梅竹马，此次终于如愿考上林静所在学校的邻校，可以开诚布公地与之交往了。谁想迎接她的不是心上人的怀抱，而是命运的捉弄——林静出国留学，杳无音信。郑微备受打击，患难时刻却与室友阮莞（江疏影饰）、朱小北（刘雅瑟饰）、黎维娟（张瑶饰）及师哥老张（包贝尔饰）结下深厚友谊，在他们陪伴下慢慢走出心结。

崭新的大学生活正式开启，在这个男多女少的理工院校，郑微和阮莞两大美女很受瞩目。富家公子许开阳（郑恺饰）便是郑微众多追求者中很有实力的一位，而阮莞用她特有的清冷守护着对于爱情的忠贞。一次偶然的误会使郑微与老张室友陈孝正（赵又廷饰）结为死敌，在一次次地反击中，郑微惊讶地发现自己却爱上了这个表面冷酷、内心善良的高才生，于是疯狂的反击演变为死缠烂打的追求，而陈孝正也终于在强攻之下缴械投降，欢喜冤家终成甜蜜恋人。

大学四年时光匆匆流逝，毕业在即的郑微憧憬着美好的未来，却再一次遭遇晴天霹雳：陈孝正迫于家庭压力选择出国留学，却迟迟不敢告诉郑微。感觉再次被欺骗的郑微痛苦地离开陈孝正，却遇到搂着新欢的许开阳，两下对比更觉世界的荒凉。但大家终于四散。

多年以后的21世纪，郑微已蜕变为职场上的白领丽人，竟再次品尝命运的无常：带着悔意和爱意的林静和陈孝正同时回到她的生活里！郑微，这个昔日的玉面小飞龙，将怎样面对生活和青春赐予她的迷雾和抉择？

2.《杜拉拉升职记》

《杜拉拉升职记》是徐静蕾自导自演的都市爱情影片。黄立行、吴佩慈、莫文蔚等倾情出演。影片讲述了职场女性杜拉拉在外企经历八年，见识了各种职场变迁及职场磨炼，最终成长为一个专业干练的HR经理，同时收获爱情的故事。

3.《少年派的奇幻漂流》

《少年派的奇幻漂流》根据扬·马特尔风靡全球的同名小说改编而成。由好莱坞华人导演李安执导，影片讲述了少年派和一只名叫理查德·帕克的孟加拉虎在海上漂泊227天的历程。《少年派的奇幻漂流》于2012年9月28日纽约电影节全球首映，于2012年11月22日在中国正式上映。第85届奥斯卡李安凭借《少年派的奇幻漂流》获奥斯卡最佳导演奖、最佳摄影奖、最佳视觉效果奖和最佳原创音乐奖4个奖项。

4.《喜剧之王》

尹天仇（周星驰饰）醉心戏剧表演却始终不得志，但他依然不屈不挠地找寻机会，还在街坊福利会开设戏剧训练班，但是几乎没有人捧场。舞小姐柳飘飘（张柏芝饰）因为不懂对客人做戏，经人介绍向天仇学演戏。经过天仇的指导，飘飘成为夜总会第一红牌，同时她与天仇也渐生情愫。天仇的努力终于得到回报，大明星杜鹃儿（莫文蔚饰）提拔天仇担任男主角，并且杜对天仇也产生感情。正当一切就绪时却临时被换角，天仇失望不已。

5.《中国合伙人》

中国合伙人是由香港导演陈可辛执导，黄晓明、邓超、佟大为主演，讲述由20世纪80年代至21世纪初，大时代下三个年轻人从学生年代相遇、相识，拥有同样的梦想至一起打拼事业，共同创办英语培训学校，最后功成名就实现梦想的励志故事。该片浓缩了一代创业者的成长历程，具有一定的时代意义。

6.《奋斗》

奋斗是马伟豪2011年导演的一部励志青春剧，该剧根据石康同名小说《奋斗》改编而成，描述了一群一直秉承着善良、勇敢与坚持，并最终在生活中找到自己的位置的青年们勇于奋斗的故事。

7.《我要成名》

此剧由香港导演刘国昌执导，汇聚了尔冬升、陈果、梁家辉、刘青云、霍思燕、郑伊健、草蜢等人的豪华演出阵容。在影片中，因主演中国版《天国的阶梯》被称为“内地崔智友”的霍思燕扮演一位到香港演艺圈发展的内地女孩，她历经种种磨难，在经纪人刘青云帮助下最终问鼎威尼斯影后……另外，尔冬升、陈果、梁家辉、郑伊健、草蜢等众多影人也客串了本片。

电影剧情：

潘家辉在他二十出头的时候，便攀上了他事业的高峰——夺得了电影金像奖最佳新人奖，辉认为自己的成功，是个人的努力加上实力，辉被电视台力捧，但他不懂得珍惜机会，不但变得越来越挑剔执拗，而且还经常批评别人，辉的事业和人气下滑，渐渐由男主角变为男配角，再由男配角变做二三线，甚至沦为色魔奸角……最后，连电视台也容不下他，辉意志消沉，在机缘巧合之下，当上了临时演员的领班，遇到对演戏满腔热忱的吴晓菲。

菲什么都肯尝试，不怕吃亏，无论吊钢丝、跳海、扑倒，即使是做替身，看不到样貌，没有对白，菲也绝不松懈，全力以赴，菲的义无反顾打动了辉，他决定将自己的一套独门演戏秘方，倾囊相授，辉成了菲的经理人兼导师，二人日夕相对，辉的性格，也被菲改变了不少，重拾对演戏的热忱。就在辉发觉爱上了菲的时候，菲却要离开辉，到日本踏上女主角之路……

8.《暴走吧，女人》

影片讲述五个女人边界暴走25天寻找自我的故事。影片于2013年3月8日全球上映，电影预告先强势登陆纽约时代广场大屏幕震惊海外，再于好莱坞举行首映礼，汇聚无数目光，中美电影节评委联名推荐《暴走吧，女人》景色堪比《阿凡达》。历经奔波12 000多公里[①]在中国边界寻找震撼的美景，三千年形成的罕见地貌，世界独一无二，荒原落日、山寨炊烟、云海仙境、魔鬼峡谷，当今都市社会久未谋面的各色壮美奇景被一一展现，吸引了世界日报、美洲新闻、美通社、美联社、环球东方电视台、国际卫视、新华社、凤凰卫视、天下卫视等近百家媒体到场。映前在国内13个重点城市举行点映、巡回点映，现场异常火爆，影片精彩迭次，如“野狼追逐”“他乡艳遇”“沙漠风暴”等让现场观众和记者大呼精彩，尤其女性观众反响强烈，认为这部女人戏讲出了她们的心声，引起极大共鸣，让她们在工作和感情生活的巨大压力下找到一个宣泄的出口，点燃每个女人心中的暴走梦想！

9.《爱拼北京》

《爱拼北京》改编自同名小说，以几个年轻人在北京的打拼经历为蓝本，讲述了他们在北京的悲欢故事，展现了“80后”及“90后”自立自强，“乌鸦反哺”，正视对父母、对社会、对家庭的责任，以及积极向上的爱情观和事业观，能让大家在风趣幽默的故事中解读“拼”的辛酸与快乐。

从“北漂”到“北拼”

“每一个北漂都怀揣着在北京出人头地、站稳脚跟的‘北京梦’，然而并非所有人都能坚持到实现这一梦想的那天。”导演康博说。当他第一次拿到剧本时，就被“爱拼北京”这个名字吸引了。“人们喜欢管这些年轻人叫‘北漂’，似乎他们代表着一种迷茫、困惑的形象。现在我们更想叫他们‘北拼’，有希望、执着，真诚而励志。这也是我们整部影片想带给大家的共鸣。”《爱拼北京》讲述了几个年轻人拼（租）房、拼车、拼购物的故事，是一部有泪有笑的都市青春片，向人们展现了拼资源的同时，也拼搏生活的“北拼”一族的生活状态。

北京梦有多远

《爱拼北京》以四个性格、背景各异但都怀揣梦想的年轻人在北京的生活为线索，用轻松的语调讲述“北漂”一族，在异乡辛苦打拼要面临的生活和事业压力。杨洋、赵柯、贾乃亮、季晨、李九霄等分别饰演了梅紫苏、李晓雯、凌俊、盛超、王子修等主要角色。

---

① 1公里=1 000米。

剧中美貌与智慧无懈可击的性感美女赵柯饰演的长沙人李晓雯凭着不服输的个性和大大咧咧的生活态度拼在北京，最终收获事业和爱情的春天，实现了自己的北京梦。而季晨饰演的房产经纪盛超，则因为职业关系，看遍人间冷暖，也领略了从北漂到北拼的悲凉与苦乐。

10.《青春不下线》

《神武》微电影《青春不下线》于2012年10月31日在北京发布，同时发布的还有由阿悄演唱的全新主题曲《神武雨霖铃》。《青春不下线》讲述的是一个游戏狂人在面临大学毕业、即将进入社会及在女友父母干预等种种压力下，如何证明自己努力奋斗的故事。走出象牙塔、学着忙于生计、初尝社会现实滋味、遭遇挫折、肩负压力、人生面临"瓶颈"、找不到方向……片中一切问题都将直击年轻人内心深处的隐痛和恐惧，狠踩"80后"以及已走出校门的"90后"的生存囧状。

打从娘胎出来之前，魏来就开始了他的游戏生涯。游戏伴随着魏来长大。当然，魏来对游戏的认识比较全面，想要尽情地游戏而不被家长干涉，唯一有效的办法就是保证你的学习成绩，这一点不是每一个人都能做到。而对于美貌与智慧并重的他来说，It's so easy！就这样，聪明的魏来很顺利地进入了大学。同时与女主角夏雪一见钟情。然而，面对毕业，永远比同龄男生要成熟的女孩子夏雪，对她和魏来的未来显得更为担心。家庭的阻挠、现实的残酷，让这对情侣终究切断了联系。爱情的危机与现实的压力，让魏来慢慢开始怀疑自己。大学宿舍里4个男孩曾经"骄傲"的梦想在现实面前此刻也显得如此苍白。

实践教学应注意的问题

1. 本专题内容主要讲述理想和信念及其实现。然而理想和信念又是比较抽象的词语，如何把抽象的概念具体化现实化成了本章节教学的难点，必须选取合适的方式增强学生的感性认识。

2. 理想和信念并不是虚无缥缈的空想幻想，它们能够真真切切地对学生思想和行为产生巨大的影响和作用。马克思主义科学理想和信念很给力，能直接激励和指导学生们向着自己的人生目标不断前进。错误的思想和信念，将会使学生们看不清人生前进的方向，甚至会误入歧途，永远达不到人生的目标。教师需要通过生动具体的形式来开展教学实践活动，激励学生自觉树立科学理想信念，并为之努力奋斗。

3. 理想的实现是长期的、艰巨的和曲折的过程，从来就不是一帆风顺的。其间人生顺境与逆境总是如影随形，必须在教学过程中引导学生科学理解人生顺境与逆境的辩证关系，正确对待人生逆境，为实现人生目标培育良好的心理素质。

学习单元三

弘扬中国精神

第三章的主题是中国精神，以“弘扬中国精神”为章题。这一章共设三节，分别是“中国精神是兴国强国之魂”“爱国主义及其时代要求”“让改革创新成为青春远航的动力”，努力生动展现中国精神的丰富内涵，展现中国精神的弘扬对于当代中国发展进步的深远意义，激励青年大学生自觉弘扬中国精神，让青春的远航具有强大而充足的动力。在这一章中，根据习近平总书记在第十三届全国人民代表大会第一次会议上的重要讲话，从伟大创造精神、伟大奋斗精神、伟大团结精神、伟大梦想精神四个方面对中华民族精神的内涵做了相应的呈现，中国人民在长期奋斗中培育、继承、发展起来的伟大民族精神，为中国发展和人类文明进步提供了强大精神动力，是我们的骄傲，是我们坚定中国特色社会主义道路自信、理论自信、制度自信、文化自信的底气，也是我们风雨无阻、高歌行进的根本力量；还概括了新时代爱国主义的基本要求、改革创新的时代要求等，对大学生如何成为忠诚的爱国者、做改革创新的生力军做出了比较详尽的阐述。

知识点

1. 重精神是中华民族的优秀传统
2. 以爱国主义为核心的民族精神
3. 以改革创新为核心的时代精神
4. 爱国主义的基本内涵

重点难点剖析

一、重精神是中华民族的优秀传统

（一）中华民族崇尚精神的优秀传统，首先表现在对物质生活和精神生活相互关系的独到理解上

古圣先贤认为，人之所以异于禽兽，在于人有道德，有精神追求。物质生活固然为人所必需，但如果只沉溺于物欲而不能自拔，则无异于禽兽。重视并崇尚精神生活，是中国古代思想家们的主流观点。

（二）中华民族崇尚精神的优秀传统，表现在中国古人对理想的不懈追求上

理想是激励个体的精神内驱力，是凝聚社会群体的精神力量。矢志不渝地坚守理想，是中国古人崇尚精神的典型体现。

（三）中华民族崇尚精神的优秀传统，亦表现在对于道德修养和道德教化的重视上

中国传统文化十分强调道德修养和道德教化，将立德至于三不朽（立德、立功、立言）之首，重视人的精神品格的养成。

（四）中华民族崇尚精神的优秀传统，还表现在对理想人格的推崇

在中国历史上，儒家、道家、近代启蒙思想家等都提出了诸种理想人格，虽时代不同、类型有别，但共同点是关注人的精神品格。

（五）中国共产党是中华民族重精神优秀传统的忠实继承者和坚定弘扬者

在革命、建设、改革各个历史时期，中国共产党都强调要处理好物质和精神的关系，重视发挥人的精神的能动作用，中华民族重精神的优秀传统得到进一步发扬光大。

二、中国精神是民族精神与时代精神的统一

（一）以爱国主义为核心的民族精神

在 5 000 多年的历史发展中，中华民族形成了以爱国主义为核心的伟大民族精神，为中国发展和人类文明进步提供了强大精神动力，具体表现为伟大创造精神、伟大奋斗精神、伟大团结精神、伟大梦想精神。

（二）以改革创新为核心的时代精神

改革是破除社会发展障碍、激励社会发展的引擎，创新则是民族进步的灵魂、国家兴旺发达的动力。改革创新精神既是对中华民族革故鼎新优良传统的继承弘扬，也是当代中国改革开放伟大实践中体现出来的精神品格和精神特征。

（三）民族精神与时代精神的辩证统一

民族精神与时代精神紧密关联，它们都是一个民族赖以生存和发展的精神支撑。一切民族精神都曾经是一定历史阶段中带动潮流、引领风尚、推动社会发展的时代精神。同时，一切时代精神都将随着历史的变迁逐步融入民族精神的长河之中，不断丰富和发展民族精神的时代内涵。

三、实现中国梦必须弘扬中国精神

因为中国精神是兴国强国之魂，是凝聚中国力量的精神纽带，是激发创新创造的精神动力，是推进复兴伟业的精神定力，所以实现中国梦，必须弘扬中国精神，以高扬的精神旗帜为指引，以强大的精神支柱为支撑，团结凝聚全体人民智慧和力量，为实现中国梦而努力奋斗。

四、爱国主义的基本内涵

爱国主义体现了人们对自己祖国的深厚感情，揭示了个人对祖国的依存关系，是人们对自己家园以及民族和文化的归属感、认同感、尊严感与荣誉感的统一。它是调节个人与祖国

之间关系的道德要求、政治原则和法律规范，也是中国民族精神的核心。

五、新时代的爱国主义

（一）坚持爱国主义和社会主义相统一

社会主义制度的建立，为中国的繁荣发展提供了可靠的保障。“没有共产党就没有新中国”，这是中国历史和现实所昭示的真理。因此，在当代中国，只有坚持爱国和爱党、爱社会主义相统一，爱国主义才是鲜活的、真实的，这是当代中国爱国主义精神最重要的体现。

（二）维护祖国统一和民族团结

维护和推进祖国统一，是中华民族走向伟大复兴的题中之义。解决台湾问题、实现祖国完全统一，是不可阻挡的历史潮流，也是全体中华儿女的共同心愿。弘扬新时代的爱国主义精神，就要自觉维护全国各族人民大团结的政治局面，不断增强对伟大祖国、中华民族、中华文化、中国共产党、中国特色社会主义的认同，坚决维护国家主权、安全、发展利益，筑牢国家统一、民族团结、社会稳定的铜墙铁壁。

六、尊重和继承中华民族历史和文化

我们必须尊重和传承中华民族历史和文化，以时代精神激活中华优秀传统文化的生命力，延续文化基因，萃取思想精华，推进中华优秀传统文化创造性转化和创造性发展，在继承和创新中树立和坚持正确的历史观、民族观、国家观、文化观，增强做中国人的骨气和底气。

七、必须坚持立足民族又面向世界

要坚持新时代的爱国主义，就必须正确处理好立足民族与面向世界的辩证统一关系；必须坚持立足民族，维护国家发展的主体性；必须面向世界，构建人类命运共同体。

八、做忠诚爱国者

（一）维护和推进祖国统一

推进祖国统一，必须保持香港澳门长期繁荣稳定，始终准确把握“一国”和“两制”的关系，坚持一个中国的原则，坚持“九二共识”，推进两岸交流合作，促进两岸同胞团结奋斗，坚决反对“台独”分裂阴谋。

（二）促进民族团结

处理好民族问题、促进民族团结，是关系祖国统一和边疆巩固的大事，是关系民族团结和社会稳定的大事，是关系国家长治久安和中华民族繁荣昌盛的大事。大学生要自觉做民族团结进步事业的建设者、维护者和促进者。

（三）增强国家安全意识

国家安全问题，关系国家安危和民族存亡。大学生要树立总体国家安全观，增强国防意识，切实履行维护国家安全的义务。

九、做改革创新的生力军

（一）树立改革创新的自觉意识

改革创新，首先要求人们自觉增强改革创新的责任感和使命感，否则，很难支撑人们克服和战胜改革创新过程中的艰难曲折；要树立敢于突破陈规、大胆探索未知、勇于创新创造的思想观念，在实践中有直面困难的勇气，有突破难关的精神，有强烈的创新自信，锐意进取，奋力前行。

（二）增强改革创新的能力本领

大学生作为改革创新的生力军，要夯实创新的基础，决不可无视和轻视专业知识的学习，应从扎实系统的专业知识学习起步和入手，而不能好高骛远、空谈改革、坐论创新；要培养创新思维，勤于思考，善于发现，敢于创新。要积极投身创新实践，勇做改革创新的实践者，在改革创新中不断积累经验、取得成功、放飞梦想、演绎精彩。

案例分析

【案例一】 何谓爱国主义

【材料1】

一位原为记者的中国留学生，赴法国巴黎十二大学就读，上第一堂对话课时就受到了教授的“挑战”。

教授：“作为记者，请概括一下您在中国是如何工作的。”

留学生：“概括来讲，我可以写我愿意讲的东西。”

教授精心设计了一个陷阱：“我可以知道您来自哪个中国吗?”

“先生，我没听清楚您的问题。”

“我是想知道，您是来自台湾中国还是北京中国。”

霎时，全班几十双不同颜色的眼睛一齐扫向了中国留学生和一位台湾同学。中国留学生沉静地说：“只有一个中国，教授先生，这是常识。”随后，那位台湾同学在教授和同学们的注视下也重复一遍说：“只有一个中国，教授先生，这是常识。”

教授似乎不甘心，提出一个更大难度的问题：“我实在愿意请教，中国富强的标志是什么，这儿坐了二十几个国家的学生，我想大都有兴趣弄清楚这一点。”中国留学生站起来，一字一板地说：“最起码的一条是：任何一个离开祖国的我的同胞，再不会受到像我今日承受的这类刁难。”

教授离开了讲台走向中国留学生，一只手放到他的肩上，轻轻地说：“我丝毫没有刁难您的意思。我只是想知道，一个普通的中国人是如何看待他们自己国家的问题的。”然后他大步走到教室中央大声宣布：“我向中国人脱帽致敬。”

——来源：http：//www. shangxueba. com

【材料2】

一个名叫李立的中国留学生，讲述了他在美国留学时的一段经历。李立的邻居是一家靠卖艺为生的吉卜赛人，男主人叫阿普杜拉。他开朗乐观、为人诚恳，很快就和李立成了好朋友。一个休息日，李立和阿普杜拉一边喝咖啡一边聊天。谈到吉卜赛人四海为家的习俗时，李立真诚地对阿普杜拉说："我很钦佩你们吉卜赛人的才华和生存能力，无论世界的哪个角落，几乎都有你们吉卜赛人。"阿普杜拉也高兴地说："不错。我们吉卜赛人无论到哪里，都能被那里的人民所接纳。"但突然，阿普杜拉的声音变得低沉了许多："但这也正是我们吉卜赛人的悲哀。因为我们没有祖国。"说到这里，一向乐观粗犷的阿普杜拉眼里噙满了泪水。李立被深深地震撼了。他突然感到与阿普杜拉相比，自己是多么幸福，因为在自己的身后，有一个历史悠久的伟大的祖国。

——来源：http：//www. shangxueba. com

【材料3】

1938年，汪精卫从重庆出逃投靠日本，成立汪伪政府。1944年11月死在日本，后来埋在了南京。1946年1月，他的坟被何应钦派人用300斤炸药炸开了，然后就验明正身、挫骨扬灰。汪精卫生前喜欢吟诗作对，曾写过一句"留得心魂在，残躯付劫灰"，到头来被自己说中了成了事实。汉奸的残缺真的就灰飞烟灭了。在绍兴还有一个雕像上书刻有"汪逆精卫"，这就不是汪精卫生前所能预料的了。危害祖国最甚当属这样的卖国贼。

——来源：由作者根据相关资料整理

【材料4】

韩国人并非只在选择大件商品时青睐本土产品，小到吃穿，他们照样"以我为本"。韩国大街小巷的农副产品市场就随处悬挂着巨幅标语——身土不二，意思是身为韩国人，长在韩国土地上，就要吃、用这块土地赐予你的一切，不能有二心。在农副产品市场里，进口货便宜，国产货贵。以牛肉为例，韩国牛肉比进口牛肉贵5倍以上，但一些韩国人宁可花大价钱买国产货也不愿买进口货。

苹果手机红吧？人家基本不买，因为有三星；宝马、奥迪、玛莎拉蒂高级吧？人家基本不坐，因为他们有现代、起亚。他们就是韩国人。韩国人从不崇洋媚外，在他们心中只有本国的东西才是最好的，一直有使用"本国制造"的民族情结。

早前记者曾听过这样一个故事：韩国人买车时，销售员说的第一句话就是："请你为了大韩民国的尊严选择韩国车。"所以当我这次来到韩国，走在仁川的大街小巷，看到满街跑的都是现代、起亚、大宇、双龙这样的韩国本土品牌汽车时就不足为奇了。

每2.5个韩国人就拥有1辆车，遍地"韩国制造"，奔驰、宝马、奥迪等车少之又少。你绝不要理解为韩国人买不起进口汽车，这是因为韩国人对本国汽车的信任度远远大于进口轿车。韩国的有钱人宁愿家里多买几辆国产车，也不去买进口车来炫富。

仁川市区很少能看到苹果的专卖店，街边林立的反而几乎都是卖三星和LG等品牌手机的店铺。比起苹果的相对受冷，韩国本土品牌手机则一直很畅销。

韩国人会为购买和使用国货感到自豪。韩剧、韩星、韩式料理、韩国服饰、韩系汽车……近10年来，"韩流"席卷周边国家和地区的势态愈演愈烈，但在面对外来产品和文化时，韩国人却始终保持着"风景这边独好"的镇定。

——来源：《成都日报》，2014-10-02

【问题思考】

1. 试从上述案例分析爱国主义的内涵。

2. 爱国主义是民族精神的核心。请从上述案例中去分析这句话的含义。

【思路引导】

爱国是世界各民族公认的价值标准，是美德。作为政治原则和法律规范，爱国主义就是一种政治标准，我国《宪法》明文规定："公民有维护国家的安全荣誉和利益的义务。"保卫祖国，抵抗侵略是中华人民共和国每一个公民的神圣职责。这些法律规定表明爱国主义是我们每一个人都应履行的政治责任和法律义务。

【案例二】 暴恐事件

【资料1】

2014年5月22日7时50分许，乌鲁木齐市沙依巴克区公园北街早市发生一起爆炸案，造成人员伤亡。截至5月22日13点19分，该事件已造成31人死亡，90余人受伤。

事发地点为位于乌鲁木齐市沙依巴克区文化宫早市，该早市为该市人流量较大的早市，已有22年历史。在这条200多米长的居民区的街道上，有蔬菜瓜果、肉类和日用百货等摊位。2006年的数据显示，当时早市就已有固定摊位350户，管理费是每个月150元，其中有不少下岗工人摆的摊位，还有不少流动摊贩，节假日时甚至可达千家商户，规模在沙依巴克区可以说是最大的一家。

2014年5月22日7时50分许，有两辆无牌汽车，在新疆乌鲁木齐市沙依巴克区公园北街一早市冲撞群众。暴徒驾驶的2辆车冲破防护隔离铁栏，冲撞碾压人群，引爆爆炸装置。

中共中央总书记、国家主席、中央军委主席习近平作出重要批示：要求迅速侦破案件，从严惩处暴恐分子，及时组织救治受伤群众，安抚受害者家属，全面加强社会面巡控和重点部位防控，严防发生连锁反应。对暴恐活动和恐怖分子，必须警钟长鸣，重拳出击，持续保持严打高压态势，全力维护社会稳定。

中央政治局常委、国务院总理李克强作出重要批示：乌鲁木齐再次发生严重暴力恐怖袭击事件，造成大量无辜群众伤亡，行径令人发指。要全力救治受伤群众并做好善后工作，同时迅速侦破案件，抓紧缉捕暴恐分子。要继续加强安全防范工作，查堵薄弱环节，严防发生连锁反应，避免形成社会恐慌情绪，切实维护人民群众生命财产安全和社会秩序稳定。

中央政治局委员、中央政法委书记孟建柱立即作出指示，要求全力救治伤员，加强社会面治安管控，尽快查清案情、侦破案件，严打暴恐怖犯罪，坚决把暴恐分子的嚣张气焰打下去。

——来源：由作者根据凤凰卫视新闻整理

【资料2】

凤凰卫视2014年5月23日，《有报天天读》对新疆暴恐事件进行了报道，以下为文字实录：

李炜：5月22日对新疆乌鲁木齐的"5·22"暴恐事件，习近平发出重要的指示，要求抢救伤员，迅速破案，严惩恐怖分子。对恐怖分子是零容忍，公安部长也赶到现场指挥。

《中国日报》报道，这帮暴徒非常凶残，而且是很卑鄙的，他们的目标是早晨的菜市，大家知道早晨逛菜市场的大多是老头老太太，难道这些暴徒们自己没有父母吗？所以这些人是太穷凶极恶了。我觉得，不要对他们有任何的可怜，一定要毫不留情，零容忍。

——来源：由作者根据凤凰卫视《有报天天读》整理

【问题思考】

1. “5·22”事件是什么性质的事件？其产生的根源是什么？

2. 对习近平及其他中央领导的批示，你是怎么看的？

3. 作为当代大学生，应该为反对民族分裂、促进民族团结做出怎样的贡献？

【思路引导】

每一个大学生，不论属于哪一个民族都要头脑清醒，擦亮眼睛，认清各种分裂势力的险恶用心和反动本质，不信谣、不传谣、不受坏人挑拨煽动，不参与违法犯罪行为，在危急关头、关键时刻要立场坚定、旗帜鲜明地挺身而出，敢于同各种分裂活动作斗争，坚决捍卫民族团结进步、共同繁荣发展的大好局面。

【案例三】　白马寺的新年钟声

某省旅游总公司为共同开发旅游事业，便把洛阳白马寺新年打钟的时间当作旅游商品出卖给了日本一家旅行社，协议是不打中华民族的钟点，而打日本大和民族的钟点。因为中国与日本有一个小时的时差，这样白马寺的新年钟声就必须提前一小时，变成日本的新年钟声了。消息传到大学生当中不少人认为这种做法实际上是一种卖国行为，大大伤害了中国人民的民族情感和民族自尊心。另有一些学生则不以为然，认为这是发展市场经济的必然产物，说明当事者很有经济头脑，因而很是赞赏，并且认为前一种看法是中国人特有的臭架子。两种看法争论不休，谁也说服不了谁。

——来源：由作者根据相关资料整理

【问题思考】

作为当代大学生，我们究竟应当怎样看待这件事？

【思路引导】

白马寺新年的钟声是中华民族文化的一种特殊形式，白马寺新年打钟的时间是一种民族的象征，具有神圣性。出卖白马寺新年打钟的时间，即在新年到来之际，不打中华民族的钟点，而打他国异族的钟点，是有违中华民族的尊严，有违中华民族精神的，因此，是不当行为，甚至是卖国行为。白马寺新年打钟时间不是一种普通商品，作为一种特殊的文化表现形式，它已与民族情感、民族习俗、民族尊严、民族精神联系在了一起，因此不能轻易将它出卖。有些东西是不能作为商品出卖的，有些东西也是无法用金钱买到的，维护民族自尊与有“臭架子”也是不可同一而论的。

【案例四】“火药王”王泽山：引领中国火炮技术傲视全球

“火药王”王泽山：引领中国火炮技术傲视全球

1月8日，王泽山院士获得2017年度国家最高科学技术奖，“火药王”的称号实至名归。他说：“作为从事科学工作的人，我更加明白科学技术的力量，也深深懂得重要科技领域的优势是维护国家安全的重要筹码。”

63年专注火炸药事业，坐好“冷板凳”

王泽山在吉林出生，1954年，19岁时，他考上了中国人民解放军军事工程学院。

当时，海军、空军等专业是热门，火炸药专业因为过于基础、枯燥和危险而被许多人嫌弃，王泽山无怨无悔地选择了这个“冷僻”专业。全班不到20名学生当中，他是唯一一名自愿学习火炸药的学生。

王泽山看到了火炸药的基础作用，“这是国防实力的重要体现，离开它，甚至常规武器都难以发挥作用。”他说：“作为从事科学工作的人，我更加明白科学技术的力量，也深深懂得重要科技领域的优势是维护国家安全的重要筹码。”

王泽山说：“很多人认为研究火炸药太基础、枯燥，甚至一辈子出不了名。但我选择热爱的专业，一辈子只做一件事，我很骄傲，不后悔。”

连克数项军工难题

火炮曾被称为“战争之神”，即使在当今远程作战和打击为主的现代战争中，火炮仍然扮演着重要的角色。

在常规战争中，如果没有射程远、威力大的炮火支援，赢得战争的主动权就无从谈起。为此，世界各个军事强国都争相投入大量经费用于研发高性能火炮。

然而决定火炮威力与射程的一项重要因素在于它使用的含能材料也就是火炸药的性能。为提高火炮射程，通常的做法是采用延伸炮管长度和增大火炮工作压力（膛压）两种技术手段。

然而，延长炮管长度就降低了火炮的机动性，增大膛压就要增加炮膛壁的厚度，否则会发生炸膛事故。

据了解，美、英、法、德、意五国科学家曾联合开展模块装药研究，耗费巨资，历时多年，终因无法突破技术瓶颈，研究被迫中断。令他们吃惊的是，这个难题被中国人攻克了。

1996年，已经61岁的王泽山，凭借着低温感含能技术摘得了国家技术发明一等奖。

之后，已经到了退休年龄的王泽山，耗时20年，利用自己另辟蹊径创立的装药新技术和弹道理论，终于研发出了具有普遍适用性的全等式模块装药技术。

这项技术在不改变火炮总体结构的基础上，在不增加膛压的前提下，通过有效提高火药能量的利用效率来提升火炮的射程。其炮口动能和射击参数全面超越当时世界上最先进的南非高膛压火炮，其发射威力达到了同型号更新一代的火炮威力。

依照王泽山独创的补偿装药的理论和技术方案，火炮只需用一种操作模块即可覆盖全射程，从而大幅度提升了远程火力的打击能力。

通过实际验证，我国火炮在应用王泽山的技术发明后，其射程能够提高20%以上，或最大发射过载有效降低25%以上。此外，应用此项技術不仅使弹道性能全面超过其他国家的同类火炮，还降低了火炸药的火焰、烟以及毒气对操作员和环境造成的影响。

这项提升我军主战武器火炮性能、保证国际领先地位的核心技术目前已广泛应用于我国多种武器装备和型号的研制，这项发明也让中国的火炮装药技术傲视全球。

2018年1月8日，王泽山院士获得2017年度国家最高科学技术奖，“火药王”的称号实至名归。

80岁高龄仍坚持在科研一线

王泽山坦言，他不喜欢走别人走过的老路。他时常教导研究团队：“一定要有超越意识，不能一味地跟踪国外的研究，简单地仿制研究，要做出真正有水平的研究成果。”这种不走寻常路的创新精神贯穿在他60多年的科研生涯当中。

20世纪70年代末，王泽山写出一部50万字的《发射药的应用理论》，陈述了一种新的装药技术和新的设计计算方法。从那以后，王泽山迎来了他科学研究的大“爆发”。

1985—1990年，王泽山率先攻克了废弃火炸药再利用的多项关键技术，为消除废弃含能材料公害提供了技术条件。该技术获1993年国家科技进步一等奖。

1990—1995年，王泽山通过研究发射药燃烧的补偿理论，发现了低温感含能材料，并解决了长贮稳定性问题，明显提高了发射药的能量利用率。含能材料的低温感是当时国际上难以攻克的尖端技术，该技术获1996年唯一一项国家技术发明一等奖。

除了这些重大技术发明外，王泽山撰写的14部学术著作、百余篇研究论文，为我国发射装药学从相对单一的学科体系向火炮、弹丸、火药和弹道学等多学科交叉发展奠定了坚实的学术基础。

在王泽山的生活里，从来就没有节假日的概念。即使现在80多岁了，他一年中依然有一半的工作时间是在试验场地。他的足迹遍及全国兵工企事业单位和科研院所。

令研究团队成员堵平印象深刻的是，有一次他们去内蒙古做实验，当时室外温度已达零下27摄氏度，就连做实验用的高速摄像机都因环境条件太恶劣而“罢工”，可王泽山却和大家一样，在外面一待就是一整天。

一天的实验做下来，就连堵平这样的年轻人都感觉疲惫不堪，而王泽山晚上还要核对各类实验数据，反复查找实验过程有无疏漏之处。

20年来，王泽山带领的科研团队完成了82个课题，培养了100多名博士，其中很多人已经成为科研的中坚力量。

（《创新时代》2017年第9期《现代快报》2017.1.10等）

——来源：《创新时代》，2017年第9期；《现代快报》，2017-01-10

【问题思考】

在改革创新的时代，我们应当怎样学习王泽山的不走寻常路的创新精神？

【思路引导】

王泽山院士获得2017年国家最高科学技术奖，“火药王”的称号实至名归。王泽山不喜欢走别人走过的老路，有强烈的超越意识和创新精神。通过向王泽山院士学习，当代大学生要增强不甘落后、奋勇争先、追求进步的责任感和使命感，弘扬解放思想、求真务实、积极探索、勇于创新的科学精神；要有“敢啃硬骨头、敢涉险滩”的闯劲，有“咬定青山不放松”的韧劲，有“生命不息、奋斗不止”的拼劲，走在时代的前列。

【项目一】　问卷调查——大学生的爱国意识

在讲授本专题之前，对当前大学生爱国意识进行问卷调查，了解当代大学生在爱国主义方面的现状与问题，帮助大学生正确认识爱国主义的科学内涵，继承爱国主义优良传统，弘扬中国精神，做一个忠诚的爱国者。

【资料】大学生爱国意识调查问卷

1. 如果现在有一家商场承认台湾是一个国家，你做什么？（多选）（　　）

A. 以自身抵制进行抗议

B. 号召抵制，通过媒体、报纸、杂志、博客、QQ 等发表意见

C. 依法进行游行示威

D. 对该商场进行捣乱

E. 杀人放火

F. 不闻不问

2. 就个人而言，你的爱国方式有哪些？（多选）（　　）

A. 将自身价值寄赋予祖国的需求中，把理想定位于振兴中华

B. 时刻关注国际大事，了解它们和我国的联系及对我国的影响

C. 把目光聚焦于本国国内事务中，通过各种途径为国家发展出谋划策

D. 树立民族自信心、自尊心和自豪感，反对崇洋媚外，热爱中华文化

E. 自觉抵制拜金主义等的侵蚀，发扬艰苦朴素、勤劳节约等优秀民族精神

3. 你认为那些获得诺贝尔奖的外籍华裔爱国吗？（　　）

A. 是　　B. 不是　　C. 其他

4. 现在网上反日倾向非常严重，在 QQ、论坛等经常能见到对日本进行强烈抨击或辱骂的文字、图片，对此你的反应是：（多选）（　　）

A. 认为很无聊，置之不理　　B. 强烈反感

C. 觉得写得很好，很解恨　　D. 觉得很可笑

E. 继续传播这些内容

5. 你认为圆明园的断壁残垣该保存吗？为什么？（　　）

A. 毫无疑问要保存　　B. 无所谓

C. 应抹去伤痛，将之拆除　　D. 重建

6. 你认为什么教育对爱国热情的培养影响最大？（　　）

A. 家庭潜移默化　　B. 课本知识教育

C. 社会舆论导向　　D. 其他

7. 你认为当今大学生的民族意识淡薄吗？（　　）

A. 是　　B. 不是

8. 作为中华民族中的一员，你自豪吗？（　　）

A. 非常自豪　　B. 有一点点

C. 无所谓　　D. 希望自己不是中国人

9. 你觉得你对中国历史文化传统和现行政治、经济制度了解吗？（　　）

A. 很不了解　　B. 一般般

C. 比较了解　　D. 非常清楚

10. 如果现在发生如美国轰炸我国驻南斯拉夫大使馆的事件，你认为我们国家应该（　　）

A. 武力反击　　B. 道义上谴责

C. 忍气吞声　　D. 相信是误打

11. 申奥成功的感想（　　）

A. 自豪，激动　　B. 仅仅把它看作发展的契机

C. 不管在哪个国家举行都一样　　D. 劳民伤财

12. 有学家说要去除几千年来沿用的图腾“龙”，认为龙的英文意译为“dragon”，有暴力的含义，不符合中华民族儒家思想，你有何看法（　　）

A. 支持，认为有一定道理　　B. 无所谓

C. 坚决反对

13. 你如何看待韩国申报江陵端祭（以成果）的现象（　　）

A. 愤慨，韩国要走的我国的文化遗产

B. 反省，是我们的错，没保护好

C. 不是坏事，有利于我国文化传统的传播

D. 无所谓

14. 你过一些西方节日，是因为（　　）

A. 找一个聚会，释放压力的理由　　B. 觉得西方节日时尚

C. 随大流　　D. 没有过过

15. 你如何看待现在的英语热（　　）

A. 符合世界发展的需要　　B. 将来自己发展的需要

C. 过分追求

16. 你认为改革以来国家文化生活水平如何？（　　）

A. 明显提高　　B. 稍微提高　　C. 没有变化　　D. 稍微降低

E. 明显降低

【项目二】 诗歌朗诵会——忆革命先烈，抒爱国热情，燃热血青春

“诗言志，歌咏言，承以载道。”在学习“爱国主义的科学内涵”时组织学生开展以“爱国情怀燃热血青春”为主题的诗歌朗诵比赛，使学生充分领略诗歌的意境和魅力，感受爱国主义，感受祖国文化的宏大和壮美，激发学生学习爱国主义知识的兴趣和动力。

【资料 1】梁启超《少年中国说》

日本人之称我中国也，一则曰老大帝国，再则曰老大帝国。是语也，盖袭译欧西人之言也。呜呼！我中国其果老大矣乎？梁启超曰：恶！是何言！是何言！吾心目中有一少年中国在。

欲言国之老少，请先言人之老少。老年人常思既往，少年人常思将来。惟思既往也，故生留恋心；惟思将来也，故生希望心。惟留恋也，故保守；惟希望也，故进取。惟保守也，故永旧；惟进取也，故日新。惟思既往也，事事皆其所已经者，故惟知照例；惟思将来也，事事皆其所未经者，故常敢破格。老年人常多忧虑，少年人常好行乐。惟多忧也，故灰心；惟行乐也，故盛气。惟灰心也，故怯懦；惟盛气也，故豪壮。惟怯懦也，故苟且；惟豪壮也，故冒险。惟苟且也，故能灭世界；惟冒险也，故能造世界。老年人常厌事，少年人常喜事。惟厌事也，故常觉一切事无可为者；惟好事也，故常觉一切事无不可为者。老年人如夕照，少年人如朝阳。老年人如瘠牛，少年人如乳虎。老年人如僧，少年人如侠。老年人如字典，老年人如戏文。老年人如鸦片烟，少年人如泼兰地酒。老年人如别行星之陨石，少年人如大洋海之珊瑚岛。老年人如埃及沙漠之金字塔，少年人如西比利亚之铁路。老年人如秋后之柳，少年人如春前之草。老年人如死海之潴为泽，少年人如长江之初发源。此老年人与少年人性格不同之大略也。任公曰：人固有之，国亦宜然。

梁启超曰：伤哉，老大也！浔阳江头琵琶妇，当明月绕船，枫叶瑟瑟，衾寒于铁，似梦非梦之时，追想洛阳尘中春花秋月之佳趣。西宫南内，白发宫娥，一灯如穗，三五对坐，谈开元、天宝间遗事，谱《霓裳羽衣曲》。青门种瓜人，左对孺人，顾弄孺子，忆侯门似海珠履杂遝之盛事。拿破仑之流于厄蔑，阿剌飞之幽于锡兰，与三两监守吏，或过访之好事者，道当年短刀匹马驰骋中原，席卷欧洲，血战海楼，一声叱咤，万国震恐之丰功伟烈，初而拍案，继而抚髀，终而揽镜。呜呼，面皴齿尽，白发盈把，颓然老矣！若是者，舍幽郁之外无心事，舍悲惨之处无天地；舍颓唐之外无日月，舍叹息之外无音声；舍待死之外无事业。美人豪杰且然，而况寻常碌碌者耶？生平亲友，皆在墟墓；起居饮食，待命于人。今日且过，遑知他日？今年且过，遑恤明年？普天下灰心短气之事，未有甚于老大者。于此人也，而欲望以拏云之手段，回天之事功，挟山超海之意气，能乎不能？

呜呼！我中国其果老大矣乎？立乎今日以指畴昔，唐虞三代，若何之郅治；秦皇汉武，若何之雄杰；汉唐来之文学，若何之隆盛；康乾间之武功，若何之烜赫。历史家所铺叙，词章家所讴歌，何一非我国民少年时代良辰美景、赏心乐事之陈迹哉！而今颓然老矣！昨日割五城，明日割十城，处处雀鼠尽，夜夜鸡犬惊。十八省之土地财产，已为人怀中之肉；四百兆之父兄子弟，已为人注籍之奴，岂所谓“老大嫁作商人妇”者耶？呜呼！凭君莫话当年事，憔悴韶光不忍看！楚囚相对，岌岌顾影，人命危浅，朝不虑夕。国为待死之国，一国之民为待死之民。万事付之奈何，一切凭人作弄，亦何足怪！

任公曰：我中国其果老大矣乎？是今日全地球之一大问题也。如其老大也，则是中国为过去之国，即地球上昔本有此国，而今渐澌灭，他日之命运殆将尽也。如其非老大也，则是中国为未来之国，即地球上昔未现此国，而今渐发达，他日之前程且方长也。欲断今日之中国为老大耶？为少年耶？则不可不先明“国”字之意义。夫国也者，何物也？有土地，有人民，以居于其土地之人民，而治其所居之土地之事，自制法律而自守之；有主权，有服从，人人皆主权者，人人皆服从者。夫如是，斯谓之完全成立之国。地球上之有完全成立之国也，自百年以来也。完全成立者，壮年之事也。未能完全成立而渐进于完全成立者，少年之事也。故吾得一言以断之曰：欧洲列邦在今日为壮年国，而我中国在今日为少年国。

夫古昔之中国者，虽有国之名，而未成国之形也。或为家族之国，或为酋长之国，或为诸侯封建之国，或为一王专制之国。虽种类不一，要之，其于国家之体质也，有其一部而缺其一部。正如婴儿自胚胎以迄成童，其身体之一二官支，先行长成，此外则全体虽粗具，然未能得其用也。故唐虞以前为胚胎时代，殷周之际为乳哺时代，由孔子而来至于今为童子时代。逐渐发达，而今乃始将入成童以上少年之界焉。其长成所以若是之迟者，则历代之民贼有窒其生机者也。譬犹童年多病，转类老态，或且疑其死期之将至焉，而不知皆由未完成未成立也。非过去之谓，而未来之谓也。

且我中国畴昔，岂尝有国家哉？不过有朝廷耳！我黄帝子孙，聚族而居，立于此地球之上者既数千年，而问其国之为何名，则无有也。夫所谓唐、虞、夏、商、周、秦、汉、魏、晋、宋、齐、梁、陈、隋、唐、宋、元、明、清者，则皆朝名耳。朝也者，一家之私产也。国也者，人民之公产也。朝有朝之老少，国有国之老少。朝与国既异物，则不能以朝之老少而指为国之老少明矣。文、武、成、康，周朝之少年时代也。幽、厉、桓、赧，则其老年时代也。高、文、景、武，汉朝之少年时代也。元、平、桓、灵，则其老年时代也。自余历朝，莫不有之。凡此者谓为一朝廷之老也则可，谓为一国之老也则不可。一朝廷之老且死，犹一人之老且死也，于吾所谓中国者何与焉。然则，吾中国者，前此尚未出现于世界，而今乃始萌芽云尔。天地大矣，前途辽矣。美哉我少年中国乎！

玛志尼者，意大利三杰之魁也。以国事被罪，逃窜异邦。乃创立一会，名曰“少年意大利”。举国志士，云涌雾集以应之。卒乃光复旧物，使意大利为欧洲之一雄邦。夫意大利者，欧洲之第一老大国也。自罗马亡后，土地隶于教皇，政权归于奥国，殆所谓老而濒于死者矣。而得一玛志尼，且能举全国而少年之，况我中国之实为少年时代者耶！堂堂四百余州之国土，凛凛四百余兆之国民，岂遂无一玛志尼其人者！

龚自珍氏之集有诗一章，题曰《能令公少年行》。吾尝爱读之，而有味乎其用意之所存。我国民而自谓其国之老大也，斯果老大矣；我国民而自知其国之少年也，斯乃少年矣。西谚有之曰：“有三岁之翁，有百岁之童。”然则，国之老少，又无定形，而实随国民之心力以为消长者也。吾见乎玛志尼之能令国少年也，吾又见乎我国之官吏士民能令国老大也。吾为此惧！夫以如此壮丽浓郁翩翩绝世之少年中国，而使欧西日本人谓我为老大者，何也？则以握国权者皆老朽之人也。非哦几十年八股，非写几十年白折，非当几十年差，非捱几十年俸，非递几十年手本，非唱几十年喏，非磕几十年头，非请几十年安，则必不能得一官、进一职。其内任卿贰以上，外任监司以上者，百人之中，其五官不备者，殆九十六七人也。非眼盲则耳聋，非手颤则足跛，否则半身不遂也。彼其一身饮食步履视听言语，尚且不能自了，须三四人左右扶之捉之，乃能度日，于此而乃欲责之以国事，是何异立无数木偶而使治天下也！且彼辈者，自其少壮之时既已不知亚细亚、欧罗巴为何处地方，汉祖唐宗是那朝皇帝，犹嫌其顽钝腐败之未臻其极，又必搓磨之，陶冶之，待其脑髓已涸，血管已塞，气息奄奄，与鬼为邻之时，然后将我二万里山河，四万万人命，一举而畀于其手。呜呼！老大帝国，诚哉其老大也！而彼辈者，积其数十年之八股、白折、当差、捱俸、手本、唱诺、磕头、请安，千辛万苦，千苦万辛，乃始得此红顶花翎之服色，中堂大人之名号，乃出其全副精神，竭其毕生力量，以保持之。如彼乞儿拾金一锭，虽轰雷盘旋其顶上，而两手犹紧抱其荷包，他事非所顾也，非所知也，非所闻也。于此而告之以亡国也，瓜分也，彼乌从而听之，乌从而信之！即使果亡矣，果分矣，而吾今年七十矣，八十矣，但求其一两年内，洋人不来，强盗不起，我已快活过了一世矣！若不得已，则割三头两省之土地奉申贺敬，以换我几个衙门；卖三几百万之人民作仆为奴，以赎我一条老命，有何不可？有何难办？呜呼！今之所谓老后、老臣、老将、老吏者，其修身齐家治国平天下之手段，皆具于是矣。西风一夜催人老，凋尽朱颜白尽头。使走无常当医生，携催命符以祝寿，嗟乎痛哉！以此为国，是安得不老且死，且吾恐其未及岁而殇也。

任公曰：造成今日之老大中国者，则中国老朽之冤业也。制出将来之少年中国者，则中国少年之责任也。彼老朽者何足道，彼与此世界作别之日不远矣，而我少年乃新来而与世界为缘。如僦屋者然，彼明日将迁居他方，而我今日始入此室处。将迁居者，不爱护其窗栊，不洁治其庭庑，俗人恒情，亦何足怪！若我少年者，前程浩浩，后顾茫茫。中国而为牛为马为奴隶，则烹脔棰鞭之惨酷，惟我少年当之。中国如称霸宇内，主盟地球，则指挥顾盼之尊荣，惟我少年享之。于彼气息奄奄与鬼为邻者何与焉？彼而漠然置之，犹可言也。我而漠然置之，不可言也。使举国之少年而果为少年也，则吾中国为未来之国，其进步未可量也。使举国之少年而亦为老大也，则吾中国为过去之国，其澌亡可翘足而待也。故今日之责任，不在他人，而全在我少年。少年智则国智，少年富则国富；少年强则国强，少年独立则国独立；少年自由则国自由，少年进步则国进步；少年胜于欧洲则国胜于欧洲，少年雄于地球则国雄于地球。红日初升，其道大光。河出伏流，一泻汪洋。潜龙腾渊，鳞爪飞扬。乳虎啸谷，百兽震惶。鹰隼试翼，风尘吸张。奇花初胎，矞矞皇皇。干将发硎，有作其芒。天戴其苍，地履其黄。纵有千古，横有八荒。前途似海，来日方长。美哉我少年中国，与天不老！壮哉我中国少年，与国无疆！

——来源：《少年中国说》

【资料2】舒婷《祖国啊，我亲爱的祖国》

我是你河边上破旧的老水车
数百年来纺着疲惫的歌
我是你额上熏黑的矿灯
照你在历史的隧洞里蜗行摸索
我是干瘪的稻穗，是失修的路基
是淤滩上的驳船
把纤绳深深
勒进你的肩膊
——祖国啊！
我是贫困
我是悲哀
我是你祖祖辈辈痛苦的希望啊
是“飞天”袖间
千百年未落到地面的花朵
——祖国啊！
我是你簇新的理想
刚从神话的蛛网里挣脱
我是你雪被下古莲的胚芽
我是你挂着眼泪的笑涡

我是新刷出的雪白的起跑线
是绯红的黎明
正在喷薄
——祖国啊！
我是你十亿分之一
是你九百六十万平方的总和
你以伤痕累累的乳房
喂养了
迷惘的我、深思的我、沸腾的我
那就从我的血肉之躯上
去取得
你的富饶，你的荣光，你的自由
——祖国啊
我亲爱的祖国！

【资料3】王怀让《我骄傲，我是中国人》

在无数蓝色的眼睛和褐色的眼睛之中，
我有着一双宝石般的黑色眼睛，
我骄傲，我是中国人！

在无数白色的皮肤和黑色的皮肤之中，
我有着大地般黄色的皮肤，
我骄傲，我是中国人！

我是中国人——
黄土高原是我挺起的胸脯，
黄河流水是我沸腾的血液，
长城是我扬起的手臂，
泰山是我站立的脚跟。

我是中国人——
我的祖先最早走出森林，
我的祖先最早开始耕耘，
我是指南针、印刷术的后裔，
我是圆周率、地动仪的子孙。

我是中国人——
在我的民族中
不光有史册上万古不朽的
孔夫子、司马迁、李自成、孙中山，

还有那文学史上万古不朽的
花木兰、林黛玉、孙悟空、鲁智深。
我骄傲，我是中国人！

我是中国人——
在我的国土上
不光有雷电轰击不倒的长白雪山、黄山劲松，
还有那风雨不灭的井冈传统、延安精神！
我骄傲，我是中国人！

我是中国人——
我那黄河一样粗犷的声音，
不光响在联合国的大厦里，
大声发表着中国的议论，
也响在奥林匹克的赛场上，
大声高喊着“中国得分”。
当掌声把五星红旗托上蓝天，
我骄傲，我是中国人！

我是中国人——
我那长城一样的巨大手臂，
不光把采油钻杆
钻进外国人预言打不出石油的地心；
也把宇宙飞船
送上祖先们梦里也没有到过的苍穹；
当五大洲倾听东方声音的时候，
我骄傲，我是中国人！

我是中国人，
我是莫高窟壁画的传人，
让那翩翩欲飞的壁画与我们同住。
我们就是飞天，
飞天就是我们。
我骄傲，我是中国人！

【项目三】“爱祖国·赞家乡”——家乡文化进课堂主题系列活动

家乡文化是哺育人的精神食粮，是滋养人的文化之源。在讲授“爱祖国的大好河山”时，组织开展“爱祖国·赞家乡——家乡文化进课堂”主题系列活动，通过丰富多彩的主题活动，引导学生充分认识和了解家乡文化，对家乡因了解而自豪，因成就而骄傲，进而激

发学生的爱国之情和报国之志。

【活动 1】“最美家乡秀”PPT 展示活动

组织学生通过报刊、互联网等方式，收集有关家乡的文字、图片、视频等资料，整理后用 PPT 演示的方式来展示自己美丽的家乡。内容可以包括家乡的地理位置、历史文化、民俗风情、特色工艺、旅游景点、经济发展、自然资源等方面。通过活动，使学生加深对祖国各地风土人情的了解，增强对祖国大好河山的热爱之情。

【资料】中国著名旅游城市宣传语

北京市：东方古都，长城故乡
上海市：上海，精彩每一天
重庆市：世界的重庆，永远的三峡
广州市：一日读懂两千年
福州市：福山福水福州游
银川市：塞上明珠，中国银川
长沙市：多情山水，天下洲城
成都市：成功之都，多彩之都，美食之都
桂林市：桂林山水甲天下
苏州市：人间天堂，苏州之旅
无锡市：太湖美景，无锡旅情
大连市：浪漫之都，中国大连
宁波市：东方商埠，时尚水都
厦门市：海上花园，温馨厦门
深圳市：每天给你带来新的希望
珠海市：浪漫之都，中国珠海
汕头市：海风潮韵，世纪商都
三亚市：天涯芳草，海角明珠
曲阜市：孔子故里，东方圣城
咸阳市：中国金字塔之都——咸阳
宜昌市：金色三峡，银色大坝，绿色宜昌
邯郸市：游名城邯郸，品古赵文化
承德市：游承德，皇帝的选择
洛阳市：国花牡丹城——洛阳
北海市：滨海人居，生态北海
丽江市：七彩云南，梦幻丽江
沈阳市：新沈阳，新环境
日照市：黄金海岸，激情日照
诸暨市：西施故里，美丽诸暨
哈尔滨：冷酷冰城——哈尔滨
大连市：浪漫之都，中国大连
义乌市：小商品的海洋，购物者的天堂

漳州市：水仙花的故里

武夷山市：东方伊甸园，纯真武夷山

中山市：伟人故里，锦绣中山

扬州市：诗画瘦西湖、人文古扬州

昆明市：昆明天天是春天

烟台市：人间仙境　梦幻烟台

海口市：椰风海韵　南海明珠

杭州市：爱情之都　天堂城市

金华市：风水金华　购物天堂

江门市：侨乡山水风情画

三门峡市：文化圣地天鹅之城

南通市：追江赶海到南通

常熟市：世上湖山，天下常熟

嘉兴市：水都绿城，休闲嘉兴

【活动2】视频观看——《舌尖上的中国》

《舌尖上的中国》通过中华美食的多个侧面，来展示中国饮食文化的精致和源远流长。通过观看视频，使学生因爱中国美食而更爱中国文化，加深学生对祖国灿烂文化的了解和热爱。

【资料】《舌尖上的中国》

据该片总导演陈晓卿所言，这部纪录片的目标观众不单只是为喜欢美食的“吃货”而创作的，观众群体锁定为普通的正常人，并表示该片的目标是以美食作为窗口，让海内外观众领略中华饮食之美，进而感知中国的文化传统和社会变迁。陈晓卿说“我们要拍摄的不是名厨名菜，而是普通人的家常菜”，而且表示该片在呈现各色美食之外，还会展示普通中国人的人生百味，展示人和食物之间的故事，透过美食来看社会。该片的重要主题是中国之“变”：向观众展示传统农耕的中国，同时也告诉观众很多中国传统正在改变，而有些片中出现的人很有可能是最后一代传承手艺的人；所以该片的创作团队为本片确立了一项选择食材的拍摄标准：“拍摄承载中国人精神的食物”。

第1集　自然的馈赠

中国拥有世界上最富戏剧性的自然景观，高原，山林，湖泊，海岸线。这种地理跨度有助于物种的形成和保存，任何一个国家都没有这样多潜在的食物原材料。为了得到这份自然的馈赠，人们采集、捡拾、挖掘、捕捞。穿越四季，本集将展现美味背后人和自然的故事。

第2集　主食的故事

主食通常提供了人类所需要的大部分卡路里。中国人的烹调手艺与众不同，从最平凡的一锅米饭、一个馒头，到变化万千的精致主食，都是中国人辛勤劳动、经验积累的结晶。然而，不管吃下了多少酒食菜肴，主食永远都是中国人餐桌上最后的主角。

第3集　转化的灵感

在吃的法则里，风味重于一切。中国人从来没有把自己束缚在一张乏味的食品清单上。人们怀着对食物的理解，在不断地尝试中寻求着转化的灵感。

第 4 集　时间的味道

时间是食物的挚友，时间也是食物的死敌。为了保存食物，我们虽然已经拥有了多种多样的科技化方式，然而腌腊、风干、糟醉和烟熏等古老的方法，在保鲜之余，也曾意外地让我们获得了与鲜食截然不同、有时甚至更加醇厚鲜美的味道。时至今日，这些被时间二次制造出来的食物，依然影响着中国人的日常饮食，并且蕴藏着中华民族对于滋味和世道人心的某种特殊的感触。

第 5 集　厨房的秘密

要统计中国菜的菜品数量、毫无争议地划分菜系，是一件几乎不可能完成的事。烹炒煎炸蒸，火候，食材，调味……有时候这些显得简单，有时候却又无比复杂。中国的厨房里，藏匿着什么样的秘密？是食材、佐料、调料的配比？是对时间的精妙运用？是厨师们千变万化的烹制手法？这不是一道简单的数学题。

第 6 集　五味的调和

不管在中餐还是在汉字里，神奇的“味”字，似乎永远都充满了无限的可能性。除了舌之所尝、鼻之所闻，在中国文化里，对于“味道”的感知和定义，既起自饮食，又超越饮食。也就是说，能够真真切切地感觉到味道的，不仅是我们的舌头和鼻子，还包括中国人的心。

第 7 集　我们的田野

中国人说：靠山吃山、靠海吃海。这不仅是一种因地制宜的变通，更是顺应自然的中国式生存之道。从古到今，这个农耕民族精心使用着脚下的每一寸土地，获取食物的活动和非凡智慧无处不在。

——来源：由作者根据《舌尖上的中国》相关资料整理

【活动 3】资料展示——我的第二故乡

通过播放视频、图片及文字资料等，向学生展示学校所在地博大精深的文化，使学生了解当地文化、历史、资源、经济等，通过对高校所在地的了解，培养学生对第二故乡的热爱之情。

【项目四】　案例讲解——爱国人物事迹介绍

在讲述爱国主义的优良传统时，向学生介绍文天祥、钱伟长等人物的爱国事迹。通过对不同时期的爱国人物事迹的学习，使学生深刻地理解中华民族代代相传的爱国主义优良传统的精髓，引导学生以振兴中华为己任，努力做到立报国之志、增建国之才、践爱国之心，为国家和民族的发展做出应有的贡献。

【资料 1】文天祥

“人生自古谁无死，留取丹心照汗青!”这脍炙人口的诗句，是我国南宋时期伟大的民族英雄文天祥所作。这正是他那炽热的爱国精神和崇高的民族气节的真实写照。

文天祥所处的时代，是蒙古贵族向南宋发动进攻和南宋政权日趋腐朽的时代。父亲的教育和影响，在文天祥幼小的心里深深地种下了爱国的种子。随着年龄的增长，他成为一个有理想、有抱负的青年。

1271 年，蒙古汗国改称大元，并在之后的四年中，大举南侵，先后攻陷了南宋许多地方。南宋的许多文官武将贪生怕死，不是弃城逃跑，就是不战而降。一时间，朝廷内外惊慌失措。在这危急时刻，在江西赣州做地方官的文天祥，变卖了自己的家产作为军饷，征集义兵组成勤王军，投入到轰轰烈烈的抗元斗争之中。但是，他的起兵遭到了一些人的反对。他们悲观地认为元军来势凶猛，文天祥带的兵都是临时招募来的，这不是赶着羊群去和老虎斗，白白送死吗？文天祥郑重地说："国家有难，却没人来解救，这是多么令人痛心的事情啊！今天我组织勤王军，就是想为天下人做个抗击元军、不怕牺牲的榜样，希望各地官民效仿，共同保卫国家。"果然，许多军民闻风而起，有的来投奔文天祥，有的则在各地起兵，互为声援，抗击元军的力量一时声势大增。

然而，勤王军尽管士气旺盛，却缺乏训练和作战经验，与骁勇善战的元军相比，战斗力相差甚远；再加上南宋朝廷的腐败无能，抗元斗争失败了。

1278年，文天祥不幸被俘。被俘时，他服下冰片，想以死报国，然而却未能如愿。投降元军的张弘范前来劝降，文天祥严词拒绝道："只求一死，别无他言！"张弘范又让他给坚持斗争的南宋爱国将领写劝降信，他却以《过零丁洋》一诗作为答复。"人生自古谁无死，留取丹心照汗青！"正是这诗中铿锵有力的诗句，体现了文天祥慷慨激昂、大义凛然的气魄，也表达了他宁死不屈的坚强意志。这首诗是决心书，又是宣战书，它告诉人们：文天祥在任何情况下都不会妥协，不会投降！

1279年12月，南宋灭亡了。张弘范扬扬得意，在庆贺宴上劝文天祥："国家已经亡了，忠孝之事你已经尽到了。只要你像对宋朝那样对待大元，大元的宰相照样由你当。"又说："宋朝已经亡了，你再慷慨殉国，有谁来给你写书立传呢？"面对这些花言巧语，文天祥无比蔑视，他坚定地回答："国家虽亡，也不能有二心；为国牺牲的目的也决不在于留名！"张弘范劝降的阴谋破灭了，只好把文天祥押送到元朝的首都——大都。

元朝统治者想利用文天祥的影响来笼络人心，借以缓和各地人民抗元斗争的形势。他们费尽心机找来说客，以高官厚禄为诱饵继续劝降。但在文天祥的凛然正气面前，他们都哑口无言，最后灰溜溜地走了。

元朝统治者见软的不行，就来硬的。他们给文天祥戴上满身的刑具，将其关押在一间阴冷的囚室中，企图使他屈服。但是，正如他自己说的那样："金石之性，要终愈硬，性可改耶？"三年牢狱生活的折磨，始终没能使文天祥屈服。元朝统治者见文天祥软硬不吃，又听说不少地方有营救文天祥的举动，恐日久生变，决定要杀他。1283年1月8日，元朝皇帝试图做最后的努力，亲自劝降，文天祥说："我是宋朝的状元宰相，宋朝亡了，我只有死，一死之外，无可为者。"第二天，文天祥就被元朝统治者杀害了。

文天祥离开我们已经七百多年了，但是他的浩然正气千秋常在。

——来源：由作者根据相关资料整理

【资料2】钱伟长

钱伟长，著名力学家、应用数学家、教育家和社会活动家，是我国近代力学的奠基人之一。兼长应用数学、物理学、中文信息学，著述甚丰。特别在弹性力学、变分原理、摄动方法等领域有重要成就。早年提出的薄板薄壳非线性内禀统一理论对欧美的固体力学和理性力学有过重大的影响。创办了我国第一个力学研究室，筹建了中国科学院力学研究所和自动化研究所。长期从事高等教育领导工作，为培养我国科学技术人才做出了重要贡献。社会活动十分活跃，积极推动了祖国的统一大业。

钱伟长早年攻物理学，留学加拿大期间已经显露出非凡才华。28岁时，他的一篇论文已经让爱因斯坦大受震动，并迅速成为国际物理学的明星。

抗战结束后，钱伟长坚持回到祖国，在艰苦的条件下，拒绝美国科学界的诱惑，忠于祖国，坚持实现“科学救国”的抱负。为新中国开创了力学科学教育体系。他学贯中外，对中国科学事业的发展做出了巨大的贡献。

小学时期，钱伟长主要学习国文和历史，也学到算术、自然、音乐等新课程。由于家贫，还从事力所能及的劳动。起先，他就学于家乡的七房桥小学，家乡失火后，又进过荡口镇的三所小学和后宅小学，但受学时断时续，时间都不长。13 岁时，他来到无锡，先后在荣巷公益学校、县立初中、国学专修学校读书。15 岁考取苏州中学读高中，学习到数理化和西洋史，进一步打开了他求知的大门。苏州中学的数学老师严晓帆、西洋史老师杨人缏、中国史老师吕叔湘、地理老师陆侃舆，都给他留下了终生难忘的印象。文学课则由他的叔父钱穆任教。他经常在严晓帆老师的宿舍里晚自修，在理科方面有了一些进步。步入青年时期的钱伟长文史成绩优异，但他为科学救国而弃文学理，自强不息，闯开了现代科学技术的大门。19 岁那年，他以优异的文学和历史成绩考取清华大学和上海吴蕴初的清寒奖学金。来到清华大学后，即发生了“九一八”日本侵占东三省的惊人事变，出于忧国忧民之心，他要求读物理系，学习近代科学技术。物理系主任吴有训答应他试读一年。他克服了用英语听课和阅读的困难，数理课程超过了 70 分，从此，就迈进了自然科学的大门。

理学院院长叶企荪，以及赵忠尧、萨本栋教授也常给他们上课。起初，钱伟长像学古文一样，熟读强记物理学的典籍。而吴有训教给他，不要以为书本上的东西都是正确的，都已经完善了，每读一本书都要能够看到没有完成的部分，发现一些新问题。钱伟长学到了这一点，并成为他一生治学的特点。1935 年，他考取清华大学研究院和高梦旦奖学金，在导师吴有训的指导下做光谱分析。为呼吁抗日救国，他参加了“一二·九”学生运动和民族解放先锋队。1937 年北平（今北京）沦陷，曾在天津耀华中学任教近一年。1939 年年初，经香港、河内到昆明，在西南联合大学讲授热力学。是年与孔祥瑛结婚，并与郭永怀、林家翘以相同分数同期考取庚子赔款留英公费生。因第二次世界大战突发，船运中断，改派加拿大。本来，轮船将途经神户，日本在护照上签证准许登岸游览。公费生一致认为，抗日战争期间，有失国体，故全体愤然离船，返回昆明。延至 1940 年 8 月赴加拿大多伦多大学，在 J·L·辛格（Synge）教授指导下研究板壳理论，1942 年获博士学位。1942—1946 年，他在美国加州理工学院和喷射推进研究所，与钱学森、林家翘、郭永怀一起，在冯·卡门（von Kármán）教授的指导下从事航空航天领域的研究工作，受到冯·卡门学术思想的影响，成为固体力学和流体力学大师。在研究所和冯·卡门家里的学术讨论会，是富有民主精神和创造性的聚会。这种风格影响了钱伟长的一生，使他敢想敢说、勇于探索和创新。

1946 年 5 月，钱伟长以探亲为名只身返国，从洛杉矶乘船回到上海，应聘为清华大学教授，兼北京大学、燕京大学教授。1947 年，有人带来美国有关方面对钱伟长全家赴美工作生活的邀请。表格最后一栏，要求宣誓一旦中美交战忠于美方，钱伟长明确填“NO”，予以拒绝。1949 年，任清华大学校务委员会常委、副教务长。1950 年，任中华全国自然科学专门学会联合会常委、组织部部长。1951 年，任中华全国民主青年联合会常委、副秘书长。自 1951 年起，他还担任中国科学院数学研究所力学研究室主任。1952 年，任清华大学教务长。1955 年起，任中国科学院学部委员、中国民主同盟中央常委。1956 年，任清华大学副校长、中国科学院力学研究所副所长、中国科学院学术秘书、国务院科学规划委员会委员、中国科学院自动化研究所筹委会主任、波兰科学院院士。1957 年中国力学学会成立，他任副理事长。他还担任北京市第一届、第二届人民代表大会常委。1954—1958 年，任第一届全国人民代表大会代表。1952 年他参加中国文化代表团访问了缅甸、印度。1955—1956 年还多次访问苏联、罗马尼亚、匈牙利、捷克、民主德国。1956 年，又参加了波兰的力学会议和布鲁塞尔的国际力学会议。

1957 年，由于建议理工合校及参加民盟会议等，他受到批评。1958 年，钱伟长被错划为右派分子，除保留教授职务外，其余职务全部撤削，并长期受到不公正的批判。“文化大革命”期间，他深受冲击。1968—1971 年，被下放到北京特种钢厂炼钢车间劳动锻炼。在与工人群众接触后，思想感情发生了很大的变化。1979 年，中共中央改正了把钱伟长划为右派分子的错误决定。

1972 年，钱伟长参加科学家代表团访问了英国、瑞典、加拿大和美国。1975 年，当选为第四届全国人民代表大会代表。1980 年，恢复为中国科学院学部委员，并任全国政协常委、中国文字改革委员会委员。1981 年，任中国中文信息学会理事长、《应用数学和力学》杂志主编。1983 年，任上海工业大学校长。1984 年，任中国民主同盟中央副主席、上海市应用数学和力学研究所所长。1985 年，任中华人民共和国香港特别行政区基本法起草委员会委员。1987 年，任全国政协副主席、《中国应用数学和力学进展》杂志主编。1988 年，任中华人民共和国澳门特别行政区基本法起草委员会副主任委员、中国和平统一促进会会长、中国陶行知研究会会长。1990 年，任中国海外交流协会会长。

——来源：光明网，2010 - 07 - 30

【项目五】　观看影片《复兴之路》《东京审判》，组织课堂讨论

在讲授“伟大创造精神、伟大奋斗精神、伟大团结精神、伟大梦想精神”时，组织学生观看《复兴之路》和《东京审判》，开展课堂讨论，使学生从感性上体会中华民族爱国主义的传统内涵，从理性上正确理解爱国主义的时代价值，激发学生的爱国热情，培养学生爱国主义的精神。

组织学生集体观看后围绕下列问题展开讨论：

1. 观看完这两部作品后有什么感受？
2. 梅汝璈等人是如何通过努力抗争，在这一场历史审判中为中国争得荣誉和尊严的？

【资料 1】《复兴之路》

该片以鸦片战争以来一百多年的重大事件为视角，应用生动详细的历史资料，向我们展示了一幅幅振兴图强的全景画面，使我们在历史的长河中体味百年祖国的沧桑巨变，体味民族的奋斗历程。

第一集：千年局变

辛亥革命是一次比较完全意义上的资产阶级民主革命，是中国人民为救亡图存、振兴中华而奋起革命的一个里程碑。它建立了中国历史上第一个资产阶级共和政府，使中国发生了历史性的巨变，中国人的思想也由此获得了一次巨大的解放。人们发现，既然两千多年来都被视为奉天承运的“天之子”不过是压在人们心灵上的土偶，那么还有什么陈腐的思想不可以被怀疑，不可以被抛弃呢？从此敢有帝制自为者，天下共击之的民主

主义观念深入人心。以孙中山为代表的中国民主革命的先驱者在中国近代历史上留下了光辉的一页。

然而，辛亥革命是一场不彻底的革命，它只是赶跑了一个皇帝，中国仍旧在帝国主义和封建主义的压迫之下，反帝反封建的革命任务并没有完成。在接下来的岁月中，谁能真正完成反帝反封建的历史使命？谁能让中国人过上有尊严的生活？中华民族的伟大复兴还将经历怎样的艰难曲折，才能找到一条正确的道路呢？

第二集：峥嵘岁月

皇帝倒了，辫子剪了，这是1912年给中国人最大的感受，但是，袁世凯很快就窃夺了辛亥革命的果实，这年4月，孙中山将临时大总统之位让于袁世凯，中华民国看似有国会、有《约法》、有众多政党，但实际上政权都操纵在袁世凯和北洋军阀手中。1913年3月国民党领袖宋教仁遭暗杀，他和许多人所期待的议会民主制度成了泡影，随后，为了换取支持，袁世凯基本接受了日本提出的严重损害中国主权的“二十一条”，时人感叹道：无量头颅无量血，可怜购得假共和。1916年袁世凯终于随着83天皇帝梦的破灭而败亡，但北洋政府却连形式上的统一都维持不了，辛亥革命以失败告终，中国依然处在帝国主义和封建主义的压迫下。莽莽神州，已倒之狂澜待挽；茫茫华夏，中流之砥柱伊谁？20世纪早期的中国已到了国将不国的地步，军阀之间为争权夺利混战不断，四处可见城头变幻大王旗，百姓生活在兵荒马乱的恐惧之中，报刊上常见的描述是大肆劫掠，惨不忍言。

租界和占领区则一如从前，外国人在华特权原封不动，外国的战舰仍在中国内河扬威，一个迫切而又迷茫的问题是中国该往何处去，在这众多的主义和思想中哪一个能给中国带来光明？

1919年梁启超来到欧洲，贫富差距和尖锐的劳资矛盾让他十分震惊，他在《欧游心影录》中描述道：全社会人心都陷入怀疑、沉闷、畏惧之中，好像失去了罗针的海船，迎着风遇着雾，不知前途怎生是好。一位美国记者直截了当地告诉梁启超，西方文明已经破产了，这使得正在向西方学习的中国人感到困惑，中国还要沿着这条路再走一遍吗？就在这个时候，从俄国传来了十月革命成功的消息，世界上第一个社会主义国家诞生了，中国的先进分子在反复比较中坚定地选择了马克思列宁主义。

第三集：中国新生

1949年10月1日中华人民共和国宣告成立，同时也宣告了自近代以来中国面临的第一项历史任务的基本完成，实现了民族独立和人民解放，这为实现第二项历史任务——国家繁荣富强和人民共同富裕创造了前提，中国历史由此开辟了一个新纪元。新生的共和国仅用了半年时间就使全国物价基本稳定，治愈了旧中国无法医治的顽症，农村则继续实行土地制度的改革，先后共使3亿多名农民无偿获得了约7亿亩土地，但是，建设一个新国家的路途山高水长，1949年的中国铁路主干线没有一条能够全线通车，人均国民收入只有27美元，相当于亚洲国家平均值的三分之二，4 000万名灾民等待救助。面对旧政权留下的满目疮痍，冷战格局下诞生的新中国，在建设的进程中将经历怎样的艰难曲折，以毛泽东为核心的党的第一代中央领导集体将领导人民如何开辟一条实现中华民族伟大复兴的新道路？新中国宣告成立的第3天，苏联政府发来外交照会，它成为世界上第一个承认中华人民共和国的国家，对新中国而言这无疑是一个巨大的支持。两个多月后，毛泽东踏上了西去的列车前往莫斯科，这是他第一次出国，也是他出国访问时间最长的一次，1950年2月14日《中苏友好同盟互助条约》签订。

条约签订后迅速回国的毛泽东在一次会议上指出条约定下来比不定好，定下来，就有了依靠，可以放手做别的事情。然而，此时从中国东北边境传来了隆隆炮声，建设的步伐被打乱了，1950 年 6 月 25 日朝鲜战争爆发，美国借机派第七舰队开进了台湾海峡，10 月，美军无视中国的警告，越过三八线，将战火扩大到鸭绿江边，新生政权的安全受到了威胁，中国人民志愿军毅然开始保家卫国的战斗，抗美援朝战争的胜利使新中国的国际威望空前提高，为新中国的建设赢得了一个相对稳定的和平环境。

第四集：伟大转折

2007 年北京工人体育场正在为迎接奥运会进行大规模的改建。30 年前，这里曾经成为世界的焦点，在 1977 年的一场足球赛上，从公众视线中消失了两年多的邓小平第一次公开亮相，日本共同社描述道：数万观众撇开比赛，霎时都站立起来，向他报以狂热的掌声，《美国新闻周刊》的评论认为，在经济事务方面预计他将逐渐发挥关键作用。

当时的中国刚刚结束了长达十年的灰暗岁月，10 年间中国百姓的生活几乎没有得到改善，1977 年全国农村的贫困人口超过两亿人，中国经济与世界的差距也在日益拉大，而就在这一时期中国大陆的四周出现了经济迅猛发展的亚洲四小龙，中国将如何选择前进的方向，在这样一个特殊历史关头复出的邓小平将如何带领中国实现伟大的转折？

一位 88 岁高龄的老人在改革开放的重要关口再次以他特有的改革精神为中国指明了道路，他不仅留下了宝贵的邓小平理论，还留下了宝贵的邓小平精神。有人说在中华民族伟大复兴的征途上推翻封建帝制的孙中山，为中国打开了思想进步的闸门，建立起新中国的毛泽东，让中国人民从此站了起来，而挽救了社会主义的邓小平为中国找到了一条使国家强盛、人民富裕的道路。

当人们回首 20 世纪时会发现，整个人类都处在大变局之中，各种社会思想的演变、竞争影响着不同国家和地区的命运，也改变了世界的格局。20 世纪的最后 20 多年，在世界的东方，中国进行了一场卓有成效的社会变革，解放了思想的中国人焕发出蓬勃的创造力，书写了一个时代最为传奇的一页。在民族复兴的征途上中国特色社会主义的道路将如何继续？新世纪的晨光中世界将看到一个怎样的中国？

第五集：世纪跨越

当 20 世纪进入倒计时的时候，信息革命已全面来临，世界科技发展突飞猛进，中国的社会变革也在提速。在 1989 年 6 月，中共十三届四中全会上当选为中共中央总书记的江泽民带领着改革开放的中国迈向新世纪。此后的 13 年，每个关注中国发展的目光都注意到了中华民族释放出的惊人活力，世界见证了社会主义市场经济体制给中国带来的全方位的变化，这个人类历史上从未有过的崭新构想，是在 1992 年党的十四大上正式提出的。

社会主义市场经济就是把市场经济与社会主义基本制度有机结合在一起，既发挥市场经济的优势，又发挥社会主义制度的优越性，那么，这样一种经济体制将如何建立？在这个目标的指引下中华民族的复兴之路又将开启怎样一段新的航程？

上海浦东：今天中国最具吸引力的国际金融贸易区，它像一只头雁，带动着整个长江流域地区，共同经历了中国经济高速成长的黄金年代。然而，在 17 年前，被宣布为国家级开发区的时候，这里还是一望无际的农田。1992 年，浦东开发的战略目标被写进了党的十四大报告，这是党的代表大会第一次具体部署一个城市的经济建设工作，从此，这个中国最大，也是世界上最大的开发区成为推动中国经济增长的重要引擎之一，浦东开发和许多同样发端于1992年的经济事件一道成为明确了社会主义市场经济体制目标的中国全力起飞的写照。

第六集：继往开来

一个崭新的世纪已经开启了，中国迎来了国家发展的重要战略机遇期，全面建设小康社会的奋斗目标，激励着走在民族伟大复兴道路上的每一位中国人。

2002年11月8日中国共产党第十六次全国代表大会在北京召开，会议选举出以胡锦涛同志为总书记的新一届中央领导集体。2003年3月18日中共中央总书记国家主席胡锦涛发表重要讲话：我深知担任国家主席这一崇高的职务使命光荣、责任重大，我一定忠诚地履行宪法赋予的职责，恪尽职守、勤勉工作，竭诚为国家为人民服务，不辜负各位代表和全国各族人民的重托。新一届中央领导集体给国内外的评论员留下了精干、务实、亲民的第一印象，13亿中国人和国际社会众多观察者注视着这个新的领导集体，他们将如何管理世界上经济增长最快的国家，如何领导世界上最大的发展中国家，继续走好民族复兴之路?

2002年12月5日胡锦涛和中共中央书记处全体人员冒雪前往西柏坡学习考察，这是他们履新不到一个月的首次集体行动，西柏坡是中国共产党进入北京前的最后一个农村指挥所。1949年3月在革命胜局已定的历史性时刻，毛泽东指出务必使同志们继续地保持谦虚谨慎、不骄不躁的作风，务必使同志们继续地保持艰苦奋斗的作风。半个多世纪以来居安思危的忧患意识，一直伴随着新生政权。2002年的冬天新一届领导集体来这里重温历史，是对全党的警示，也是对人民的承诺。

中华民族曾领先世界两千年之久，但在“康乾盛世”的阿谀赞歌声中，中国沦为了半殖民地半封建社会，从此便开始了落后挨打的境地。为了祖国的繁荣和富强，一百多年来，仁人志士们前赴后继，为了祖国的富强而奔走，但沉睡已久的东方睡狮，却一次次地遭受着列强的侵略和奴役，民贫国弱，任人宰割，中国被世界远远地甩在了后边，脱离了近代世界发展的轨道。

新中国的成立，使中国彻底摆脱了被压迫和奴役的境地，中国这个东方睡狮，开始慢慢地觉醒，但步履艰难，在曲折中艰难前行。改革开放的春风，使中华大地再次焕发了活力，中华民族在中国共产党的领导之下，终于踏上了民族复兴的伟大征程，并取得了举世瞩目的成就。中华民族终于以崭新的姿态重新屹立于世界民族之林，中国，开始向腾飞之路大步迈进。

【资料2】《东京审判》

梅汝璈（1904—1973），1946—1948年，代表中国出任远东国际军事法庭法官，参与审判对20世纪三四十年代发生于亚洲和太平洋地区的大规模侵略战争负有主要责任的日本战争罪犯的工作，同时与庇护日本战犯的势力进行了坚决而卓有成效的斗争。在历时两年半开庭818次的漫长过程中，梅先生始终坚持法律原则有礼有节，在“法官席位之争”，“起草判决书”和“坚决实行死刑处罚”等关键时刻，维护祖国的尊严和人民的利益，赢得了世界的赞赏与尊重。他出色地完成了任务，赢得了周恩来总理的高度评价：“他为人民办了一件大好事，为国家争了光，全国人民都应当感谢他。”时任教育次长兼国立政治大学校长的顾毓秀先生曾赠剑于梅先生，并称他为壮士。

《东京审判》表现的是1946年远东国际军事法庭在东京审判，是中国人在国际舞台上第一次成功地用法律武器捍卫自己尊严的故事。

——来源：由作者根据相关资料整理

【项目六】 专题讨论——“不爱社会主义不等于不爱国”

在讲授“新时代的爱国主义”时，组织学生就“不爱社会主义不等于不爱国”观点进行讨论，通过讨论使学生认识到爱国主义是一个历史范畴，爱国主义就是爱国、爱党、爱社会主义的有机统一，这是当代爱国主义精神最本质、最重要的表现。在当代，中国爱国主义首先体现在对社会主义中国的热爱上。

【资料】

早在改革开放之初，邓小平同志就针对有人提出的爱国可以不爱社会主义的观点尖锐指出：“有人说不爱社会主义不等于不爱国。难道祖国是抽象的吗？不爱共产党领导的社会主义新中国，爱什么呢？港澳、台湾、海外的爱国同胞，不能要求他们都拥护社会主义，但是至少也不能反对社会主义的新中国，否则怎么叫爱祖国呢？至于对中华人民共和国领导下的每一个公民，每一个青年，我们的要求当然要更高一些。”“中国人民有自己的民族自尊心和自豪感，以热爱祖国贡献全部力量、建设社会主义祖国为最大光荣，以损害社会主义祖国利益、尊严和荣誉为最大耻辱。”

——选自《邓小平文选》

江泽民同志指出：“我们今天讲爱国主义就是要热爱我们伟大的社会主义祖国，就是要为中国特色社会主义事业贡献自己的智慧和力量。”

——选自《江泽民论社会主义精神文明建设》

胡锦涛同志指出：“弘扬爱国主义精神，要坚持爱国主义与社会主义的高度统一，时刻心系民族命运、心系国家发展、心系人民福祉，使爱国主义精神在新的时代条件下发扬光大。”

——选自胡锦涛在北大讲话《把爱国热情转化为实际行动》

习近平同志指出：“实现中国梦必须走中国道路。这就是中国特色社会主义道路。”“实现中国梦，必须弘扬中国精神。这就是以爱国主义为核心的民族精神，以改革创新为核心的时代精神。”“实现中国梦必须凝聚中国力量，这就是中国各民族大团结的力量。”

——选自习近平在十二届全国人大一次会议闭幕式上的讲话

【项目七】 新闻人物聚焦——《公益的力量之邵逸夫启示录》

在学习“爱自己的国家”相关内容时，组织学生观看视频《公益的力量之邵逸夫启示录》。通过视频中对邵逸夫先生一生捐助慈善爱国精神的回顾，使学生了解无数像邵逸夫这样的海外侨胞、港澳台同胞的拳拳爱国心，他们无论政治立场和宗教信仰如何，始终以不同的方式来表达对伟大祖国的热爱，从而深化学生对教学内容的理解，加深其对爱国主义内涵的把握。

【资料】热心公益爱国爱港，邵逸夫三大传奇写人生

邵逸夫是永远的影视创意传奇。邵逸夫一生醉心光影世界，对华语影视事业的卓越贡献，无出其右。他先创办邵氏兄弟公司，成功开创了华语电影潮流，“邵氏出品，必属佳片”风靡全亚洲，在港设立的邵氏影城更为港赢来“东方好莱坞”的美誉；后创办电视广播公司（无线电视），一直在港电视市场占据领导地位，电视佳作迭出，风行世界；台前幕后的人才辈出，享誉全球业界。

邵逸夫的文化影视商业帝国、辉煌创意业绩，来自勇站时代潮头、不懈打拼，极好地诠释了狮子山下的香港精神；同时也为香港经济和文化创意产业的发展做出了不可替代的贡献。

邵逸夫是永远的公益慈善传奇。邵逸夫是海内外有口皆碑的大慈善家。他乐善好施，热心公益，毕生捐赠总额约百亿元。除了每次都踊跃捐助各类赈灾，还尤其重视人才培养，对科学和教育事业都遗下了功德无量的捐助，润泽万千学子和人类的科研事业。有内地调查显示，逾八成受访者指邵逸夫令人最先联想“逸夫楼”，这遍布神州大地的一座座“逸夫楼”，正是一座座慈善和关爱的丰碑，彰显着邵逸夫对教育事业了不起的贡献。

令人津津乐道的还有“邵逸夫奖”的设立，这个被誉为“东方诺贝尔奖”的科技奖项，专门表扬在天文学、生命科学与医学、数学科学方面的出色成就，而这些都是诺贝尔奖未有涵盖的，基金总额目前已逾半百亿元，其对世界科研事业的贡献将不可限量。

邵逸夫是永远的爱国爱港传奇。他爱香港，事业根基在香港，他的TVB和邵氏已成为香港生活的一部分，亦是港人的骄傲和集体回忆。他热心参与回归过渡期的工作，为香港回归和特区建设做出了应有的努力。他热爱自己的国家。他认为“国家振兴靠人才，人才培养靠教育，培养人才是民族根本利益的要求”，所以倾力捐资帮助国家教育，爱国之情溢于言表，更见于践行。

——来源：摘编自香港媒体

【项目八】“传承红色经典、弘扬中国精神”主题系列活动

在讲授“实现中国梦必须弘扬中国精神”时，组织学生开展“传承红色经典、弘扬中国精神”主题系列活动，使学生全面而深刻地理解中国精神的内涵，明确中国精神是激励中华民族团结奋斗、勇往直前的伟大力量，从而努力学习奋发图强，谱写中国精神的新篇章。

【活动1】读红色经典，感受艰辛历程，勇当争优先锋

红色经典书籍可以陶冶人的情操，激励人的斗志。向学生推荐《红岩》《青春之歌》《钢铁是怎样炼成的》等多部经典书籍，要求学生认真阅读后，开展以“感受艰辛历程，勇当争优先锋”为主题的交流会，汇报读书感受，分享读书成果，培养学生良好的阅读习惯和读书兴趣，帮助学生树立“读书成才，报效祖国”的远大理想。

【资料】红色经典书籍推荐

(1)《红岩》罗广斌、杨益言

小说以“重庆中美合作所集中营”的敌我斗争为中心，交错地展现重庆城内的学生运动、地下斗争、集中营的狱中斗争，以及川北农村的武装斗争。这部书影响教育了新中国几代青少年，被誉为“共产主义的教科书”“共产党人的正气歌”。

(2)《红日》吴强

《红日》是一部史诗性的长篇小说。《红日》的突出成就，是成功地塑造了一系列血肉丰满的艺术典型。在艺术表现上，《红日》也有着鲜明的特色，堪称新中国军事文学创作历史上的一座重要的里程碑。

(3)《红旗谱》梁斌

通过在大革命失败前后十年革命斗争的历史背景下生动地展示当时农村和城市阶级斗争和革命运动的壮丽图景获得了重大的成就。《红旗谱》成功地塑造了三代农民的英雄形象，称得上是一部反映北方农民革命运动的史诗式作品。

(4)《青春之歌》杨沫

作品以“九一八”事变到“一二·九”运动这一时期的爱国学生运动为背景，塑造了以林道静为代表的知识分子群体形象，表现了一代青年在党的领导下的迅速成熟，谱写了一曲动人的革命青春之歌。

(5)《钢铁是怎样炼成的》[苏联] 奥斯特洛夫斯基

这是一部激励了无数人的佳作，问世以来几十年间长盛不衰。究其原因，除了它真实而深刻地描绘了十月革命前后乌克兰地区的广阔生活画卷外，它还塑造了以保尔·柯察金为代表的一代英雄的光辉形象。用保尔的话来说：人最宝贵的是生命。生命每个人只有一次。人的一生应当这样度过：回首往事，他不会因为虚度年华而悔恨，也不会因为卑鄙庸俗而羞愧；临终之际，他能够说：“我的整个生命和全部精力，都献给了世界上最壮丽的事业——为解放全人类而斗争。”

(6)《红色中国》郭建设

此书的作者用二十多年的时间以独特的视角、新奇的风格、耀眼夺目的画面，充分表达出中国人的红色不胜枚举，可以说，中国人将这“红色”运用到了极致，无论是穿的、戴的、用的、摆的、脑子里想的，无论是男女老少、富贵贫贱，无论是表彰大会、开业庆典，都有耀眼的“红色”。“红色”在中国代表着传统，代表着喜庆，红色能让人进取，使人感动。它形成了中国的国色，成为中华民族最具有代表意义和象征意义的颜色，乃至成为整个民族的一种强劲、浩然的精神气节。

(7)《踏上红色之旅》刘刚

本书详尽介绍了我国主要的红色旅游风景点，涵盖了中宣部《2016—2020 年全国红色旅游发展规划纲要》规定的 12 个“重点红色旅游区”，主要介绍了以上海、南昌、井冈山、瑞金、遵义、延安、重庆、西柏坡、北京、韶山、广安、淮安等为代表的红色旅游景点。以红色记忆、红色景观、红色之旅三部分统领全书，既让人重温流金岁月、感受生命激情，又使人焕发生命斗志、爱国热情，树立理想信念，寓教于乐。同时，在旅游线路、景点选择、旅行常识配备等方面都充分考虑了红色旅游出行者的需要，将红色景区（革命遗迹）、绿色山水和文化景观通盘设计，又把革命传统教育、祖国山河欣赏和民族文化遗存品味融为一体，是一本知识性、资料性和休闲性多功能兼备的旅游书。

(8)《把一切都献给党》吴运铎

是一部在 20 世纪 50 年代就脍炙人口的自传体小说，写的是一个普通工人成长为无产阶级优秀战士的感人故事。它问世以来，不仅在我国多次再版，影响了几代人，而且被译成七种文字，在国外广为流传。这本书的主人公和作者，就是中国抗日战争时期革命根据地兵工事业的开拓者、新中国第一代工人作家吴运铎。

(9)《林海雪原》曲波

1946 年抗日战争刚刚结束。内战在东北一触即发。在复杂的国内外环境中，东北境内政治土匪活动猖獗，到 1946 年冬天，已经对民主改革形成致命威胁。《林海雪原》讲述的就是在这样一个复杂的历史背景下，一支骁勇善战的小分队与在东北山林盘踞多年的数股土匪斗智斗勇的故事。

(10)《苦菜花》冯德英

《苦菜花》以抗日战争时期胶东半岛昆嵛山区的王官庄为背景，以仁义嫂及其一家的际遇为中心线索，从一个侧面反映了抗日根据地军民在反扫荡中所进行的不屈不挠的英勇斗争，鲜明地表现了根据地人民那种英勇不屈的精神，成功地塑造了一个普通而感人的革命母亲的艺术形象。

(11)《保卫延安》杜鹏程

以解放战争中的延安保卫战为蓝本，描写出了一幅真正动人的人民革命战争的图画，成功地写出了人民如何战胜敌人的生动的历史中的一页。对于这样的作品，它的鼓舞力量就完全可以说明作品的实质、精神和成就。

(12)《东方》魏巍

小说《东方》通过对朝鲜战场和我国农村生活的描写，全面反映了抗美援朝的伟大胜利。

(13)《母亲》高尔基

《母亲》以巨大的艺术力量阐述了俄国工人阶级和广大革命群众在革命斗争中不断觉悟、成长的过程，揭示了马克思主义和工农运动相结合是俄国无产阶级革命的必由之路。在作品中反复突出的“真理”“理性”即马克思主义。作品通过弗拉索夫家两代人的不同命运揭示了这一真理。巴维尔接受马克思主义，团结、教育广大群众，一起进行了摧毁旧世界的斗争，成为出色的无产阶级革命家。特别是通过过去怯懦、在痛苦生活中逆来顺受的尼洛芙娜走上革命的道路，成为坚强的革命者的过程，进一步深化了这一思想。

(14)《三里湾》赵树理

《三里湾》是我国第一部反映农业合作化运动的长篇小说，同时也是赵树理小说创作中的代表作。它围绕三里湾农业社秋收、扩社、整社、开渠等工作，精心描写了马多寿、范登高、袁天成、王宝全四户人家复杂的矛盾纠葛，借此揭示出农业合作化运动的历史意义和这场变革在农村所引起的巨大反响。

(15)《敌后武工队》冯志

在1942年的冀中平原，日本宪兵、汉奸、伪警察等数百人包围了东王庄，敌人架起机枪，疯狂地扫射，使得尸横遍野，余烟未尽，惨不忍睹。闻讯赶来的武工队员们按捺不住心中怒火，纷纷向队长魏强请战，为乡亲们报仇。这支敌后武工队活跃在冀中大平原上，为抗日救国做着他们的贡献。

(16)《走下圣坛的周恩来》权延赤

以第二人称的角度描写了周恩来总理伟大的政治生涯。感情真挚，既是一部不错的纪实传记，又是催人泪下的感人小说。着力推荐!

(17)《平原枪声》李晓明

《平原枪声》是一部讲述人民群众和共产党所领导的八路军共同打击日寇、汉奸的英雄故事。

抗日战争时期冀中平原地区年轻的八路军马英在党的领导下，回到家乡肖家镇，带领抗日战士依靠群众与中村一伙为首的日寇、汉奸进行殊死搏斗。他们与地下工作者郑敬之密切配合，使敌后作战和隐蔽斗争相呼应，发动群众，智取枪支，建立武装，攻占炮楼，巧杀汉奸，识破叛徒，粉碎“扫荡”……一次又一次挫败日、伪的阴谋，出生入死，前仆后继，浴血奋战，终于将敌人彻底消灭。

(18)《放眼看长征》叶心瑜

《放眼看长征》是一本纪实类的书，详细介绍了长征的原因、经过，以细腻的笔调记录了长征途中很多感人故事。该书有一章专门写外国人怎样看长征，很有意思。隔着七十年的时空，现代人对长征的理解，难免带着现代眼光，看看外国人眼中的长征，也许对我们更好理解长征精神有特别意义。

(19)《腐蚀》茅盾

《腐蚀》以皖南事变为历史背景。故事情节开展于1940年9月—1941年2月的重庆。这时，日寇为呼应德、意法西斯在欧洲的攻势，加紧了对国民党的诱降，企图早日结束中日战争，以便向南洋扩张。国民党认为反共卖国时机已到，进一步推行消极抗日、积极反共的政策：在政治上，实行法西斯特务统治，残酷迫害共产党人和革命人民，并与日寇汉奸暗中勾结，进行卖国投降活动；在军事上，配合日、伪军对敌后根据地的封锁、进攻，不断袭击八路军和新四军，竟于1941年1月制造了骇人听闻的“皖南事变”。《腐蚀》这部小说的创作正是具有高度政治责任感的革命作家茅盾目击这一黑暗现实而及时作出的强烈抗议。

(20)《朝花夕拾》鲁迅

这十篇散文，是“回忆的记事”(《三闲集·〈自选集〉自序》)，比较完整地记录了鲁迅从幼年到青年时期的生活道路和经历，生动地描绘了清末民初的生活画面，是研究鲁迅早期思想和生活以至当时社会的重要艺术文献。这些篇章，文笔深沉隽永，是中国现代散文中的经典作品。

(21)《故事新编》鲁迅

《故事新编》是鲁迅的最后的创新之作，里面8篇有5篇写于鲁迅生命的最后时期。面临死亡的威胁，出于内外交困、身心交瘁之中，《故事新编》整体的风格却显示出前所未有的从容、充裕、幽默和洒脱。尽管骨子里依旧藏着鲁迅固有的悲凉，却出之以诙谐的“游戏笔墨”，这表明鲁迅的思想与艺术都达到了一个新的高度，具有某种超前性。在它的很多篇目中，都可以发现或隐或现，或浓或淡地存在着“庄严”与“荒诞”两种色彩和语调，互相补充、渗透和消解。

(22)《彷徨》鲁迅

《彷徨》贯穿着对生活在封建势力重压下的农民及知识分子“哀其不幸，怒其不争”的关怀。《彷徨》的艺术技巧“圆熟”——深广的历史图景；对人物命运的叙述渗透感情；“画眼睛”“勾灵魂”的白描手段；丰满的人物形象具有典型的意义。

裘沙和王伟君两位艺术家以毕生精力用画笔“揭示鲁迅思想体系”，执着探索，苦心构思，大胆创造，以“理解的准确，表现的深刻，艺术的精湛”再现了鲁迅的世界。

(23)《呐喊》鲁迅

《呐喊》是鲁迅1918—1922年所作的短篇小说的结集，作品真实地描绘了从辛亥革命到五四时期的社会生活，揭示了种种深层次的社会矛盾，对中国旧有制度及陈腐的传统观念进行了深刻的剖析和比较彻底的否定，表现出对民族生存浓重的忧患意识和对社会变革的强烈愿望。

(24)《野草》鲁迅

《野草》一文写于“五四”后期，是鲁迅先生唯一的一部散文诗集。1927年7月由北京北新书局出版。收入1924—1926年所作23篇散文诗，书前有题辞一篇。以曲折幽晦的象征表达了20世纪20年代中期作者内心世界的苦闷和对现实社会的抗争。《这样的战士》《淡淡的血痕中》《一觉》等篇表达了对现实的失望与愤懑；《影的告别》《死火》《墓碣文》等篇描绘了对自我深刻解剖之后的迷茫心境；《希望》《死后》等篇写出了对未来的疑惧，深刻地表现出作者的人生哲学。语言俏奇瑰丽，意象玄妙奇美。

(25)《骆驼祥子》老舍

《骆驼祥子》是以北平（今北京）一个人力车夫祥子的行踪为线索，向人们展示军阀混战、黑暗统治下的北京底层贫苦市民生活于痛苦深渊中的图景。以祥子力图通过个人奋斗摆脱悲惨生活命运，最后失败以至于堕落的故事，告诫人们，城市贫农要翻身做主人，单靠个人奋斗是不行的。《骆驼祥子》问世，被译成十几国文字，产生了较大影响。

(26)《月牙儿》老舍

《月牙儿》全文以月牙儿为线索，作者以散文诗的笔法塑造了一个可怜、可敬、可叹的形象，描绘了一个丑恶而凄冷的旧社会，令人回味无穷。

(27)《茶馆》老舍

故事讲述了茶馆老板王利发一心想让父亲的茶馆兴旺起来，为此他八方应酬，然而严酷的现实却使他每每被嘲弄。最终被冷酷无情的社会吞没。经常出入茶馆的民族资本家秦仲义从雄心勃勃搞实业救国到破产；豪爽的八旗子弟常四爷在清朝灭亡以后走上了自食其力的道路。故事还揭示了刘麻子等一些小人物的生存状态。全剧以老北京一家大茶馆的兴衰变迁为背景，向人们展示了从清末到抗战胜利后的50年间北京的社会风貌及各阶层人物的不同命运。

(28)《四世同堂》老舍

小说在卢沟桥事变爆发、北平沦陷的时代背景下，以祁家四世同堂的生活为主线，形象、真切地描绘了以小羊圈胡同住户为代表的各个阶层、各色人等的荣辱浮沉、生死存亡。作品记叙了北平沦陷后的畸形世态中、日寇铁蹄下广大平民的悲惨遭遇，那一派古老、宁静生活被打破后的不安、惶惑与震撼，狠狠地鞭挞了附敌作恶者的丑恶灵魂，揭露了日本军国主义的残暴罪行，更反映出百姓们面对强敌愤而反抗的英勇无畏，讴歌、弘扬了中国人民伟大的爱国主义精神和坚贞高尚的民族气节，史诗般地展现了第二次世界大战期间，中国人民为世界反法西斯战争做出的杰出贡献，气度恢宏，可歌可泣。

(29)《子夜》茅盾

《子夜》是茅盾最优秀的社会分析小说。通过对民族资本家吴荪甫等人物的刻画，展示了20世纪30年代初中国社会生活的广阔画卷，史诗性他再现了中国民族工业在帝国主义、买办资产阶级、统治阶级重压下的悲剧命运。民族资本家吴荪甫具有双重性格：一方面强大、自信、有抱负、有手腕；另一方面却软弱、空虚。一方面对帝国主义、买办资产阶级、封建官僚不满；另一方面又敌视工农。节选片段中，细致地描写了他在走向失败过程中的挣扎与抵抗，表现了他外强中干、似强实弱的个性特征。

(30)《蚀》茅盾

《蚀》包括三个略带连续性的中篇：《幻灭》《动摇》《追求》，以大革命前后某些小资产阶级知识青年的思想动态和生活经历为题材。

《幻灭》写的是革命前夕的上海和革命高潮中的武汉。女主人公章静情感脆弱而富于幻想。她缺乏斗争的勇气、意志软弱。她对生活容易燃起希望，也容易感到失望。章静讨厌上海的喧嚣和“拜金主义化”，在读书和爱情两方面都感到了幻灭。为革命形势所鼓舞，她来到革命中心武汉。她换了三次工作，但是每次都“只增加些幻灭的悲哀”。章静抱着这种脆弱的感情和幻想，寻求个人心灵的寄托和安慰，结果是一次又一次地感到幻灭，这些都反映了革命浪潮冲击下某些知识分子共同的特点和命运。

《动摇》写的是大革命时期武汉附近一个小县城的故事。作为革命联盟的国民党县党部负责人方罗兰，在革命形势急剧变化的时候，动摇妥协，助长了反革命的气焰。他知道混入革命内部的胡国光的罪恶而不敢揭露和斗争，他害怕人民群众的力量。当革命遇到挫折的时候，他不但束手无策，而且为了个人的安全而决定离开革命。胡国光是一个“积年的老狐狸”，他利用种种卑污手段混进革命阵营，用伪装的革命面具掩盖自己的投机破坏行为。关于革命者李克，用墨不多，但多少勾勒出他的敏锐果断、不屈不挠的革命精神。当革命危机已经显露的时候，李克以特派员的身份来到这个县城，是他指出了这个县过去工作的病根，是他冒着生命的危险去说服那些被胡国光所欺蒙和煽动了的群众，是他当革命遭受了失败，把革命的武装力量转移到南乡去准备继续战斗。正是由于这些斗争生活的反映，由于李克这个人物的出现，《动摇》成为三部曲中低沉气氛最少的一部。

《蚀》的第三部《追求》，如茅盾在《读〈倪焕之〉》中所说，意图在于“暴露一九二八年春初的知识分子的病态和迷惘”。其中所写的人物，在革命高潮期间都曾有过一度的昂奋，当革命处于低潮、白色恐怖笼罩全国的时候，他们既不肯与反动派同流合污，但又囿于阶级的局限，认不清自己的正确道路，故虽各有所追求，而最终都不免于失败。张曼青的“教育救国”和王仲昭的“新闻救国”的道路没有走通；章秋柳只能在官能享受的自我麻醉中毁灭着自己，也毁灭着别人；另一人物史循，则由怀疑、颓废以致求死不得。“理想与事实不相应合”，是这些人在“追求”失败后得出的共同结论。

(31)《春蚕》茅盾

小说叙述了中国浙东蚕农在帝国主义军事、经济的侵略下，一步步陷入破产的悲惨经过。在艺术上，影片以真实自然、生动细腻的笔触描绘了蚕农老通宝一家勤劳纯朴、忠厚善良的品质和艰苦劳动、奋斗求生的精神。

(32)《林家铺子》茅盾

《林家铺子》以1932年“一·二八”上海战争前后的江浙农村为背景，那时外受日本帝国主义的军事、经济侵略，内有国民党官吏的敲诈、地主高利贷的剥削，社会动乱，民不聊生。小说透过林家铺子的倒闭，反映了民族商业破产的厄运。由《春蚕》《秋收》《残冬》组成的农村三部曲，每篇各自独立又前后衔接，时代背景和《林家铺子》基本相同，反映了广大农民随着苦难的加深而逐渐觉醒、抗争的过程。以老通宝为代表的老一辈，希图用诚实、勤奋的劳动来改变厄运、换取生存的梦想已经破灭，而以多多头为代表的青年一代，在严酷现实面前终于觉醒，最后走上武装反抗的道路，昭示了中国农村革命发展的必然趋势。

(33)《爱情三部曲》巴金

《雾》

内容梗概：周如水从日本留学归来，他认为建设乡村比城市重要。周如水在旅馆巧遇从前仰慕过的女子张若兰，一个美丽温柔的“小资产阶级女性”。双方互有好感，但周如水没有勇气表白。他的两个朋友来看望他，一个是叛离了温暖富裕的家庭，以一种苦行僧式的生活为事业献身的陈真，另一个是有着幸福的家庭生活的吴仁民，两人都鼓励他从狭窄的爱情中挣脱出来。

周如水在家乡有个没有爱情的丑妻，是他十七岁时父母为他娶的，为此他拒绝了几次可能的幸福。陈真告诉张若兰真相，鼓励她主动向周表白并帮助他摆脱家庭束缚。周如水此时接到父亲来信，说其母病想见他，并要求他回去当官，软弱的周如水拒绝了张若兰的爱情，但也没有勇气回家。

一年后，周如水又回到这个旅馆，此时他才接到家信得知家中妻子早于两年前病死，但张若兰早已离去，只剩下他在海边独自悔恨。

《雨》

内容梗概：两年后的上海，吴仁民的妻子已经病死，陈真被汽车撞死。

此时张若兰已经嫁给一个大学教授，周如水又爱上了另一个被称为小资产阶级女性的李佩珠。吴仁民对周冷嘲热讽，但自己很快也坠入情网，恋上他从前帮助过的女学生熊智君。但吴仁民很快发现熊智君的好友就是自己从前的恋人玉雯，她因为爱慕荣华富贵而抛弃过他，现在又因为孤独想与他重续旧好，吴仁民痛苦地拒绝了她。

李佩珠决心做一个革命女性，拒绝爱情，周如水在绝望中投水自杀。吴仁民也得到玉雯自杀的消息，熊智君为了保护他抱病嫁给了玉雯的丈夫——一个军阀，并留信鼓励他追求事业。吴仁民在悲愤中终于振作了起来。

《电》

三年后的福建，李佩珠和她的朋友们在这里组成一个革命团体。吴仁民也来到这里，此时他已经成为一个成熟的革命者，他与李佩珠之间产生了爱情。但很快，革命事业遭到沉重打击，不断有成员被捕被杀，他们中的一员敏无法忍受失去同志的悲愤，走上了暗杀的道路，但暗杀没有成功，他自己却遇难。

佩珠父亲在上海突然失踪，她委托吴仁民回上海寻找，自己留下来继续朋友未完成的事业。

(34)《父与子》[俄] 屠格涅夫

《父与子》描写的是父与子冲突的主题。这一冲突在屠格涅夫笔下着上了时代的色彩。巴扎罗夫代表了19世纪60年代的年青一代——激进的平民知识分子，而巴威尔和尼古拉则代表了保守的自由主义贵族的老一代人。当然，在对待年轻人的态度上，父辈中的人们态度各有不同，尼古拉比较温和，希望理解子辈，想跟上时代，只是不太成功。巴威尔则固执己见，信奉贵族自由主义，对年轻人的反叛耿耿于怀。父与子的冲突在广义上表现为巴威尔和巴扎罗夫之间的对立，由此，在巴扎罗夫身上塑造了时代“新人”的形象。

(35)《芦花荡》孙犁

小说虽然描写的是抗日战争的事情，但是并没有直接写战争的激烈、残酷，而是把笔墨集中在普通百姓的夫妻之情、家国之爱上。这些善良、纯真的人们在战争环境中闪耀出人性的光辉，表现了人民不畏强暴、保卫家园的精神状态。侵略战争是反人性的，反抗侵略者的人们以纯美的人性、崇高的人格，在精神上已经战胜了侵略者。这是抗战胜利的精神源泉。

(36)《春风沉醉的晚上》郁达夫

《春风沉醉的晚上》创作于1923年7月。当时，作者受到革命形势的影响，已接触了马克思主义。因此，他的目光也开始从先前较多地注视知识分子狭小的圈子，转移到更广大的劳动人民。在作品中，他开始有意识地表现下层劳动者，描绘他们的苦难，表现他们的抗争，歌颂他们的品德，揭示他们不幸遭遇的根源。

(37)《风云初记》孙犁

《风云初记》以滹沱河两岸的子午镇和五龙堂为背景，以高、吴、田、蒋四姓五家的关系为线索，描写抗日战争初期冀中平原上各个阶级的生活和思想，展示出冀中人民在共产党领导下，建立抗日武装、组织抗日政权的伟大斗争精神和爱国思想。

(38)《太阳照在桑干河上》丁玲

《太阳照在桑干河上》写的是1946年华北农村的土地改革斗争。这部小说以桑干河边暖水屯为背景，真实生动地反映了土改中农村尖锐复杂的阶级斗争，展现出各个阶级不同的精神状态，让读者看到中国农民在共产党领导下已经踏上了光明大道。

(39)《李有才板话》赵树理

这部小说准确真实地描写了特定历史条件下的农村“政治生活的横断面”，反映了农村各阶层人物的心理变动，赢得了“反映农村斗争最杰出的作品，也是解放区文艺的代表之作”的赞誉。

(40)《小二黑结婚》赵树理

《小二黑结婚》描写的是根据地一对青年男女小二黑和小芹，冲破封建传统和落后家长的重重束缚，终于结为美满夫妻的故事。

(41)《暴风骤雨》周立波

《暴风骤雨》是与丁玲的《太阳照在桑干河上》并驾齐驱的反映土地改革的经典著作。它以东北地区松花江畔一个叫元茂屯的村子为背景，描绘出土地改革这场波澜壮阔的革命斗争的画卷，把中国农村冲破几千年封建生产关系的束缚发生的翻天覆地的变化展现在读者的面前，热情地歌颂了中国农民在共产党领导下冲破封建罗网，朝着解放的大道迅跑的革命精神。

(42)《山乡巨变》周立波

从反映的历史内容和典型意义上来看，《山乡巨变》是《暴风骤雨》的续篇。它由正、续篇组成，完整地描写了湖南省一个叫清溪乡的农业生产合作社从初级社到高级社的发展过程，艺术地展现了合作化运动前后，中国农民走上集体化道路时的精神风貌和新农村的社会面貌，剖析了农民在历史巨变中的思想感情、心理状态和理想追求，从而说明农业合作化是中国农村的第二次暴风骤雨。如同《暴风骤雨》一样，《山乡巨变》同样具有鲜明的时代感。

(43)《创业史》柳青

《创业史》以梁生宝互助组的发展历史为线索，通过对蛤蟆滩各阶级和各阶层人物之间尖锐、复杂的斗争的描写，深刻地表现了我国农业社会主义改造运动中农村阶级关系及各阶层人与人之间关系的新变化、新排列、新组合，完整地展示出我国农业合作化的历史风貌和农民群众精神世界的巨变，特别是他们对待千百年遗留下来的私有制所持的立场和感情的飞跃。

(44)《红旗谱》梁斌

《红旗谱》以朱老忠、严志和两家三代的历史和冯老兰一家两代的历史为主线，揭示出农民阶级同反动统治阶级以及日本帝国主义的尖锐对立、农民和中国共产党所领导的民主革命的血肉关系，再现了中国农民走向革命的历程。可以说，这是一部描绘农民革命斗争的壮丽史诗。

(45)《李自成》姚雪垠

作者以“深入历史与跳出历史”的原则，描写了距今300多年的错综复杂的历史进程和波澜壮阔的农民起义。小说以明末李自成领导的农民起义军由弱小变强大，转败为胜推翻明王朝统治、抗击清军南下为主要线索，多角度、多侧面、多层次地再现了明末清初风云变幻的历史风貌和农民起义军从胜而败的悲剧结局，揭示了农民战争和历史运动发展的规律。

(46)《大墙下的红玉兰》从维熙

小说选取独特的角度，从“文化大革命”时期的一个监狱里发生的故事入手，正气凛然地揭露了十年浩劫时期是非颠倒、鬼蜮横行的黑暗现实。作者不是一般地揭露黑暗，事件的发展紧紧地与悼念人民的好总理周恩来联系在一起，因此，展现在读者面前的不仅有黑暗与邪恶，更有光明与正义。整个作品具有邪不压正的震撼人心的力量。

(47)《刘胡兰传》马烽

这本书不仅让读者看到伟大的时代的力量、党的力量、毛泽东思想的力量使刘胡兰从一个普通农村姑娘成长为真正的无产阶级英雄，而且还让人们更加具体真切地了解了刘胡兰“生的伟大，死的光荣”的深刻内涵。

(48)《黄河东流去》李准

《黄河东流去》以20世纪三四十年代黄泛区人民的苦难史为背景，艺术地再现了黄河流域勤劳、质朴、侠义的农民的历史命运，热情地讴歌了他们那黄金般可贵的品质和纯朴美好的感情，挖掘出中华民族的伟大魂灵。作者成功地塑造了李麦、徐秋斋、海老清、蓝五、王跑等典型形象。在艺术上作者将中国古典小说的叙事方式同外国小说的某些富有表现力的技巧很好地结合起来。在描写上，既有白描的硬功夫，又有外国小说心理描写方面的长处，使这部小说成为杰出的土洋结合之作。

(49)《艳阳天》浩然

《艳阳天》是最能显示浩然20世纪五六十年代创作风格和艺术成就的代表作。它通过京郊东山坞农业生产合作社麦收前后发生的一系列矛盾冲突，勾勒出农业合作化时期蓬蓬勃勃的生活画卷，精细地刻画了农村各阶层人物的精神面貌和思想性格，热情地歌颂了在大风大浪中成长起来的新生力量。

(50)《保卫延安》杜鹏程

小说出色地反映了解放战争中著名的延安保卫战。作者以解放军主力纵队的一个英雄连参加青化砭、蟠龙镇、榆林、沙家店等战役为主线，以主要人物周大勇的英雄事迹为中心，围绕西北战场解放军与国民党军队的浴血拼搏，描绘了一幅人民战争的历史画卷。

——来源：由作者根据相关资料整理

【活动 2】观红色电影，写心得体会——回望历史，缅怀英烈

红色电影记录了革命前辈、革命烈士的光荣事迹，以艺术的手段再现了英烈的精神，集中反映了中国共产党带领全国人民进行革命、建设及实现民族伟大复兴的光辉历程。因此，为了在教学中充分发挥红色资源的育人功能，要组织学生观看 3 ~ 4 部红色经典影片，让其以“回望历史，缅怀英烈”为主题，撰写心得体会，使其在直接、深入地感受中国精神的基础上继承革命前辈艰苦朴素、自强不息的奋斗精神，自觉投身到中华民族伟大复兴的实践中。

【资料】中国红色经典电影

六十多年前，新中国诞生了首部影片《桥》。斗转星移，岁月流金，一路放映而来的红色经典电影，或黑白，或彩色，深深感染着千百万名电影观众，它们描绘了伟大的中国共产党波澜壮阔的革命历程，再现了为党的事业英勇奋斗的共产党人形象。当记忆的纽带链接起那如梦如幻的岁月时，根深蒂固于脑海里的经典电影便一一浮现，尤其那些鲜活的、勾起人们情感共鸣的经典台词一定又会脱口而出。

1.《南征北战》

导演：汤晓丹　成荫

上映年份：1952

点评：导演把一个庞大繁杂的战争题材表现得明快流畅。显示了处理大题材、大场面的艺术才能，同时也为今后驾驭重大题材积累了经验。在人物塑造、语言的提炼上作了有益的探索，并尝试用对比蒙太奇的手法，力求对解放军指战员和敌军将领在决战中的心理活动加以表现和对照。它在把握战争场面的气势、战役的规模和表现战略决策及军事思想等方面，都达到了一个新的水平。

2.《上甘岭》

导演：沙蒙

上映年份：1956

点评：这是第一部表现抗美援朝战争的影片，它取材于著名的上甘岭战役。编导对战役进程、战斗故事进行了精心的剪裁和表现，将这场气壮山河的战役真实地烘托出来。他把视点投向一条坑道和一个连队，塑造了英勇善战、不怕牺牲的志愿军英雄群像。影片多用富于个性特征的动作、语言刻画人物，如张连长，既有英雄气概，又有普通人的喜怒哀乐，是一个十分成功的基层指挥员的形象。影片的节奏处理也颇具匠心，既有紧张激烈的战斗场景，又有舒缓深沉的抒情段落，二者妥帖地交织在一起，引人入胜。环境气氛和物件细节的创造性运用，也增添了影片的真实性和生动性。本片插曲《我的祖国》在渲染气氛、表现主题上起到了重要作用，流传甚广。

3.《青春之歌》

导演：陈怀皑　崔嵬

上映年份：1959

点评：影片根据杨沫的同名小说改编，生动细致地刻画了主人公林道静在复杂的民族矛盾和阶级矛盾中的成长过程，深入剖析了她的精神面貌和个性；片中所展现的“林道静的道路”，也正是那个时代进步青年知识分子普遍所经历的曲折历程的“缩影”。该片是崔嵬执导的第一部影片，他的导演才华在影片中得到充分的体现。北影厂为拍摄此片配备了顶级的工作人员阵容，众多明星如秦怡等也在片中甘做绿叶。片中林道静的饰演者谢芳几经挑选脱颖而出，并成功完成了角色创造。影片问世以来，取得巨大成功，产生了相当广泛的影响。

4.《红色娘子军》

导演：谢晋

上映年份：1961

点评：该片获第一届“百花奖”最佳故事片奖、最佳导演奖、最佳女演员奖、最佳男配角奖；1964年第三届亚非电影节“万隆奖”；1995年“中国电影世纪奖”。影片以第二次国内革命战争时期海南红色娘子军的斗争业绩为素材，围绕吴琼花从奴隶成长为共产主义战士的经历，用写实的手法突出反映了旧社会妇女的苦难以及在反抗和斗争中的成长。影片很好地把握了女主人公吴琼花勇敢倔强、深沉善良的性格，塑造了红军干部洪常青高大光辉的英雄形象，成为那个时代的全民偶像，具有较丰富的思想内涵和强烈的艺术感染力。

5.《小兵张嘎》

导演：崔嵬/欧阳红樱

上映年份：1963

点评：这是一部很有特色的儿童军事题材影片。它通过寓意丰富的细节安排和少年儿童所特有的心理活动的描写，真实自然地塑造了一个性格鲜明的少年英雄形象。主人公一身“嘎气”，倔头犟脑却又聪慧勇敢。编导紧紧把握住分寸，不让他超出时代及儿童的特点，使之令人信服。具有含蓄和抒情意味的白洋淀风光，烘托出小主人公成长的环境与氛围。张嘎及片中其他几个纯朴可爱的儿童形象，影响了几代小观众。本片导演手法纯熟，画面流畅富有韵味，在同类题材的电影创作中具有典范意义。

6.《地道战》

导演：任旭东

上映年份：1965

点评：本片是当时活学活用毛泽东思想的典型，显示了人民战争的巨大威力和无穷智慧。本片不仅仅是军事题材的战争片，更是充满幽默趣味的、有浓厚生活气息的、具有喜剧色彩的故事片。塑造了众多可亲可爱的英雄形象，妙趣横生的对白和旁白增强了艺术感染力。此外，昂扬乐观的音乐基调，也增添了影片的魅力，实在是红色经典中的经典。

7.《闪闪的红星》

导演：李俊/李昂

上映年份：1974

点评：这是一部较优秀的儿童片，根据李心田同名小说改编。该片曾在第二次“全国少年儿童文艺创作奖”评奖活动中获二等奖。它以在20世纪30年代艰难困苦的环境中成长起来的少年英雄潘冬子为人物中心安排情节，设置矛盾，体现了主人公在党和前辈的教育、帮助下，逐渐成熟起来的过程，将他爱憎分明、不畏艰险、机智勇敢、纯洁质朴的性格特征刻画得比较突出。该片利用电影手段，将许多画面点染成深远的意境，比如，用红军帽上的红星，象征革命和希望，寄托了少年主人公对红军父亲的思念和追随革命的信念。影片有着浓郁的抒情气息，清新而不失凝重。片中插曲格调昂扬向上，节奏鲜明，有力地烘托了影片主题。

8.《小花》

导演：黄健中　张铮

上映年份：1979

点评：该片获文化部1979年优秀影片奖；获1980年第3届电影百花奖最佳故事片奖、最佳女演员奖（陈冲）、最佳摄影奖、最佳音乐奖；获南斯拉夫1980年第9届“为自由而斗争”电影节最佳女演员奖（陈冲）。影片根据小说《桐柏英雄》改编。它把战争作为背景，把战争年代里人民的生离死别作为主线，淋漓尽致地抒发了兄妹情、母女情。影片较早地在电影语言的现代化上进行了尝试，以新颖的艺术表现手法吸引了广大观众。它打破了传统的叙事方法和时空概念、不按情节的逻辑叙事，而是将兄妹三人的情感以及他们意识中的闪念和回忆相互交织、穿插，以表现剧情。它表达了创作者对生活独到的见解，不拘泥于实际生活，注重从情感和意境入手，追求更深刻的真实。它采用黑白片和彩色片互映互衬、以“意识流”的手法刻画人物心理活动，利用电影声画对立和对位的关系来组接情节等手段，取得了令人耳目一新的效果。

9.《开国大典》

导演：李前宽　肖桂云

上映年份：1989

点评：影片用全景历史的视角，将庞杂的历史提炼和概括为一部波澜壮阔的英雄史诗，把中国新民主革命的胜利、新中国的诞生用胶片再度展现在人们的面前。影片规模宏大、历史人物众多、历史事件交替发生，领袖形象真实饱满，思想内容深刻，是在那个历史条件下难得一见的好作品，反映了编导高超的艺术水平。

10.《大决战》三部曲

第一部：辽沈战役

导演：李俊　杨光远

上映年份：1991

点评：影片从史实出发，深入挖掘历史人物深刻的内心活动，表现出了毛泽东、林彪等人的军事才能和解放军的历史功绩，相较于以往革命战争电影，在场面设计和人物造型上都属于上乘之作，问世时便以其宏大的战争场面引起强烈反响；加之影片对于人物的细腻刻画，该片在观赏性和艺术性方面均取得了不错的效果。

第二部：淮海战役

导演：李俊　蔡继渭

上映年份：1991

点评：影片真实地再现了战争的残酷，详细描绘了解放军的指挥官的高明和战士的英勇善战。许多战争的场景都有可看可取之处，历史地艺术地把十分复杂的战争场景，通过电影的手法进行了诠释，让人们感受到了战争影片的独特魅力。

第三部：平津战役

导演：李俊　韦廉

上映年份：1992

点评：影片深入刻画了中共中央领导人的政治大智慧，也表现了傅作义既深明大义，又不甘心轻易退出历史舞台的心理。同时，电影也表现出了在中国共产党领导下的解放军英勇善战、不怕牺牲的精神；历史地再现了解放天津的部分史实，让人们了解到了真实的战争场面。

——来源：由作者根据相关资料整理

【活动3】课堂情景剧——重温红色经典，激扬热血青春

组织开展“重温红色经典，激扬热血青春”课堂情景剧活动，学生从经典书籍和电影中选取出某个精彩的片段，用小品、话剧等多种形式来演绎。通过回味和演绎红色经典这种情景交融、寓教于乐的课堂情景剧形式，使学生进一步了解中国革命的历程，激发学生爱国、爱党、爱社会主义的情怀。

【活动4】参观爱国主义教育基地——觅红色足迹，缅先烈壮举

组织学生参观爱国主义教育基地；活动结束后，要求学生以班为单位进行交流，感受革命先烈的爱国主义精神，自觉弘扬以爱国主义为核心的民族精神。

【项目九】　聚焦时事热点——南京大屠杀死难者国家公祭仪式

在讲授大力弘扬和培育民族精神时，播放新闻视频《南京大屠杀死难者国家公祭仪式》。2014年12月13日是中国首个南京大屠杀死难者国家公祭日，党和国家领导人在南京大屠杀纪念馆与全国人民共同悼念死难者同胞。国家公祭日的高规格纪念让那段历史和战争苦难者得到尊重和缅怀，是一次民族精神、民族魂的张扬和讴歌。通过观看视频教育学生勿忘国耻、敬畏生命、珍视和平。

【资料1】南京大屠杀基本历史介绍

南京大屠杀是侵华日军公然违反国际条约和人类基本道德准则，于1937年12月13日至1938年1月的六周内，在当时的中国首都南京纵兵屠杀无辜的罪恶行径，其手段野蛮残忍，且奸淫、掠夺、焚烧和破坏并举。其间，南京三分之一的建筑被毁坏，市内发生两万多起强奸、轮奸的暴行，无数公私财物被掠夺，文化古都遭受了一场空前的劫难。这一惨绝人寰的历史事件，是日军在侵华战争期间无数暴行中最突出、最有代表性的一例。

南京大屠杀期间，《纽约时报》《中央日报》《新华日报》等中外媒体，均对南京大屠杀进行了大量的揭露。留在南京的外籍人士以及陆续回到南京的外国使馆人员还秘密地将日军在南京的暴行拍摄下来，成为留存至今的有关南京大屠杀的动态画面。当年亲身经历日军暴行的南京军民，留下了大量的受害证言。当年参与南京大屠杀的日军官兵，也留下了大量的加害记录。战后，中国国民政府对南京大屠杀进行了广泛的调查。设在东京的远东国际军事法庭和设在南京的中国审判战犯军事法庭均对南京大屠杀专案审理，对南京大屠杀案做了法律的定论，分别判处松井石根、谷寿夫等战犯绞刑和死刑。其中，南京审判战犯军事法庭经调查判定，日军集体屠杀有28案，屠杀人数有19万人；零散屠杀有858案，死亡人数有15万人。死亡人数达30多万人，制造了惨绝人寰的特大惨案。

——来源：由作者根据相关资料整理

【资料2】南京大屠杀死难者国家公祭鼎铭文

泱泱华夏，赫赫文明。仁风远播，大化周行。
洎及近代，积弱积贫。九原板荡，百载陆沉。
侵华日寇，毁吾南京。劫掠黎庶，屠戮苍生。
卅万亡灵，饮恨江城。日月惨淡，寰宇震惊。
兽行暴虐，旷世未闻。同胞何辜，国难正殷。
哀兵奋起，金戈鼍鼓。兄弟同心，共御外侮。
捐躯洒血，浩气干云。尽扫狼烟，重振乾坤。
乙酉既捷，家国维新。昭昭前事，惕惕后人。
国行公祭，法立典章。铸兹宝鼎，祀我国殇。
永矢弗谖，祈愿和平。中华圆梦，民族复兴。

和平宣言

巍巍金陵，滔滔大江，钟山花雨，千秋芬芳。
一九三七，祸从天降，一二一三，古城沦丧。
侵华倭寇，掳掠烧杀，尸横遍野，血染长江。
三十余万，生灵涂炭，炼狱六周，哀哉国殇。
举世震惊，九州同悼，雪松纪年，寒梅怒放。
亘古浩劫，文明罹难，百年悲叹，警钟鸣响。
积贫积弱，山河蒙羞，内忧外患，国破家亡。
民族觉醒，独立解放，改革振兴，国运日昌。
前事不忘，后事之师，殷忧启圣，多难兴邦。
七十七载，青史昭彰，生生不息，山高水长。
二零一四，国家公祭，中外人士，齐聚广场。
白花致哀，庄严肃穆，丹忱抒写，和平诗章。
大道之行，天下为公，大德曰生，和气致祥。
和平发展，时代主题，民族复兴，世代梦想。
龙盘虎踞，彝训鼎铭，继往开来，永志不忘。

——来源：新华网南京12月13日电

【项目十】　专题演讲活动——行动践履爱国

结合“做忠诚的爱国者”的教学内容，以“行动践履爱国”为主题，举办爱国主义演讲比赛，使学生认识到爱国不是抽象的，而是具体和务实的。爱国情感、爱国思想只有转化成理性的爱国行为，才能真正在学习和生活中践行爱国主义，做一名忠诚的爱国者。

【资料】**80 后深山造核武：这里没有精致的利己主义者**

80 后深山造核武:这里没有精致的利己主义者

这群深山造核的年轻人，他们在改革开放和繁荣的市场经济环境下出生，在坐拥全球风云的互联网世界长大，他们大多毕业于名校，但他们是否能如老一代科学家那样“深藏功与名”，耐得住山沟里的寂寞，继承下那辉煌且沉重的执剑人衣钵?

中物院是一个什么样的存在?

对很多人而言，这里不为人知。而事实上，这里影响着这个国家的所有人。

中国工程物理研究院，被熟悉的人尊称为“核九院”，这个中国唯一的核武器研制生产基地，实现了原子弹、氢弹、核武器小型化等一系列重大跨越。它保障和支撑着我国的战略核威慑能力，是奠定我大国地位的“定海神针”。

在崎岖重叠的西南大山环抱中，这支隐秘强大的科研力量已默默存在了近 60 年。于敏、钱三强、王淦昌、邓稼先、朱光亚、陈能宽、周光召、郭永怀、程开甲、彭桓武等“两弹元勋”，曾战斗在这里，用强大科研实力护佑着祖国的和平和安宁。

斯人已逝，名将渐老。面对波谲云诡的全球大势和建设世界强国的新征程，新一代的“核九院”接班人，他们是谁? 他们是怎样的一群人?

日前，记者走进中国工程物理研究院，走近“核九院”的年轻人。

国家级实验装置神龙二号，是我国核武器闪光照相技术发展的一个重要里程碑。图由中国工程物理研究院提供

驾驭神龙二号的人

“哗啦啦啦”，一个大型的卷帘门应声而起。给记者开门的，是身形单薄、穿着半旧夹克的 80 后何小中。

这个文弱书生是清华博士。

貌似“车库”的门内，是一个足以让人自叹渺小的宏大空间。神龙二号，国家级实验装置如一条巨型的“神龙”盘踞在此，裹挟着奔涌而至的万千能量。

在一个个像钢铁兵马俑一样列阵排开的供电装置面前，何小中介绍起神龙二号，眼里瞬时有了光——他就像这支庞大军团的指挥官，信心十足。

他第一次来中物院是大四时，当时还是神龙一号，何小中被瞬间击中:“如果我能在这里……”

时隔 11 年的今天，他已经是神龙二号的驾驭者之一。何小中和这个团队八九十位成员一起，在前人探索基础上，完全自主地设计建造了这支“钢铁军团”。

科研大国逐鹿天下。神龙二号是直线感应加速器，我国核武器闪光照相技术发展的一个重要里程碑。何小中们站在核科技的最前沿。美国研制的强流脉冲加速器目前能拍 4 张照片，但是脉冲跨度无法扩大。而神龙二号的技术路线是独创的，可瞬间拍 3 张照片，与神龙一号结合也能拍 4 张。同时，在许多参数上要比美国装置更强，性价比更高。“听说美国即将新建类似装置，也在参照我们的技术路线。”何小中很自豪。

如果用当下互联网创业市场的套路评价，何小中这样的技术精英，应该是身家千万上亿，西装革履在五星级酒店融资 ABCD 轮的“青年才俊”。

不过，用市值给这些年轻人和他们的事业标价，恐怕无论多高，都显得廉价。

这里没有精致的利己主义者

一年 365 天，北大博士法涛和他的同事起码 220 多天都远离家人，工作在大山深处。

每个周五，天擦黑了，下班出山的大巴，首尾相接，在山高路窄的偏僻大山里蔚为壮观。

任务来了，很多人几个月不能离沟。回家，是这里最美的词。

这些喜欢逆流而上钻山沟的 80 后技术骨干和室主任们，每个人都有炫目的文凭，都有广阔的国际视野，选择钻人这崇山峻岭，为什么呢?

在中物院流传着一个“归去来”的故事。祝文军大学毕业来到中物院，5 年后，他去复旦读博，再去香港工作。可香港 3 年的时光令他发现，那里虽然能接触更多前沿内容，但是做材料的人太多。他又回来了，“我喜欢做独一无二的事，而中物院具有独一无二的科研条件”。

九院的博士们最自豪的是:高校老师想做实验、拿数据，都要排队找设备、借地方，而在他们这里，有世界一流的设备、最棒的实验室，不需要排队等、费劲协调才能用。

不可避免地，海归会有一些水土不服。但这些 80 后想得很清楚，他们没有白皮肤和那些国家的基础教育，很难登上他国的核心舞台。只有在自己的祖国才可能进人科技的中枢，只有自己的祖国走向强大，才能把格局与底蕴赐予优秀子孙。

“所谓精致的利己主义者，这里肯定不适合。”留学博士张龙说，但你想搞点事、干事业，就不需要犹豫。

六十年，三代人

青海草原、戈壁荒漠、深山沟里，二十世纪五六十年代，一批活泼的年轻人，为中国核工业事业开疆拓土、留下伟业。

他们是核九院的奠基者，是那个时代新中国能够调配的“最强大脑”。朱光亚、邓稼先、于敏、周光召们，那时正当年。在正确的时间正确的地点，正是国家的一声号召，他们便义无反顾:“搞个大炮仗，让祖国真正站起来!”

蓝可是于敏带的唯一的博士。“真是天佑我中华，当年在国家最危险的时候，能在西部荒原集中这么一批优秀的青年，把‘两弹’搞出来!”在蓝可眼里，自己这些 60 后 70 后是承上启下的一代。虽然可能无法超越老师，但责任重大，“必须把老一代的精神传承下来”。

今天，在核禁试的时代，简单说就是转入实验室里探索武器物理规律，过去的核爆走向微观。在核领域的攀登之路更艰险了。

于敏常对后辈们说:“我们从无到有，很难;你们现在走向微观可控，更难! 这是第二次创业。”

如今，年轻学霸们越来越意识到自己肩上的担子。他们开始关掉那些庸俗成功学的体系接口，把“一时挠不着的生活奇痒”真正放下。过去一边沉迷魔兽游戏一边搞研究也能出成绩的聪明头脑们，开始无暇个人生活了。大浪淘沙，风雨砥砺，留下的，就是纯金的颗粒。

(《中国青年报》2018.4.17)

——来源:《中国青年报》，2018－04－17

实践教学应注意的问题

1. 新时期的爱国主义是一个树立正确国家观念的问题，必须让学生通过查阅相关资料了解历史事实，进行思考和辩论，深刻认识到在当代中国，爱国主义是爱国、爱党、爱社会主义的有机统一。

2. 爱国者是一个侧重于行为实践层面的问题。教师必须在实践教学过程中运用合适的例证，引导学生将爱国主义观念落实到实践行动上，鼓励学生勇于将爱国的热情转化为积极的行动，激励大学生以合适的方式来表达爱国情感。

学习单元四

践行社会主义核心价值观

第四章的主题是社会主义核心价值观，以“践行社会主义核心价值观”为章题。社会主义核心价值观是当代中国精神的集中体现。这一章与上一章即“弘扬中国精神”紧密衔接，是新版教材新增的一章。这一章共设三节，分别是“全体人民共同的价值追求”“坚定价值观自信”“做社会主义核心价值观的积极践行者”，着力引导大学生增进对社会主义核心价值观的理解、认同、确信和践行自觉。在这一章中，阐述了社会主义核心价值观与社会主义核心价值体系的密切关联，呈现了社会主义核心价值观的基本内容及其弘扬践行的重大意义，也对社会主义核心价值观自信问题做出了相应的探讨，强调坚定核心价值观自信，是中国特色社会主义道路自信、理论自信、制度自信和文化自信的价值内核；社会主义核心价值观丰厚的历史底蕴、坚实的现实基础、强大的道义力量为我们坚定核心价值观自信提供了充分的理由。全章落脚于践行上，强调大学生要坚持由易到难、由近及远，从现在做起，从自己做起，努力把社会主义核心价值观内化为自己的精神追求，外化为自觉的实际行动，从一开始就把人生的“扣子”扣好。

知识点

1. 社会主义核心价值观的基本内容
2. 提高国家文化软实力
3. 社会主义核心价值观的历史底蕴

重点难点剖析

一、社会主义核心价值观的基本内容

富强、民主、文明、和谐。坚持和发展中国特色社会主义、实现中华民族伟大复兴的中国梦，凝结着中华民族和中国人民对富强、民主、文明、和谐的价值追求。这一价值追求回答了我们要建设什么样的国家的重大问题，揭示了当代中国在经济发展、政治文明、文化繁荣、社会进步等方面的价值目标，从国家层面标注了社会主义核心价值观的时代刻度。

自由、平等、公正、法治。自由、平等、公正、法治，反映了人们对美好社会的期望和憧憬，是衡量现代社会是否充满活力又和谐有序的重要标志。这一价值追求回答了我们要建设什么样的社会的重大问题，与实现国家治理体系和治理能力现代化的要求相契合，揭示了社会主义社会发展的价值取向。

爱国、敬业、诚信、友善。爱国才能承担时代赋予的使命，敬业才能创造更大的人生价值，诚信才能赢得良好的发展环境，友善才能形成和谐的人际关系。爱国、敬业、诚信、友善，这一价值追求回答了我们要培育什么样的公民的重大问题，涵盖了社会公德、职业道德、家庭美德、个人品德等各个方面，是每一个公民都应当遵守的道德规范。有了这样的价值追求，人们才能更好地处理个人与国家、社会、他人的关系，不断提升自己的人生境界。

二、当代中国发展进步的精神指引

坚持和发展中国特色社会主义的价值遵循。

提高国家文化软实力的迫切要求。

增进社会团结和谐的最大公约数。

三、坚定价值观自信

中华优秀传统文化是涵养社会主义核心价值观的重要源泉，是中华民族的精神命脉。

培育和弘扬社会主义核心价值观，必须立足中华优秀传统文化。

中国特色社会主义建设是社会主义核心价值观的实践根据。

中国特色社会主义建设也以无可辩驳的事实生动展示着社会主义核心价值观的生机活力。

社会主义核心价值观的先进性，体现在它是社会主义制度所坚持和追求的核心价值理念。

社会主义核心价值观的人民性体现在它所代表的最广大人民的根本利益、反映的最广大人民的价值诉求，引导着最广大人民为实现美好社会理想而奋斗。

社会主义核心价值观的道义力量还源于它的真实性。

四、做社会主义核心价值观的积极践行者

青年的价值取向，既关系着自己的健康成长成才，又决定着未来整个社会的价值取向。青年是引风气之先的社会力量。在全社会培育和弘扬社会主义核心价值观，需要大学生始终走在时代前列，成为社会主义核心价值观的坚定信仰者、积极传播者、模范践行者。

【案例一】 时代楷模曲建武

点亮理想的灯　照亮心灵的路——记大连海事大学马克思主义学院教师曲建武（上）

“师者，所以传道授业解惑也。”

做了一辈子高校思想政治教育工作，大连海事大学马克思主义学院教师曲建武念念不忘的，永远都是学子们的成长成才。

30 多年来，他用自己的坚持和坚守，生动诠释和践行了社会主义核心价值观，更为青年人扣好了“人生的第一粒扣子”；他用弃官从教的别样人生，彰显了一名教师的坚定信

仰；他用淡泊名利、恪尽职守的最精彩一课，谱写了一曲新时期的园丁赞歌。

为信念辞官返校

2013年3月，曲建武做出了一个很多人都不能理解的决定——辞去省教育厅副厅长职务。

从1982年大学毕业留校担任辽宁师范大学学生辅导员，到1998年担任学校党委副书记、2004年年底调任省委高校工委副书记，后兼任省教育厅副厅长，曲建武“仕途”可谓一帆风顺。

此刻，他却毅然辞官，要到高校去做一名一线的思想理论课教师、一名普普通通的学生辅导员。有人对他说：你这是何必呢？能走到这个级别不容易，许多人一辈子不都想拥有这样的光环吗？有人劝他慎重考虑：再有几年就退休了，没有了领导职务，一些待遇也就没有了。

然而，在曲建武看来，这些并不重要。他迫切地想要回到学生中去，想做更多“踏踏实实的小事”，“今年我56岁，正好可以带一届学生，再迟就来不及了”！

在省教育厅跟着曲建武工作了9年的李洪军，对老领导的辞职并不感到意外，称他是一个理想主义者。

所谓理想主义者，不就是那些执着于初心的人吗？

在曲建武看来，一个教育工作者，首先自己要有正确的价值观，是一个“带着灵魂上路的人”。天天和学生在一起，与青春和生命打交道，这就是幸福，这种幸福是任何金钱和权力换不来的。

“青年代表着未来，代表着希望，我无论在什么位置上，想的都是能不能回到学生当中，在辅导员的岗位上，画上人生的句号。”

2013年7月，一纸调令，曲建武来到大连海事大学。“不要行政职务，给我一个教鞭就可以了。”曲建武说。这是30多年来，曲建武向组织上提出的唯一要求。

教师—官员—教师，曲建武的事业轨迹似乎又回到了原点，其实却有不同，这是从最初单纯的热爱，升华到了融入血液里的对理想信念的执着追求和对教育事业的忠诚担当。“只要我活着，我就把思想政治教育工作做到底。”

课堂上引领人生

在大学里，做学问不难，难的是能成为学生精神上的导师；在课堂上，传授知识不难，难的是学生怎样通过你的人格影响树立起坚定的人生信仰。

来到大连海事大学后，曲建武成为公共管理与人文学院139名学生的辅导员。接着，他又主动承担起本科生的思想道德修养与法律基础课的教学任务。

有人不理解：“您都是二级教授了，带博士、硕士就可以了，干吗把自己搞得那么累？”

然而，在许多人心目中并不起眼的辅导员工作，在曲建武看来却很重要——“好的辅导员可以帮助学生把握人生成长的方向。”同样，许多人并不重视的思想理论课，曲建武觉得也很重要——“一个学生离开学校时，知识有欠缺，将来可以弥补，但如果灵魂朽掉了，几乎无法弥补。”

曲建武坚信，当学生们来到大学的时候，教师首先应当在思想上、精神上引领他们成长，让他们树立起正确的人生观、价值观、世界观。

还没有开课，曲建武便找到所教年级学生的辅导员了解学生情况并做了一份问卷调查，请学生谈一谈对大学的理解，当前最关心的一个问题，对他们影响最大的一个人、一件事、一本书……对学生的思想状况有了了解，他在授课过程中便有的放矢，为学生释疑解惑，帮学生树立正确的价值观。也正因如此，曲建武的理论课堂从不点名，却座无虚席。

互联网高度发达的今天，多元文化、各种思潮和信息扑面而来，影响无处不在。曲建武积极应对这种挑战，准确把握学生思想脉搏，及时澄清学生们头脑中存在的错误认识。在讲授“爱国主义教育”专题时，他结合钓鱼岛问题，对大学生进行理性爱国教育，要求大学生自觉做到“四个自信”；在讲“理想与信念”专题时，他告诉大学生一定要确立马克思主义的科学信仰，正确辨析西方国家所谓的“普世价值”；在讲到“实现人生价值”专题时，他告诉大学生要处理好个人情感、职业选择问题，把个人价值的实现与奉献社会统一起来。

为了使理论课教学生动、形象，每堂课开始之前，他总是认真备课，经常准备到深夜。虽然快60岁了，但是他乐于学习和掌握现代教学手段，利用多媒体教学的方式进行理论课教学。他走访过国内很多大学，每所大学都潜藏着深厚的中华优秀传统文化的底蕴，他将这些优秀的传统文化进行梳理，编辑到课件里，将抽象的理论转化为学生易于接受的鲜活知识，入脑入心，内化为大学生们的人生信念。

心之交无处不在

曲建武喜欢称自己的学生为“小伙伴们”。为了与“小伙伴们”更好地沟通和交流，课堂外，曲建武开通微信、博客与他们互动，买书送给他们，又组织读书会，还经常借与学生们一起吃饭的机会交流谈心，及时掌握他们的思想动态、了解思想诉求、解决思想困惑。他通过微信平台与大学生们建立了《大学生与历史上的今天》这一栏目，引领大学生了解历史，分析社会，坚定立场。毛泽东同志诞辰纪念日时，曲建武带领同学们回顾毛泽东同志波澜壮阔的一生，并鼓励学生们努力实现自己的人生价值：“你们真是恰逢大有作为的年代。为自己是活着，为祖国也是活着，何不活得其所，活得坦然，活得最有价值？那些为人民利益而牺牲的人永远活在人民的心中。不要牢骚，不要抱怨，也不要成为看客。好好努力吧，我的小伙伴们！”

以各类节日为契机，曲建武将思想政治教育和爱国情怀渗透到与学生的交流当中。

元宵节的时候，曲建武在信件中结合自己的经历和心路历程教育学生：“元宵，代表着圆圆满满、甜甜蜜蜜。在你们享受欢乐的时候，一定也要有感恩之心，感谢伟大的祖国给你们创造了美好的生活。让你们的青春在伟大的事业中闪光，把你们的小家融入祖国这个大家，那你们的日子就会过得有滋有味。”

遇到西方的节日，曲建武给学生写下了这样的话语：“每个民族的生存和发展都需要一定的文化来支撑。我们要有自己独立自主的文化，这就是中国特色的社会主义理论体系，就是中国优秀的传统文化。今天，对西方文化，我们可以微笑，可以握手，也可以拥抱，但是绝不能躺在人家的怀抱里，这样就会失去自主性。千万不要忘了我们是从哪里来的，我们要往哪里去。”

当出现一些较大事件时，曲建武也及时向学生发送微信，引导学生正确看待这些事件。学生们非常喜欢用这样的方式与他进行沟通，也愿意将自己的想法告诉他。这样，师生之间没有了隔阂，像朋友一样互动、交流。4 年下来，他给学生发了很多微信、短信，有的长，有的短，有的能公开，有的是“秘密”，算下来一共有200 万字。

“曲爸爸”最幸福的事　就是和学生在一起——记大连海事大学马克思主义学院教师曲建武（下）

2017－12－28　20：39：00 来源：《辽宁日报》。

一个人遇到好老师是人生的幸运，一个学校拥有好老师是学校的光荣，一个民族源源不断涌现出一批又一批好老师则是民族的希望。

遇到曲建武老师，是大连海事大学学生的幸运。

曲建武说：“4 年时间，我不敢懈怠自己，无论付出多少，我认为都是应该的，都是值得的。”

“看着每个学生的成长，都像看着自己的孩子成长一样”

教育是一门“仁而爱人”的事业，教育风格可以百花齐放，但爱的主题永不改变。曲建武说：“看着每个学生的成长，都像看着自己的孩子成长一样。”

曲建武在大连海事大学的 4 年时间，说起来不长，但也不算短，许多个夜晚，他都难以入睡。作为公共管理与人文学院 2013 级 139 名学生的辅导员，他“诚惶诚恐，生怕哪个孩子在 4 年里掉了队”。

新生一入学，曲建武就为自己所带年级的每一名学生建立了电子档案，让每个学生写下自己的大学梦想和最关心的一个问题。他对学生说：“我将伴随和见证你们的成长，我们一道前行。”

曲建武利用自己的休息时间与每个学生沟通，了解他们的内心世界，与学生交流如何实现他们写下的大学梦想。

他经常嘱咐学生们好好学习，增强本领。即便在假日里，他也时常提醒学生们要抓紧时间刻苦学习，告诉学生们青春不是用来浪费的，大学不是用来过节的。

他有个小本子，上面记着每个学生的生日。他把这个小本子随身带着，无论是在学校还是出差在外，每当有学生过生日，他都会结合学生的自身特点送上一份生日祝福，而每一条信息都不是三言两语，有的几百字，有的上千字。

端午节，他会给每个学生送粽子；中秋节，他又给学生们送月饼。礼物平常，却饱含心意。

曲建武非常关爱少数民族学生。因为担心少数民族学生刚入学可能会不适应，他时常过问他们的学习状况，想方设法解决他们遇到的生活难题，帮助他们与其他学生和谐相处、共同进步。

在他带的学生中，有一名来自新疆维吾尔自治区的维吾尔族学生阿布都。4 年里，曲建武给阿布都过了 4 次古尔邦节。每次过节，他都准备好几样水果，寓意着民族大团结。他还会说：“去，阿布都，把所有新疆学生都找来，我请大家吃顿饭。”

新疆学生土尔逊不是曲建武直接带的学生，也正因为如此，土尔逊觉得自己更像他的孩子。每当土尔逊和其他新疆学生不能回家过节，格外思念亲人的时候，他们都会收到曲建武发来的很长很长的短信，心里一下子变得暖暖的。他们知道，无论曲老师在哪里，无论他在忙什么，都不会忘记他们的节日。土尔逊觉得，曲老师像一个永远不知道累的父亲一样，永远陪伴在他们左右。

12 年前，曲建武曾被查出患头部肿瘤，但他不肯花时间化疗，也不把病情放在心上，心里装得最多的就是学生。在省委高校工委任副书记，在省教育厅任副厅长期间，他经常

"微服私访"，跑到各大学校园的食堂、教室、图书馆、宿舍，与学生谈心。

曲建武的"微服私访"里还有一个重要内容，就是每年都要到学生家中走访。到大连海事大学做辅导员后，这个传统一直延续到今天。

家在山东的屈宏伟大二寒假时，曲建武来到她家走访。她的父母吃惊地说："呀，你们大学老师还家访啊?"屈宏伟说："我们曲老师不仅来山东家访，还去过甘肃、福建、云南那些更远的同学家呢!"屈宏伟父母不由得感叹："孩子，遇到曲老师是你的福气，你可要跟着老师好好学习啊!"

30 多年来，曲建武走遍全国东西南北，只要有学生的地方，就有他的身影，哪怕是山路崎岖，哪怕是日夜兼程。

"祖国的事情你来管，你家的事情我来管"

曲建武常说，做辅导员要有爱心。他告诉学生们："今后，无论生活中，还是学习上，只要有困难，就来找我。我一定为你们服务好。"

他把自己带的年级中家庭生活困难的学生召集起来，跟他们说："谁也不能饿着肚子读书。我不能管你吃好，但肯定管你吃饱!"冬季来了，他筹集 2 万多元给他们购买过冬的衣物；放假的时候，他筹钱给他们发交通补贴；怕他们舍不得买水果，他就自己花钱买了几十箱苹果分发给年级里每一名家庭生活困难的学生；一个学生的母亲患了癌症，他资助了 1 万元；得知其他学院的一个学生的弟弟患了重病，他也毫不犹豫地拿出 1 万元；他还积极倡导建立爱心基金，自己出资 1 万元作为基金启动经费。

闫沛兴来自一个贫困家庭，和父亲的关系很紧张。他感到十分压抑，总想找个人倾诉。曲建武给他过生日，请他吃饭时，闫沛兴把自己的心结告诉了曲建武。从此，师生二人的交流越来越多。

闫沛兴想毕业后去西藏工作，曲建武支持他的选择："作为当代大学生，要时刻把祖国的发展和自己的发展结合在一起，到祖国最需要的地方去!"

闫沛兴说，自己永远都不会忘记，曲老师告诉他："沛兴，祖国的事情你来管，你家的事情我来管!"

曲建武不仅到他家去了解情况，还拿出 5 万元钱帮他家里重修房子。"曲老师鼓励我不能逃避，要有担当，一家人通往幸福的钥匙就在我的手里。"对于曲建武的鼓励和帮助，闫沛兴铭记在心。

几年来，曲建武个人出资和筹集近 20 余万元资金，资助贫困家庭或生病的学生，像父亲一样，做他们背后坚实的靠山。

在曲建武资助过的困难家庭大学生中，有不少孤儿。

2008 年，吴洋认识了曲建武，从那以后的 10 年里，虽然父母不在了，但吴洋和妹妹却从未缺少过关爱。曲建武不仅给姐妹俩经济上的帮助，更给她们精神上的鼓舞，教她们坚强、自信、乐观。在吴洋的婚礼上，是曲建武以"父亲"的身份将她交到了新郎手中。

现在，吴洋已成为沈阳工程学院一名辅导员。正是因为曲建武，她才选择了这个职业。"我也想像曲老师一样，帮助更多的学生。"

就在曲建武到大连海事大学工作的前一年，他还在忙着对全省孤儿大学生的学习、生活状况进行调研。他完成了一份 3.5 万字的调研报告，与省人大代表一起，建议免除全省孤儿大学生的学费和住宿费，并最终得到落实。

9月10日，教师节。学生们来到曲建武身边。

55岁的蔡久盛来了。他是曲建武35年前带的第一届学生。他说："曲老师，您永远是我的老师。"

土尔逊来了，他代表新疆学生深深地鞠上一躬："曲爸爸，谢谢您！"

带着妹妹心意的吴洋来了，今年是曲建武的本命年，她和妹妹买了一条红围巾。戴好围巾，吴洋哽咽了，那个她印象里一直像年轻人一样精力充沛的曲老师，头上已添了许多白发。

……

看着自己的学生们，曲建武幸福地笑了。

每个人的人生选择有不同，对幸福的理解也有不同，对曲建武来说，最幸福的事就是和学生们在一起。

——来源：作者根据《辽宁日报》、央广网资料整理

【问题思考】

1. 曲建武辞官当大学辅导员表现了怎样一种思想境界？
2. 我们从曲建武身上的哪些事迹可以看到一个爱学校爱学生的德师楷模的形象？

【问题引导】

曲建武辞官，到高校去做一名一线的思想政治理论课教师、一名普普通通的学生辅导员。30多年来，他用自己的坚持和坚守，生动诠释和践行了社会主义核心价值观，更为青年人扣好了"人生的第一粒扣子"；他用弃官从教的别样人生，彰显了一名教师的坚定信仰；他用淡泊名利、恪尽职守的最精彩一课，谱写了一曲新时期的园丁赞歌。

【案例二】　大国工匠徐立平

在飞船和导弹上雕刻火药的航天人

0.5毫米是固体发动机药面精度允许的最大误差，但是徐立平雕刻的火药药面误差不超过0.2毫米，堪称完美。作为中国航天科技集团公司第四研究院7416厂高级技师，面对火药整形这一世界难题，徐立平一次次"亮剑"，经过近30年的锻造，将一件件大国利器送入太空，也让自己从一介普通职工成长为大国工匠。

2016年4月中旬，在西安东郊航天四院7416厂，徐立平安静地坐在车间办公室里。身后的墙上是"刀锋"和"匠心"四个大字，以及"刀刀保精细，丝丝系安全；抬望航天梦，俯刻匠人心"四句话。对于徐立平和他的同事们来说，这几句话是要求，是写照，更是梦想。

徐立平的家庭是一个航天之家，和很多三线家庭一样，全家11口人除了3个还在上学的孩子外，都是航天人。

1987年参加工作时，徐立平在母亲温荣书的建议下，选择了母亲曾经工作过的发动机药面整形车间，为导弹固体燃料发动机的火药进行微整形。

固体燃料发动机是导弹装备的心脏，在上千道制造工序中，发动机固体燃料微整形极为关键。火药整形在全世界也一直是个难题，无法完全用机器代替。在火药上动刀，稍有不慎蹭出火花，就可能引起燃烧爆炸，这个极度危险的工作，全中国只有不到20个人可以胜任。

母亲比任何人都知道这个工作的重要性和危险性，但她说："我刚工作的时候有同事即使整个手指都烧掉了，也愿意到最危险的岗位上去，我想他们年轻人也是一样的。"

就这样，徐立平开始了自己近30年发动机药面整形工作。

工作后第二年，我国某重点型号发动机出现问题，必须剥开填筑好的火药，工作难度和危险度非常大。徐立平凭着精湛的技艺和胆量加入突击队。"可以说这是我们厂有史以来头一次钻到火药堆里去挖药。"徐立平介绍。

在装满火药、仅留一名操作人员半躺半跪的发动机壳体里，用木铲、铜铲非常小心地一点点挖药，每次只能挖四五克，高度紧张和缺氧使人每次最多工作十几分钟。"在里面除了铲药的沙沙声，都能听到自己的心跳声。"徐立平回忆。

最终，经过两个多月高度紧张的工作，徐立平和同事们挖出了300多千克药，成功排除发动机故障。

徐立平在工作间隙喜欢和年轻人在一起聊天，听听他们的想法和当前一些时尚话题。工作近30年，徐立平一直坚持在一线，他说工作虽然危险，但总得有人去干。

像这样危险的任务，徐立平已不记得完成多少次了。在2015年9月3日的阅兵式上，一部分导弹发动机火药就是徐立平亲手雕刻的。

"下刀的力道，完全要自己判断，药面精度是否合格直接决定导弹的精准射程。工作要求0.5毫米或0.2毫米，我们这一刀铲下去，铲不到要求的厚度的话，就可能造成产品报废。"徐立平说，"要做到心手合一并不容易，只能通过用心苦练。"如今，徐立平已经练就了仅用手摸一下就能雕刻出符合设计要求药面的绝活。

工作中，徐立平还不断琢磨，大胆创新，针对不同的发动机药面，他先后设计发明了20多种药面整形刀具，有两种获得国家专利，一种还被单位以他的名字命名为"立平刀"。

7416厂远离西安市区，安静却也偏僻。最冷和最热的时候，厂房里都难熬。工作的时候必须敞开"生命通道"的大门，夏天还能靠电扇，但对毒力极强的蚊子毫无办法，"闻了火药的蚊子战斗力就是强。"徐立平苦笑着，冬天更是没办法，长时间一个姿势会让冻僵的双手麻木，只能放在暖气上烤烤再重新拿起刀具。

更多的时候，工作时每个车间的人数最多不超过两个人，戴上护具开始工作后，徐立平说感觉世界和时间都停止了，只听见挖药的沙沙声和自己的心跳声。

近30年来，徐立平就是这样严格要求着自己，兢兢业业，与最危险的火药为伴，抬望航天梦，俯刻匠人心。"总理不是也说吗，工匠精神就是做好自己的本职工作，精益求精，其实没那么多高大上的东西，"徐立平谦逊地说。

春节过后，徐立平获得中央电视台《感动中国》2015年度人物，颁奖词这样赞扬他："每一次落刀，都能听到自己的心跳。你在火药上微雕，不能有毫发之差。这是千钧所系的一发，战略导弹，载人航天，每一件大国利器，都离不开你。你是一介工匠，你是大国工匠。"

徐立平说，再危险的岗位都要有人去干，每一次看到神舟飞船上天、嫦娥上天、撒手锏的武器走过天安门广场，心中就充满自豪感。徐立平的母亲温荣书也说："国家才是第一位的，没有国何有家？"

——来源：央视网

【案例讨论】

1. 实现中华民族的伟大复兴，我们需要徐立平这样的大国工匠。

2. 每一个人都可在自己的岗位成长成才。

【思路引导】

徐立平在平凡的岗位上兢兢业业地工作，干一行爱一行，不断学习，刻苦钻研，做出了不平凡的事业。当今大学生应该学习这种精神。

实践教学设计

【项目一】　观看《2017—2018 年感动中国十大人物颁奖典礼》视频，撰写心得体会

每年一度的“感动中国人物”评选，被称为中国人的年度精神史诗。感动是一种养分，更是一种力量，每个学生都需要用榜样的力量来激发和促使自己不断奋进、不断成长。在学“社会主义核心价值观”相关内容时组织学生观看《2017—2018 年感动中国十大人物颁奖典礼》视频，以“平凡孕育辉煌，榜样凝聚力量”为题撰写心得体会，引导学生自觉追求崇高的人生目的，在服务人民和奉献社会的实践中实现有意义的人生。

【资料】中国 2017—2018 年十大人物颁奖词及事迹材料

感动你我，感动中国。

茫茫人海，总有人会给世界带来长叹、带来愤慨，也总有人让世界温暖着、美好着。感动的力量，让我们面对茫茫人海仍然相信，仍然热爱，对自己，对生活，对未来。

被誉为“中国人年度精神史诗”的 2017 年度感动中国十大人物于 2018 年 3 月 1 日晚揭晓，以下是 2017—2018 年感动中国十大人物事迹及颁奖词大全。

1. 2017 年感动中国十大人物：卢永根

卢老在病榻上领到奖杯。

卢永根，1930 年 12 月 2 日生于香港，广东花都人。中科院院士、作物遗传学家。1997 年他荣获“南粤杰出教师”特等奖；1998 年获国家人事部和教育部授予“全国教育系统劳动模范和全国模范教师”称号；2003 年获广东省科学技术奖一等奖和三等奖各 1 项。他以“科学无国界，科学家有祖国”的爱国情怀献身于农业教育和科研事业，为我国农业的教育和发展做出了贡献。

2017 年 3 月，卢永根教授在夫人的搀扶下来到银行，将十多个存折的存款转入华南农业大学的账户，卢永根夫妇一共捐出 8 809 446 元，这是她们毕生的积蓄，学校用这笔款设立了教育基金，用于奖励贫困学生与优秀青年教师。

卢永根没有将财产留给唯一的女儿，他说：“党培养了我，将个人财产还给国家，是做最后的贡献。”卢永根的秘书赵杏娟说：“钱都是老两口一点一点省下来的，对扶贫和教育，两位老人却格外慷慨，每年都要捐钱。”

颁奖词：种得桃李满天下，心唯大我育青禾。是春风、是春蚕，更化作护花的春泥，热爱祖国，你要把自己燃烧。稻谷有根深扎在泥土，你也有根，扎根在人们心里。

2. 2017 年感动中国十大人物：廖俊波

廖俊波（1968 年 8 月—2017 年 3 月 18 日），男，汉族，1968 年 8 月出生，福建浦城人。曾任福建省南平市委常委、常务副市长、武夷新区党工委书记。2017 年 3 月 18 日傍晚，廖俊波出差途中遭遇车祸，经抢救无效因公殉职，年仅 49 岁。

廖俊波出身普通家庭，毕业后当过中学老师、乡镇干部，在县、乡两级做过主要领导，在政和县工作的几年，始终牵挂群众，惦记着群众的冷暖安危，他把群众当亲人，用心用情为群众办实事、解难事，用自己的“辛勤指数”换来群众的“幸福指数”。廖俊波经历的岗位，都是“背石头上山”的重活累活，需要比别人付出更多的艰辛和努力。但他始终把工作当事业干，乐在其中。离开政和县时，全县财政总收入翻了两倍多，连续3年进入全省县域经济发展“十佳”，实现了贫困县脱胎换骨的蜕变。

面对经济发展长期全省倒数第一的政和县，廖俊波不打退堂鼓，不当太平官，把担当放在首位，率领全县党员干部撸起袖子加油干，用勤奋、实干、严谨描绘出一幅幅美丽画卷，成为新时期共产党人的楷模。

2015年6月，廖俊波荣获全国优秀县委书记称号；2017年6月20日，中共中央宣传部向全社会公开发布廖俊波的先进事迹，追授他“时代楷模”荣誉称号；2017年11月9日，获得第六届全国道德模范敬业奉献类奖项。

颁奖词：人民的樵夫，不忘初心，上山寻路，扎实工作，廉洁奉公。牢记党的话，温暖群众的心，春茶记住你的目光，青山留下你的足迹。谁把人民扛在肩上，人民就把谁装进心里。

3. 2017年感动中国十大人物：杨科璋

杨科璋（1988年3月18日—2015年5月30日），男，汉族，2011年6月入伍，党员。曾任广西壮族自治区玉林市公安消防支队名山中队政治指导员。

2015年5月30日1点13分，火灾中救援抱住2岁女童转移，因烟雾太大，踩空坠楼，怀中2岁女童得救，杨科璋壮烈牺牲。2017年7月24日，杨科璋被评为德耀中华第六届全国道德模范候选人。2017年11月，当选第六届全国道德模范（见义勇为类）。

颁奖词：有速度的青春，满是激情的生命，热爱这岗位，几回出生入死，和死神争夺。这一次，身躯在黑暗中跌落，但你护住了怀抱中最珍爱的花朵。你在时，如炽烈的阳光；你离开，是灿烂的晚霞。

4. 2017年感动中国十大人物：卓嘎、央宗

卓嘎，女，西藏自治区山南市隆子县玉麦乡村民。央宗，女，西藏自治区山南市隆子县玉麦乡村民。

央宗的家乡玉麦乡地处中国西南边陲，1964—1996年的32年间，桑杰曲巴家是这片土地上仅有的一户人家。一个爸爸，两个女儿，一栋房子，既是乡政府，也是他们的家。

央宗的父亲桑杰曲巴是个老民兵，放牧守边32年，从未离开过这片土地。卓嘎、央宗姐妹俩在父亲的带领下，加入了中国共产党，半个多世纪来，父女三人以放牧为生，守护着祖国数千平方公里的国土。父亲桑杰曲巴常对卓嘎和央宗说：“如果我们走了，这块国土上就没有人了！”这句话，两个女儿记了一辈子。他们知道，守护土地，就是守护国家。

近年来，随着西藏边境小康村建设的开展，如今的玉麦乡有9户32人，已是“人丁兴旺”，建立起完备的乡级基层组织，人烟稀少的广袤土地也有了公安边防部队驻守。卓嘎、央宗姐妹从乡领导岗位退下来，仍然心系边防。越来越多的人守望着中华人民共和国玉麦乡方圆1 976平方公里这片土地，他们都跟卓嘎和央宗两姐妹一般有一种发自内心的神圣责任感。

10月29日上午，习近平总书记忙里抽空给年过半百的两姐妹回信，并向两人表示了崇高的敬意和真挚的感谢。

颁奖词：日出高原，牛满山坡；家在玉麦，国是中国。中国是老阿爸手中缝过的五星红旗，中国是姐妹俩脚下离不开的土地。高原隔不断深情，冰雪锁不断春风。河的源头在北方，心之所向是祖国。

5. 2017 年感动中国十大人物：刘锐

刘锐，男，党员，特级飞行员，现任空军航空兵某团团长。刘锐是第一位驾驶轰 -6K 飞向远海的空军飞行员。

面对强国强军的时代要求，刘锐紧跟装备升级步伐，参与完成国产新一代中远程轰炸机改装，填补轰 -6K 作战使用的多项空白，和战友一起首次在南海和西太平洋留下中国新一代中远程轰炸机的航迹。

刘锐所在团被确定为全军首家装备轰 -6K 的部队后，他作为“先行者”和“探路人”，既当“改装员”又当“试飞员”，仅用 3 个月就完成了改装。随后，刘锐一鼓作气，创造性提出“课题牵引训练”新思路，形成一批战法、数十套突击方案，填补轰 -6K 作战使用的多项空白。

刘锐带头先飞，深入南海数千公里。多次执行远海战巡任务，让他愈战愈勇——多次挑战轰 -6K 飞机训练极限，验证了复杂恶劣条件下作战使用数据，刷新了十余项训练纪录。

颁奖词：脱翎换羽，展翅高飞，这是大国利器。穿越海峡，空巡黄岩，你为祖国的战机填上一抹太平洋的蓝。巡天掠海，为国仗剑，强军兴军的锐一代。只要祖国需要，你们可以飞得更远。

6. 2017 年感动中国十大人物：黄大年

黄大年（1958 年 8 月 28 日—2017 年 1 月 8 日），男，汉族，广西南宁市人，毕业于吉林大学和英国利兹大学。1975 年 10 月参加工作，中国著名的地球物理学家、国家“千人计划”专家，吉林大学教授、博士生导师。

黄大年留学英国 18 年，是国际知名的科学家。回国前，他住在剑桥大学旁边的花园别墅里，妻子还经营着两家诊所。2008 年，中国开始实施“海外高层次人才引进计划”，他用最短的时间辞职、卖掉房子和诊所、办好了回国手续。

归国 7 年多来，黄大年担任国家多个技术攻关项目的首席专家，经常工作到凌晨，几乎没有休过寒暑假和节假日，甚至多次累倒在工作岗位上，这种工作状态直到生命最后一刻。

黄大年充分挖掘我国在多个领域取得的最新进展成果并形成了技术能力，首次推动我国快速移动平台探测技术装备研发，突破国外技术封锁，被誉为新时代海归科技报国的楷模。

颁奖词：作别康河的水草，归来作祖国的栋梁。天妒英才，你就在这七年中争分夺秒。透支自己，也要让人生发光。地质宫五楼的灯，源自前辈们的薪传，永不熄灭。

7. 2017 年感动中国十大人物：卢丽安

卢丽安 1968 年生于台湾高雄，从小受家人影响对大陆有着特殊感情。1997 年，卢丽安夫妇到上海复旦大学任教。几年下来，卢丽安成为复旦大学最受欢迎的教授之一。2015 年，卢丽安加入中国共产党，2017 年，被选举为十九大党代表。

“我以台湾的女儿为荣，我以生为中国人为傲。”卢丽安在今年“党代表”通道上如是说。十九大会议结束后，“卢丽安效应”在慢慢蔓延。很多台胞朋友为她点赞，因为她说出了广大台胞们的心声。还有她的学生，默默地留言支持老师，向老师学习回报社会。卢丽安的父母表示，只要女儿做的是对社会、民族、国家有益的，能够促进我们两岸的和平发展、促进岛内同胞在大陆的发展，他们都会支持。

谈到两岸关系时，卢丽安真诚地表示，“我的家族历史与自己的成长经历让我坚信：和平发展一定是两岸关系的主要走势，这也是两岸同胞共同的心声。”她认为，没有台湾梦的中国梦肯定是不完整的，同时，没有融入祖国的台湾梦，像打个盹，黄粱一梦。

颁奖词：台湾的女儿，有大气概。祖国为大，乡愁不改；把握现在，开创未来。分离再久，改不了我们的血脉；海峡再深，挡不住人民追求福祉的路。

8. 2017 年感动中国十大人物：王珏

王珏化名“兰小草”，给急需帮助的孤儿寡母捐款，每年 2 万元，已经坚持了 15 年，并承诺希望能捐够 33 年。慈善机构收到了捐款，想要寻找到这位好人，多次联络，王珏都没有现身。

家人曾问王珏，为何以“兰小草”的名字行善？王珏当时说：平凡、善良的奶奶特爱画兰花，并且在村里很受尊重，取名时将“平凡小草”与“高洁兰花”结合。

缺席了无数次公益奖项颁奖，坚持公益捐款十多年，今年 7 月，王珏被检查出肝癌，去世之前，他的身份最终得以大白。

颁奖词：碧草之芬，幽兰之馨；有美一人，在海之滨。留下丰碑，芳香无尽。每年的十一月十七，狮子座流星雨如期而至，那一刻，映亮了夜空中你最美的背影。

9. 2017 年感动中国十大人物：黄大发

黄大发，男，汉族，1935 年 11 月出生，贵州遵义播州区平正仡佬族乡团结村半坎组人，曾任贵州省遵义市播州区平正仡佬族乡草王坝大队大队长、村支部书记，现任团结村名誉村支书。

20 世纪 60 年代起，他带领群众，历时 30 余年，靠着锄头、钢钎、铁锤和双手，在绝壁上凿出一条长 9 400 米，地跨 3 个村的“生命渠”，结束了草王坝长期缺水的历史，乡亲们亲切地把这条渠称为“大发渠”。

2017 年 4 月 25 日，中央宣传部授予黄大发“时代楷模”荣誉称号；9 月，获得“2017 年全国脱贫攻坚奖奋进奖”。

颁奖词：水过不去，拿命来铺，这是一个老党员为人民许下的誓言，大发渠，云中穿，大伙吃上了白米饭。三十六年，为梦想跋涉，僵直了手指，沧桑了面孔，但初心不变。

10. 2017 年感动中国十大人物：谢海华

今年 53 岁的谢海华，出生于湖南省长沙市岳麓区坪塘街道。1988 年，从部队复员返乡的谢海华，在报纸上看到邻村的谢芳因勇斗歹徒而身中九刀的新闻，继而怀着崇敬的心情与谢芳相识、相爱并于当年喜结连理。

婚后至今的 29 年，谢海华用坚实的双肩扛起全家生活的重担。他全心全意照顾好谢芳的起居生活，每天都要给妻子洗漱、做饭菜、洗澡、洗衣服、端屎端尿，贴心而细致，同时，谢海华积极为妻子做康复治疗，帮助她摆脱心理阴霾。这一路的生活虽然清贫而坎坷，但谢海华始终不离不弃，谢芳曾动情地说：“我勇敢了一次，而他勇敢了一辈子！”这对好人夫妻故事被广为传唱，向更多的人传播了“孝老爱亲”的真谛。

颁奖词：相信是那一刻的决定。相濡以沫是半生的深情。平凡的两个人，在命运面前，却非凡地勇猛。最长情的告白，已胜却人间无数。心里甜，命就不苦。爱若在，厮守就是幸福。

2017《感动中国》致敬团体：塞罕坝林场建设者

56年来，河北塞罕坝林场的建设者们听从党的召唤，在“黄沙遮天日，飞鸟无栖树”的荒漠沙地上艰苦奋斗、甘于奉献，创造了荒原变林海的人间奇迹，用实际行动诠释了绿水青山就是金山银山的理念，铸就了牢记使命、艰苦创业、绿色发展的塞罕坝精神。他们的事迹感人至深，是推进生态文明建设的一个生动范例。

——来源：作者根据央视新闻整理

【项目二】 观看视频《梦圆中国，德耀中华——第四届全国道德模范颁奖典礼》

在讲授“恪守公民基本道德规范”时，组织学生观看视频《梦圆中国，德耀中华——第四届全国道德模范颁奖典礼》，引导学生从助人为乐、见义勇为、诚实守信、敬业奉献、孝老爱亲等方面感受中华民族道德礼仪之邦的真实风韵，体会大音希声、大象希形的深刻内涵，激励学生以道德模范为榜样，自觉遵守公民基本道德规范，努力践行社会主义荣辱观。

【资料1】全国助人为乐模范高淑珍

高淑珍，女，汉族，1957年7月生，河北省唐山市滦南县司各庄镇洼里村村民。

14年来，高淑珍用单薄而坚强的肩膀挑起一座“炕头小课堂”，用舐犊情怀支撑起几十个残疾孩子的就学梦想，她用平凡的服务诠释了不凡的志愿精神。

高淑珍儿子王立国4岁时，患上了类风湿病，肢体关节变形，走路十分困难，虽经多方求医诊治但没有好转，结果落下了残疾。随着小立国年纪的增长，上学读书的渴望也越来越强烈，但受身体条件限制，他不能像正常孩子一样进入学校。高淑珍看在眼里，急在心里，她转念一想，附近村庄也有一些因为残疾而不能入学的孩子，他们一定也渴望上学，如果能把他们聚到一起读书学习，那该多好！

1999年，“炕头小课堂”开课了。4张小课桌，1块小黑板，5个残疾孩子，课本是借来的旧书，“老师”就是她的闺女王国光——为了这个唯一的老师，高淑珍硬是将自己刚刚初中毕业的女儿留在小院里，每每念及此事，她总感到愧对女儿。

随着送到家里读书的孩子越来越多，高淑珍索性让孩子们住到家中，免费吃住，免费学习。炕头小课堂最多时达到39个孩子，都管高淑珍叫“妈”。这些曾经因为残疾而受过别人歧视和嘲笑的孩子，把高淑珍的家当成了自己的家。高淑珍也把这帮残疾孩子当亲生的，愿意为他们做一切事。

为了能够更好地照顾这些孩子，高淑珍睡觉的时候几乎没脱过衣服。睡觉前，要给孩子们一个一个接尿；再搂着最小的孩子，哄着睡觉；大约每两小时就要起来一次，叫醒爱尿炕的孩子起来解手。为了这帮孩子，她每天早早起来，给孩子们做好饭，然后就带着两个馒头去赶集卖货。没有集的日子就走街串巷叫卖。

高淑珍就这样坚持了整整14年。在她的感召下，一批志愿者先后走进高淑珍的家中，当起了爱心志愿者，全身心投入关爱残疾孩子的志愿服务活动中，演绎了一曲志愿接力、奉献爱心的动人篇章。

高淑珍荣获感动中国2012年度人物、河北省道德模范等荣誉称号。

——来源：中国文明网

【资料2】全国见义勇为模范沈星

沈星被评选为第四届中国道德模范——全国见义勇为模范，他于1981年6月生，中共党员，生前系第二炮兵工程大学士官职业技术教育学院参谋。沈星在危难面前没忘掉一个铁骨男儿应尽的职责，尽管他没有醒来，但是用生命的光芒照亮了人间。

2012 年 5 月 13 日 10 时许，山东省青州市经济技术开发区中学生王鸿昊在青州市南阳河畔游玩时不慎落水。携妻女途经此地的沈星听到呼救声后，奋不顾身立即跳入水中实施营救。他一次次将王鸿昊推向岸边，但由于水流湍急、河堤坡陡湿滑，王鸿昊一次次从河堤滑下来。经过沈星数次奋力推举和闻讯赶来的一名妇女和中年男子协助，落水学生终于被营救上岸，但沈星因体力透支沉入水中。在当地军民共同搜救下，沈星被救捞上岸，但因溺水时间过长，经抢救无效，壮烈牺牲，献出了年仅 31 岁的宝贵生命。当沈星被打捞上岸时，在场的人们都惊呆了，他仍然举着双手保持着向上托举的姿势。

沈星的英雄壮举，感动了古城青州，感动了齐鲁三秦。二炮党委和山东省潍坊市委分别作出向他学习的决定。驻地群众数万人次自发到英雄牺牲的地方，点亮烛光，敬献花圈，谱写诗歌，通过各种方式沉痛哀悼英雄、追忆英雄。追悼会那天，近 10 万名群众自发沿途送别。2013 年 3 月，沈星的英雄事迹被西安电影集团拍摄成专题片《一道星光化彩虹》并进入院线公映，成为培育社会主义核心价值观的生动教材。

2000 年考入军校后，沈星在部队这个大熔炉大学校里锻炼成长，对党和人民的朴素情感升华为革命军人的使命责任。当发现集体组织的献血名单中没有他时，他主动去义务献血；当遇到陌生人向他求助时，他像对待亲人一样真心解困；当同学、战友遇到困难时，他总是伸出援手；当人民群众生命财产安全受到威胁时，他临危不惧、挺身而出、慷慨以赴。正如沈星所说："一天做件实事，一月做件有意义的事，一年做件大事，一辈子做件有意义的大事。人可以平凡，但不可以平庸。"

沈星荣获陕西省见义勇为道德模范、中国青年"五四"奖章、全军践行当代革命军人核心价值观"最美军人群体"新闻人物特别奖等荣誉称号。

"你是军人的代表、家乡的坐标、亲人的自豪，你永远是我们心中最闪亮的恒星。"西安航空职业技术学院学生们一首《恒星赞》，将家乡人民对英雄的追思之情引爆。"你用热血和汗水，诠释了一个军人的奉献与职责""你用军人的操守和父亲的博爱，放下自己 3 岁的女儿，让一个人民群众的母亲的儿子获得了生的希望"。

道德无形，却有着磅礴的力量。助人一把，看似微不足道，却胜冬天里的一把火。沈星用生命挽救生命，温暖了全社会的心。他救起了一个儿童，也扶起了一份社会公德。

——来源：中国文明网

【资料 3】全国敬业模范罗阳

罗阳，男，汉族，1961 年 6 月生，中共党员，生前系中航工业沈阳飞机工业集团有限公司董事长、总经理。

2012 年 11 月 25 日，罗阳为航空工业发展披肝沥胆、鞠躬尽瘁，在我国首艘航母"辽宁舰"完成训练任务时，突发心脏病不幸以身殉职，用生命践行了"航空报国"的铮铮誓言和共产党员无私奉献的理想信念。

"信念坚定，忠诚报国"是他一生坚持的信念。参加工作以来，罗阳前 20 年设计研发飞机，后 10 年指挥制造生产飞机，以毕生的智慧和心血，一次次托举共和国战鹰完美升空，用生命圆了中国人心中的航空强国梦。他常说："'沈飞'的责任不仅关系企业生存，更关系国家利益。""'沈飞'不能忘了这八个字，那就是'恪尽职守，不负重托'。"从一名普通的飞机设计员到军工大型企业主要负责人，他用坚守30年的航空报国理念，组织完成了多项国家重点航空装备研制和生产任务，实践了对党忠诚的一生，对祖国忠诚的一生，对航空事业忠诚的一生。

干惊天动地之事，做默默无闻之人。罗阳上任几年来，正值航空武器装备高速发展时期，也是沈飞公司任务最为艰巨的几年。他把项目研制作为最大的政治使命。签发总经理令，成立现场工作组，强化生产计划严肃性和执行力；亲自签订“责任状”，组织部装、总装和试飞“三大战役”，集中力量开展重点项目攻坚决战，成功克服资源不足、成品供应不及时等一个个难关，完成多个重点项目任务，为航空武器装备发展做出了重大贡献。在产品研制过程中，他带领沈飞公司不断创新项目管理模式，缩短了项目研制周期，产品研发能力和制造能力实现重大突破，生产能力实现跃升。他把“恪尽职守，不负重托”作为沈飞公司的核心理念，提出了思想意识、工作作风、组织纪律“三项整治”工作，大力推进实施“严格化、精细化、规范化、标准化”管理，极大提升了效率和效益。在生命最后一个月，罗阳劳心劳力，没有一刻休息，用全部精力带领着“沈飞”冲上事业巅峰。

罗阳荣获全国优秀共产党员、全国“五一劳动奖章”、革命烈士、辽宁省第五届道德模范、全省优秀共产党员、全省特等劳动模范等荣誉称号。

——来源：中国文明网

【项目三】　社会主义荣辱观主题系列活动

以“八荣八耻”为主要内容的社会主义荣辱观内涵深邃，体现了中华民族传统美德与时代精神的有机结合，体现了社会主义基本道德规范和社会风尚的本质要求。在学习“树立和践行社会主义荣辱观”相关内容时，组织开展以“文明生活，健康成才”为主题的社会主义荣辱观系列实践活动，强化学生对社会主义荣辱观的认识，自我教育、自我约束、自我提高，努力提升道德境界。

【活动1】行动起来，向零艾滋迈进——红丝带进校园活动

观看彭丽媛反歧视艾滋公益短片《永远在一起》，开展红丝带进校园活动。通过防艾滋宣传资料，宣传展板展览、有奖知识问答、爱的寄语等多种形式的科普宣传活动，提高学生对艾滋病的正确认识，增强预防艾滋病的技能，树立社会责任意识和正确的性道德观，培养文明健康的生活方式，真正做到以“崇尚科学为荣，以愚昧无知为耻”。

【资料】正确认识艾滋病

目前，人们对艾滋病的传播途径与防治常识还存在误区，因此，正确认识艾滋病、积极预防是减少艾滋病发生与传播的重要环节。

天津市中医药研究院附属医院（长征医院）皮肤性病主任医师李维云介绍，艾滋病是获得性免疫缺陷综合征（AIDS），病原体为人类免疫缺陷病毒（HIV），HIV感染后使人体细胞免疫功能部分或完全丧失，继而发生各种条件致病性感染和恶性肿瘤等。许多人认为艾滋病很容易被感染，产生了一种恐慌心理，谈艾色变。其实，艾滋病的传染源主要是艾滋病病人及HIV感染者（或携带者）。其传播途径已证实的主要有3种：

1. 性接触传播：包括同性与异性之间的性接触。单次无保护的性接触传播HIV的概率为0.1%～1%，但同时患有性传播疾病，特别是伴有生殖器溃疡的性传播疾病，如梅毒、生殖器疱疹、软下疳等，可使单次性接触危险性增大2～10倍。

2. 血液传播：主要是指静脉吸毒者共用 HIV 污染的未经消毒的针头与注射器，是主要传染途径。另外，输入被污染 HIV 的血液（如非正规献血站的血源）、血液成分或血液制品等。

3. 母婴传播：即垂直传播。也称围产期传播，感染了 HIV 的母亲通过胎盘传染，胎儿经过产道时被传染，产后母亲哺乳时传染给婴儿。

4. 未经证实的传播途径：目前尚无证据说明 HIV 可通过咳嗽、打喷嚏、握手、餐具、眼泪、电话、游泳池或蚊子叮咬而传播。虽然已从艾滋病病人的血液、精液、阴道分泌物、宫颈黏液、唾液、眼泪、脑脊液、肺泡液、乳汁、羊水和尿液中分离出 HIV，但流行病学只证明血液和精液有传播作用。

——来源：作者根据相关资料整理

【活动 2】“光盘行动”进校园

有一种节约叫“光盘”，有一种公益叫“光盘”，有一种习惯叫“光盘”。为教育学生发扬艰苦奋斗、勤俭节约的作风，养成健康文明的生活习惯，组织学生开展“我光盘·我光荣”“光盘行动进校园”活动，进一步培养学生的节约意识，减少舌尖上的浪费，努力做到“以艰苦奋斗为荣，以骄奢淫逸为耻”。

具体实施方案：

1. 由学生编写“光盘体”，倡议书口号，用生动的语言介绍推广“光盘行动”。

2. 开展网络晒“光盘”和晒“不光盘”行动，学生通过微博、微信等形式上传身边“光盘”及“不光盘”照片，对“光盘族”表扬，对浪费的曝光。

3. 招募“光盘行动”志愿者，发放统一标志，于就餐时间在食堂宿舍等地宣传“光盘行动”理念，提倡监督同学们践行“光盘行动”。

【资料 1】我光盘，我光荣——“光盘行动”倡议书

亲爱的老师们、同学们：

有关数据显示：中国人每年在餐桌上浪费的粮食价值高达 2 000 亿元，被倒掉的食物相当于 2 亿多人一年的口粮。“舌尖上的浪费”触目惊心，令人痛心。目前，全国各地兴起了倡导将盘中餐吃光、喝净、带走的“光盘行动”。作为青年学生，我们应该带头在校园内开展此项行动，并号召全校师生文明就餐，加到“光盘行动”中来。

我们倡议：树立节约光荣、浪费可耻的思想观念，做“光盘行动”的发起者。牢记勤俭节约，变铺张浪费的饮食习惯，反对过度消费。

我们倡议：弘扬文明之风，传播节俭之种，做“光盘行动”的推广者。通过短信、微博等传统或网络媒介宣传“光盘行动”，让更多的人了解“光盘行动”、踊跃加入“光盘行动”，让节俭之风吹遍浙江省乃至全国的高校校园。

我们倡议：从自身做起，从细节做起，做“光盘行动”的实践者。争做“光盘”达人，适当点餐，拒绝攀比，以“光盘”为荣，以“剩餐”为耻，实在吃不了的，也要“兜着走”。

“光盘”不仅仅是一句口号，也是一种厉行节约、倡导珍惜的生活态度；“光盘”不仅仅是形式，也是一种保护资源、健康时尚的生活习惯。让我们从今天起，文明就餐，珍惜粮食，爱护资源，做一个光荣的“光盘一族”吧！

——来源：http://ishare.iask.sina.com.cn/f/8Q78b90ieeb.html

【资料2】节俭到“抠门”的有钱人——李嘉诚一生坚持的金钱观

美国财富杂志《福布斯》2010年香港40富豪榜上，李嘉诚以213亿美元再次蝉联香港首富。

早在2006年，李嘉诚就曾表示：会将个人财产的三分之一捐作公益慈善之用。李嘉诚坦言：“基金会是我的第三个儿子。”时至今日，李嘉诚基金会及由李嘉诚先生成立的其他慈善基金会，已对教育、医疗、文化及公益事业支持的款额逾110亿港元。

李嘉诚在慈善事业方面所做的贡献已无法单纯用数字来衡量，但即便如此，出身贫苦人家的他在生活方面却依旧节俭如初。李嘉诚对自己的衣着从来都不怎么讲究，皮鞋坏了，他觉得扔掉太可惜了，补一补后照样穿，而一套西装穿个十年八年对他来说更是平常事。

每次他宴请客人，总是吃简餐。一次，李嘉诚在澳门参加一个招待会，其宴会金碧辉煌，山珍海味，一派富贵。然而，当宴会快结束的时候，却有人看到这么一个细节：李嘉诚面前桌子上一个盘子里还剩下两片西红柿，他笑着低声招呼身边的助手，只看他嘴角一开一闭，而助手也轻步上前，两个人一人一片地把西红柿分着吃了。李嘉诚就这么简单地动筷子，随意而自然，却感动了在场的所有人。“不能浪费”，单纯的四个字，是李嘉诚先生一生坚持的金钱观。正是这小小的两片西红柿，折射出他勤俭节约的品格。在他看来，即使是不起眼的小物件，也不能因浪费而抹杀了它存在的意义。

——来源：《世界财经报道》

【活动3】焦点事件大家谈——“残疾”乞丐起身行走，男子跟拍遭骂

台州温岭网友“小云”，昨天跟踪了一位残疾乞丐一个多小时，结果让他大吃一惊：原先瘫痪的乞丐，数着讨来的钱，起身行走，拦了辆公交车回家了。

“小云”在温岭郚根镇政府工作，昨天上午，他到温岭市石桥头镇办事，听到一个哀伤的声音。循声望去，他看到一个匍匐在地面的乞丐。

“他趴在一块滑板上，用两手爬行。”“小云”掏出5元钱放进乞丐的罐子里，随后又有几个好心人也过来放了点钱。

“你是不是碰到什么困难了？需要帮助吗？”“小云”问。他希望可以提供更多的帮助。

没想到，乞丐不耐烦地说：“你能帮助啥？不要挡我财路！你有这个能力吗？”

“小云”被呛了正着，想想手头的事忙完了，他决定跟踪偷拍这个乞丐，看看他是不是假乞丐。恰好他爱好摄影，身上带了相机。下面是他的自述：

11点35分　振兴路上

振兴路是温岭市石桥头镇的主要街道，车、人都很多。这名乞丐把喇叭声音开得很响，然后沿着街道从南往北爬行。

至少有三四个路人给他扔钱，少的两三元，多的有个人扔了10元。

11点52分　石桥菜场

爬了近20分钟，他爬到了振兴路北头，那边没啥人气。

他调转方向，向旁边的石桥菜场爬去。菜场满地脏水，但他似乎不在乎。有两三个卖菜的商户看到了他，纷纷拿钱给他。

12点08分　南门街

菜场里给钱的人，似乎没有料想的多。从东门进来的乞丐急急从南门拐了出去，爬到了南门街。

南门街是一条古街，有不少年老居民，信佛的老太太特别多。她们纷纷拿钱给他，嘴里还念叨着“罪过罪过”。还有一个小男孩，妈妈给了他1元钱，让他拿给乞丐，小男孩觉得钱太少了，让妈妈又加了一元，然后放进罐子里，笑眯眯地蹦跳着离开。

12点21分　81省道林石线

他大概有点累了，爬行的速度越来越慢。81省道林石线车流不少，但行人很少，一路爬下来，没有收到钱。此时，他两只手一撑，整个人居然起来了，变成跪的姿势。又过了一会儿，他居然站了起来!

我当时惊讶地都要叫出来了，他看起来空荡荡的裤管里，居然有两条好腿。

12点28分　镇政府附近公交站牌

接着，他舒展了一下筋骨，然后把罐子里的钱掏出来数。

远远看去，纸币总有近百元。他将钱放进一个编织袋，然后将破帽、破衣、破裤一一脱去，露出里面那套干净衣服。他拦了辆公交车走了，剩下傻眼的我独自在风中凌乱。

虽可恶但不构成犯罪。

浙江时空律师事务所的王优飞律师说，假乞丐的行为让人憎恨，但目前法律还无法约束此类行为。

“有人认为，这些假乞丐骗取了他人的同情，就是个骗子。可事实上，假乞丐行乞的行为和真正的诈骗行为有本质区别。”王优飞解释，诈骗罪的犯罪分子，主观目的非常明确，而受害人在损失钱财的时候是完全不知情的。而假乞丐乞讨，这些钱是好心人心甘情愿给的，即使有些人怀疑乞丐的真假，但既然决定给了，也没有要回来的想法，因此和诈骗罪不同。

“现在唯一能做的，只能是从道德层面进行谴责。”王优飞说。

——来源：《钱江晚报》

【活动4】问卷调查——大学生诚信状况

诚信是中华民族的传统美德，也是衡量个人品德修养状况的重要指标。在当今的大学校园诚信缺失现象时有发生，如考试作弊、借贷不还、恶意拖欠学费、毕业推荐弄虚作假、欺骗家长和老师、制造虚假履历和证明、抄袭作业、抄袭学术论文等。通过“大学生诚信状况调查”活动，进一步深入了解大学生的诚信状况，探索影响大学生诚信意识的因素，从而有针对性地开展活动，加强大学生的诚信意识，使学生牢固树立“以诚实守信为荣，以见利忘义为耻”的社会主义荣辱观。

【资料】大学生诚信状况调查问卷

1. 你认为自己是个讲诚信的人吗？(　　)

A. 是，诚信是人的基本道德，一向严格要求自己

B. 基本是，视具体情况而定，不诚信只是偶尔状况

C. 其他

2. 你觉得在自己的成长过程中，长辈对你进行有关诚信的教育吗？(　　)

A. 就小时候，大了就没有　　B. 经常

C. 基本没有

3. 你最信任的人是谁？(　　)

A. 家长　　B. 老师　　C. 朋友　　D. 自己

E. 其他人

4. 和他人交往时，你是否看中对方的诚信？(　　)

A. 十分看中，是相互交往的前提和保证　　B. 比较看中，但不是决定的条件

C. 无所谓，大家开心就好　　D. 其他

5. 在校园里，看到有个钱包在校道上，你会怎么做？

A. 装作没看见，直接路过

B. 捡起来看里面有多少钱，如果里面没钱或者只有10元左右，就丢回原处

C. 在没人看见的情况下，捡起来据为己有

D. 捡起来交给保安或者检查钱包内是否有信息可以找回失主

6. 你在公交车上逃过票吗？(　　)

A. 想，但没机会　　B. 有机会，但不敢做

C. 从未逃过　　D. 偶尔

7. 你对作弊行为（　　）

A. 深恶痛绝，自己也绝不会作弊

B. 不赞成，但也不会制止，是老师的事情

C. 无所谓，反正现在的考试也没多大意义，作弊是明智之举，可以省去记忆无聊内容的时间

8. 在日常生活中，你觉得你是否能做到诚信？(　　)

A. 能，这是做人最重要的原则之一

B. 基本能，但有的事要视具体情况而定

C. 没有特别注意，按自己的生活方式生活

D. 还是以能否达到目的为主，有时并不诚信

9. 对于学生贷款的不还问题，你认为该如何处理？(　　)

A. 扣其毕业证书，直到其还款　　B. 联系其工作单位，以工资抵贷

C. 尽量减少甚至取消给学生贷款　　D. 对于有作弊等行为的学生不予贷款

10. 你如何看待大学生求职违约行为？(　　)

A. 只要能找到满意的单位，即使违约也可以理解

B. 是对学校、用人单位不负责任的行为

C. 视具体情况而定

11. 如何看待大学生对简历作假行为？(　　)

A. 可以理解　　B. 是不诚信的行为

C. 见惯不怪　　D. 适当修饰可以理解

12. 诚信是中华民族的传统美德，对此你的看法是：(　　)

A. 诚信不可或缺，现今社会当以诚信为重

B. 在生活中，有时候不诚信反而更得益，诚信的地位越来越低

C. 自己讲诚信就够了，不要求其他人也讲诚信

D. 即使生活中有时候会出现不诚信的现象，我们也要坚持诚信，争取杜绝不诚信现象

【项目四】　我学习，我践行——社会主义核心价值观主题系列活动

组织开展“我学习，我践行”社会主义核心价值观主题系列活动。使学生深入了解社

会主义核心价值观的内涵和要求，积极践行社会主义核心价值观，自觉把个人价值追求融入民族复兴、国家发展的伟大实践中。

【活动 1】组织观看核心价值观电视专题片《国魂》

播放由中央电视台科教频道制作的三集电视专题片《国魂》，使学生深刻理解社会主义核心价值观的重大意义，厘清社会价值和个体价值、道德价值和功利价值的关系。

【资料 1】深刻理解社会主义核心价值观的内涵和意义

党的十八大报告强调指出："倡导富强、民主、文明、和谐，倡导自由、平等、公正、法治，倡导爱国、敬业、诚信、友善，积极培育和践行社会主义核心价值观。"这一论述明确了社会主义核心价值观的基本理念和具体内容，指出了社会主义核心价值体系建设的现实着力点，是对社会主义核心价值体系建设的新部署、新要求。正确理解社会主义核心价值观的内涵，深刻把握积极培育和践行社会主义核心价值观的重要性，对于推进社会主义核心价值体系建设，用社会主义核心价值体系引领社会思潮、凝聚社会共识，具有重要的理论意义和实践意义。

社会主义核心价值观的丰富内涵

核心价值观是社会核心价值体系基本理念的统一体，直接反映核心价值体系的本质规定性，贯穿于社会核心价值体系基本内容的各个方面。社会主义核心价值观是社会主义核心价值体系最深层的精神内核，是现阶段全国人民对社会主义核心价值观具体内容的最大公约数的表述，具有强大的感召力、凝聚力和引导力。党的十八大报告关于社会主义核心价值观的表述，对社会主义核心价值体系基本内容进行了凝练，是重要理论创新成果。

"富强、民主、文明、和谐"，是我国社会主义现代化国家的建设目标，也是从价值目标层面对社会主义核心价值观基本理念的凝练，在社会主义核心价值观中居于最高层次，对其他层次的价值理念具有统领作用。富强即国富民强，是社会主义现代化国家经济建设的应然状态，是中华民族梦寐以求的美好夙愿，也是国家繁荣昌盛、人民幸福安康的物质基础。民主是人类社会的美好诉求。我们追求的民主是人民民主，其实质和核心是人民当家做主。它是社会主义的生命，也是创造人民美好幸福生活的政治保障。文明是社会进步的重要标志，也是社会主义现代化国家的重要特征。它是社会主义现代化国家文化建设的应有状态，是对面向现代化、面向世界、面向未来的民族的科学的大众的社会主义文化的概括，是实现中华民族伟大复兴的重要支撑。和谐是中国传统文化的基本理念，集中体现了学有所教、劳有所得、病有所医、老有所养、住有所居的生动局面。它是社会主义现代化国家在社会建设领域的价值诉求，是经济社会和谐稳定、持续健康发展的重要保证。

"自由、平等、公正、法治"，是对美好社会的生动表述，也是从社会层面对社会主义核心价值观基本理念的凝练。它反映了中国特色社会主义的基本属性，是我们党矢志不渝、长期实践的核心价值理念。自由是指人的意志自由、存在和发展的自由，是人类社会的美好向往，也是马克思主义追求的社会价值目标。平等指的是公民在法律面前的一律平等，其价值取向是不断实现实质平等。它要求尊重和保障人权，人人依法享有平等参与、平等发展的权利。公正即社会公平和正义，它以人的解放、人的自由平等权利的获得为前提，是国家、社会应然的根本价值理念。法治是治国理政的基本方式，依法治国是社会主义民主政治的基本要求。它通过法制建设来维护和保障公民的根本利益，是实现自由平等、公平正义的制度保证。

“爱国、敬业、诚信、友善”，是公民基本道德规范，是从个人行为层面对社会主义核心价值观基本理念的凝练。它覆盖社会道德生活的各个领域，是公民必须恪守的基本道德准则，也是评价公民道德行为选择的基本价值标准。爱国是基于个人对自己祖国依赖关系的深厚情感，也是调节个人与祖国关系的行为准则。它同社会主义紧密结合在一起，要求人们以振兴中华为己任，促进民族团结、维护祖国统一、自觉报效祖国。敬业是对公民职业行为准则的价值评价，要求公民忠于职守、克己奉公、服务人民、服务社会，充分体现了社会主义职业精神。诚信即诚实守信，是人类社会千百年传承下来的道德传统，也是社会主义道德建设的重点内容，它强调诚实劳动、信守承诺、诚恳待人。友善强调公民之间应互相尊重、互相关心、互相帮助，和睦友好，努力形成社会主义的新型人际关系。

积极培育和践行社会主义核心价值观的重要意义

在全面建成小康社会、坚持和发展中国特色社会主义的伟大实践中，积极培育和践行社会主义核心价值观具有重要而深远的意义。

积极培育和践行社会主义核心价值观是推进社会主义核心价值体系建设的基础工程。自中央提出社会主义核心价值体系的重要命题以来，社会主义核心价值体系就成为社会广泛关注的重大理论和实践问题。近年来，社会主义核心价值体系建设在理论和实践层面都取得了突破性进展，特别是在社会主义核心价值体系的本质、基本内容、功能与作用、建设途径等方面形成了社会共识，社会主义核心价值体系的力量在中国特色社会主义建设事业中得到彰显。随着对社会主义核心价值体系认识的深化，对社会主义核心价值观的研究、凝练成为完善社会主义核心价值体系的着力点。党的十八大从价值理念视角对社会主义核心价值体系基本内容进行抽象概括，为社会主义核心价值体系奠定了价值观基础，使社会主义核心价值体系更具理论逻辑魅力，也能够更好地为社会、为群众所掌握。

积极培育和践行社会主义核心价值观是维护我国意识形态安全的迫切需要。长期以来，西方敌对势力对我国实施西化分化的图谋从没停止过。当今我国正处于改革发展的关键阶段，社会矛盾多发，价值观念多元多样多变，西方敌对势力乘机加紧对我国实施价值观渗透战略。世界上从来就不存在抽象的民主，也不存在绝对的自由。实际上，民主、自由和人权并不是西方国家的专利，而是人类社会的美好追求。面对价值观领域的渗透与反渗透斗争，我们不能掉以轻心，必须坚守好价值观领域这块阵地，确保意识形态安全。这就需要我们坚持以马克思主义为指导，大力加强社会主义核心价值体系建设，在凝魂聚气、强基固本上下足功夫。应清醒地认识到，价值观领域的博弈是激烈的、长期的、复杂的。提炼社会主义核心价值理念，逐步培育社会主义核心价值观，是有效应对西方敌对势力对我实施价值观渗透战略的客观要求。

积极培育和践行社会主义核心价值观是实现全面建成小康社会奋斗目标、坚持和发展中国特色社会主义的内在要求。当今世界正处在大发展大变革大调整时期，思想文化交流交融交锋更加频繁，文化在综合国力竞争中的战略地位越来越凸显，核心价值体系在社会发展和国家安全中的生命线作用越来越突出。当前，我国已进入全面建成小康社会的关键时期，仍处于可以大有作为的重要战略机遇期。抓住机遇、应对挑战，实现全面建成小康社会奋斗目标、坚持和发展中国特色社会主义，必须用社会主义核心价值体系引领社会思潮、弘扬社会正气、培育文明风尚，塑造崇高人格和民族精神品格，培育和谐人际关系，在全党全社会凝聚起团结奋斗的共同意志。社会主义核心价值观是社会主义核心价值体系基本价值理念的集合体，是社会主义核心价值体系最深层的精神内核。党的十八大报告提出的具体表述，是对社会主义核心价值体系基本内容的简洁凝练，是对社会主义核心价值体系的基本价值尺度、基本价值理念的概括，应将对其的教育宣传活动融入国民教育和精神文明建设全过程，同改革开放的实践经验和伟大成就联系起来，同全面建成小康社会的奋斗目标联系起来，让广大人民群众深切体会到社会主义核心价值理念是"共同富裕""人民幸福"价值诉求的集中体现，不断形成更加广泛的价值认同，成为凝聚13亿人民为全面建成小康社会、实现中华民族伟大复兴的中国梦而奋斗的共同思想基础和精神纽带。

——来源：作者根据相关资料自己整理

【资料2】专题片《国魂》简介

专题片《国魂》分上、中、下三篇，分别从国家、社会和个人层面对社会主义核心价值观进行了解读和阐释。片头统一采用海采方式切入，通过对不同地区、行业、职业的群众进行现场采访，体现社会主义核心价值观是当代中国价值观认同的最大公约数。在总体拍摄风格上突出鲜活、生动、接地气的特点，采取故事化情节和夹叙夹议的方式，让观众在欣赏中获得启迪、感受价值观的力量。

上篇主要展现社会主义核心价值观在国家层面的价值要求。全篇贯穿实现中华民族伟大复兴的中国梦这一鲜明主题，简要介绍了社会主义核心价值观提出的历史背景与过程。分别对富强、民主、文明、和谐进行了阐述。在叙事风格上主要以"振奋"为基调，运用大量鲜活生动的案例、国家经济社会发展成就的画面和具有启发意义的解说词，为广大观众营造一种国家好、民族好、大家才能好的视觉氛围，激发广大观众内心深处对于国家富强、民族复兴、人民幸福的渴望和共鸣。

中篇主要展现社会主义核心价值观在社会层面的价值要求。全篇贯穿让全体人民感受公平正义阳光这一主线，分别对自由、平等、公正、法治进行了阐述。在叙事风格上主要以"温暖"为基调，运用众多小人物的小故事、简洁明快的画面和娓娓道来的解说方式，让观众在细节中感受国家为建设自由、平等、公正、法治社会而进行的努力，以及由此带来的老百姓生活实实在在的变化。

下篇主要展现社会主义核心价值观在公民个人层面的价值要求。全篇贯穿每一个公民自觉践行社会主义核心价值观这一主线，分别对爱国、敬业、诚信、友善进行阐述。在叙事风格上主要以"感动"为基调，运用先进典型和平凡人物的感人事迹和画面、电视散文的解说方式，带领观众进入人物的故事和场景中，让观众感受榜样的力量，引发情感的共鸣。

——来源：央视网

【活动2】主题演讲活动——激扬青春梦，核心价值行

在学习和观看核心价值观资料和视频的基础上，开展"激扬青春梦，核心价值行"主题演讲活动，启迪和引导学生结合发生在自己身边印象深刻的真实故事和变化，畅谈对于核心价值观的理解，增强学生践行社会主义核心价值观的自觉性，强化爱国主义意识，促进学生成长成才。

【资料】

尊敬的领导，亲爱的同事：

大家下午好！今天我要演讲的题目是"践行社会主义核心价值观，放飞激扬青春与梦想”。

在这芬芳馥郁、桃李争妍的四月，社会主义核心价值观犹如飘扬的旗帜，引领着我们努力前行，实现人生价值。

国家和社会是由无数个体构成的，作为个体我们只有躬身践行社会主义价值准则，才能让社会主义核心价值观深深植入我们的信念当中，化作行动的指南。作为一位铁路线路工，作为一名合格公民，我们都应该以实实在在的行动践行社会主义核心价值观，共筑伟大复兴中国梦。

首先，爱国——位卑不敢忘忧国，这是中华民族几千年传承的精髓，激励着中华儿女奋发图强，鞭策着仁人志士舍身报国！作为当代社会主义青年，我们应该以真诚的工作态度和踏实的工作作风，做好每一项工作，用汗水去谱写我们绥工段社会主义核心价值观的旋律，奏响新时期铁路精神的凯歌，爱国将不再是一句简单的誓词，而是我们感恩之心的挥洒和回赠。

其次，敬业——春蚕到死丝方尽，蜡炬成灰泪始干。“吃苦为荣、艰苦奋斗、无私奉献、奋发进取”，巴山工务车间160多名职工常年扎根艰苦山区，负责养护的81公里线路曾是襄渝线地质条件最复杂、基础最薄弱、病害最严重的“担心线”，却取得了36年安全无事故、人员无伤亡的好成绩。巴山人用自己的亲身经历告诉我们一个朴素的道理：不论处于什么样的条件和环境下，不管自身的工作岗位多么平凡，都要一步一个脚印，扎扎实实创造出不平凡的业绩，发挥最大的能力，使自己的人生价值得到最大体现。

再次，诚信——人无信不立。“安全优质、兴路强国”这一铁路精神，其实正是几代铁路人几十年如一日坚守的信念，他们为旅客和货主打造放心通道，用心血和汗水换来铁路大动脉的安全畅通，优质高效，无怨无悔。对于“安全”早已刻于心中，与生命相随，生命有多长，保安全就要做多久。诚信不仅是一种品行，更是一种责任；不仅是一种道义，更是一种准则；不仅是一种声誉，更是一种承诺。

最后，友善——谦和友善得人心。作为一名铁路线路工，自然环境恶劣，工作任务繁重，但是这里坚定乐观的文化氛围深深影响了我。

巴山工务车间自然环境恶劣，工作任务繁重，起初职工文化生活条件较差，但一任任车间干部坚持始终依靠职工群众、密切联系职工群众、真情服务职工群众，靠共同的艰苦奋斗创造了平等和谐的干群关系与同事情谊；车间职工坚定乐观，自己动手装扮温馨的家园，在乱石岗上整出了篮球场，在荒山坡上开辟了生态园，利用废旧材料做成艺术品，丰富了精神文化生活。全局上下要认真学习巴山工务车间在文化建设和“三线”建设方面好的做法，坚持严爱结合，关心职工生活，充分利用好站区既有设施条件，努力营造健康活泼、积极向上的文化氛围。

友善是人与人之间的友谊，它如同黏合剂般把彼此的我们聚合在了一起，共同为铁路建设而奋斗。

我从事的职业，让我无比骄傲。虽然辛苦劳累，但是这份职业所承担的责任是那么神圣！因为爱国而爱这份职业，因为敬业而勤奋工作，因为诚信而严守法纪，因为友善而真诚对待身边的每个人。

在社会主义核心价值观的引领下，我会以这24个字作为自身思考和行动的指南，切实践行着“爱国、敬业、诚信、友善”的社会主义核心价值观，将自己与祖国紧密相连。放飞激扬青春与梦想，实现自己的人生价值！

我的演讲完毕，谢谢大家。

——来源：淘豆网，www. taodocs. com

【活动3】评选班级最美之星

组织开展“践行核心价值观，评选班级最美之星”活动，使学生感受身边榜样的力量，争做德、智、体、美全面发展的优秀学生。

具体方案：

1. 学习之星：学习态度端正，学习目的明确，专业知识扎实，勤奋好学，刻苦钻研，学习成绩优异，品学兼优，爱好广泛，全面发展，积极推动班级学风建设；勤学善思，力行创新，帮助同学解决学习上的困难，带动同学共同进步。

2. 科研之星：学习成绩优异，具有良好的科学素养和实践创新精神，积极参加学术活动、科学竞赛和各类科研创新实践活动，崇尚科学，追求真知，有较强的创新精神和创新能力。

3. 文艺之星：热心文艺活动，具有较高的艺术修养和艺术功底，能够积极代表班级学院参加各级各类文艺比赛，为丰富校园文化生活、推动校园文化建设做出贡献。

4. 体育之星：具有良好的体育道德，体育方面有特长，热心体育活动，热心推广体育活动，能够带动和影响周围同学参加体育锻炼，积极参加校园内外各项运动比赛并取得突出成绩，为学校和班级赢得荣誉。

5. 道德之星：能够自觉践行社会主义核心价值观，尊敬师长，孝敬父母，不计个人得失，拾金不昧，助人为乐，积极向上，具有正义感，能做到临危不惧，见义勇为，深受他人敬佩。

【活动4】社会主义核心价值观理论知识竞赛

组织开展社会主义核心价值观理论知识竞赛，使学生更加深刻地理解社会主义核心价值观的内涵和意义，确立与社会主义核心价值观相一致的人生目标，成为践行社会主义核心价值观的“先行军”。

【资料】社会主义核心价值观理论知识竞赛题

一、单项选择题（每题2分，共40分）

1.（　　）是社会主义核心价值体系的内核。

A. 社会主义核心价值观　　B. 社会主义先进文化

C. 科学发展观　　D. 中华民族精神

2. 社会主义核心价值观的基本内容包含（　　）个层面、（　　）个词，共（　　）个字。

A. 3　4　12　　B. 3　12　24

C. 3　6　12　　D. 3　6　18

3. 社会主义核心价值体系是引领社会思潮的（　　）向导。

A. 价值　　B. 理论　　C. 精神　　D. 革命

4. 任何一个政党，都有昭示自己奋斗目标和行动纲领的理论。这种理论，马克思、恩格斯称之为政党的“(　　)”。

A. 纲要　　B. 宣言　　C. 旗帜　　D. 向导

5. 中共中央办公厅下发的《关于培育和践行社会主义核心价值观的意见》指出，(　　)是公民个人层面的价值准则。

A. 富强、民主、文明、和谐　　B. 自由、平等、公正、法治

C. 爱国、守法、明礼、守信　　D. 爱国、敬业、诚信、友善

6. 社会主义核心价值体系是国家(　　)的核心内容。

A. 竞争力　　B. 凝聚力　　C. 文化软实力　　D. 创造力

7. 我们追求的民主是人民民主，其实质和核心是(　　)。

A. 人民政治协商　　B. 人民当家做主

C. 基层民主自治　　D. 肝胆相照、民主监督

8. “和而不同”“天人合一”等传统文化理念蕴含了社会主义核心价值观的(　　)理念。

A. 和谐　　B. 文明　　C. 法治　　D. 爱国

9. 实现人的自由而全面发展是社会主义的(　　)。

A. 终极价值　　B. 根本原则　　C. 初级目标　　D. 本质

10. 美国前总统林肯曾经说：“所有的人生来都是平等的。”这里的“平等”主要指(　　)。

A. 规则平等　　B. 形式平等　　C. 权利平等　　D. 机会平等

11. 培育和践行社会主义核心价值观要坚持以(　　)为核心。

A. 理想信念　　B. 文明礼仪　　C. 公平正义　　D. 志愿活动

12. 在社会主义初级阶段，爱国同社会主义紧密结合在一起，要求人们以(　　)为己任，促进民族团结、维护祖国统一、自觉报效祖国。

A. 爱岗敬业　　B. 振兴中华　　C. 奉献社会　　D. 努力奋斗

13. 从价值呈现来看，诚信价值观的呈现形式表现为(　　)、人际约定和社会氛围的多维构建。

A. 个体约束　　B. 法纪约束　　C. 公民信仰　　D. 道德约定

14. 全社会能否成功培育和践行社会主义核心价值观，关键在于(　　)作用。

A. 领导干部的主导和驾驭　　B. 教育部门的教育和引导

C. 政府部门的践行和示范　　D. 舆论部门的宣传和引导

15. 马克思主义是我们(　　)的根本指导思想。

A. 立党立国　　B. 立党为公　　C. 执政为民　　D. 依法治国

16. (　　)是社会主义核心价值观的本质特征。

A. 实践性　　B. 理论性　　C. 开放性　　D. 原则性

17. 社会主义核心价值观的根本理论依据是(　　)。

A. 马克思主义　　B. 毛泽东思想　　C. 邓小平理论　　D. 科学发展观

18. (　　)、支配地位与从属地位，是社会主义核心价值观与一般价值观的主要区别。

A. 创新与非创新　　B. 主流与非主流

C. 主要与非主要　　D. 主导与非主导

19. 推进人的自由而全面发展的根本途径是（　　）。

A. 完善市场经济体制　　B. 大力发展先进文化

C. 大力发展生产力　　D. 大力推进制度创新

20. 培育和践行社会主义核心价值观的主阵地是（　　）。

A. 家庭教育　　B. 学校教育　　C. 社会教育　　D. 司法教育

二、多项选择题（每题3分，共30分）

21. 下列关于社会主义核心价值观与中国梦关系的说法正确的是

A. 两者有着密不可分的内在联系

B. 两者有机统一于中国特色社会主义实践

C. 两者是对社会主义先进文化的高度概括

D. 社会主义核心价值观是实现中国梦的价值引领

22. 培育和践行社会主义核心价值观的总开关是

A. 世界观　　B. 人生观　　C. 价值观　　D. 道德观

23. 社会主义核心价值观的两大重要思想资源是

A. 中国优秀传统文化　　B. 科学发展观

C. 人类优秀文明成果　　D. 社会主义荣辱观

24. 弘扬以爱国主义为核心的民族精神具有很强的现实意义。弘扬民族精神

A. 是提高民族素质的基础工程

B. 有利于增强民族自尊和自信

C. 是加强诚信建设的重要任务

D. 是构建和谐社会的精神支撑

25. 加强社会主义核心价值体系建设的重要意义在于核心价值体系

A. 指明了中国发展的前进方向

B. 凝聚了民族团结的伟大力量

C. 提供了国家发展的强大动力

D. 奠定了社会和谐的思想基础

26. 下列对敬业的理解正确的是

A. 敬业要乐业，也就是我们说的爱岗

B. 敬业要精业，就是成为精通业务的能手

C. 奉献是敬业的最高境界

D. 敬业要求我们精通各种行业

27. 友善强调公民之间应

A. 互相尊重　　B. 互相关心　　C. 互相帮助　　D. 和睦友好

28. 人的全面发展的基本内涵包括

A. 人的活动的全面发展

B. 人的社会关系的全面发展

C. 人的素质的全面提高

D. 人的个性的自由发展

29. 将平等作为社会主义核心价值观的要素有利于

A. 深化对马克思主义平等理论的认识
B. 保障人民权益、建设和谐社会
C. 增加民族认同、调动人民群众的积极性
D. 进一步促进人的自由和全面发展
30. 维护社会公正的重要价值在于
A. 社会公正是制度安排的基本依据
B. 维护社会公正是缓解贫富差距的重要杠杆
C. 社会公正有利于形成良性互动的社会结构
D. 公平正义就是要尊重每一个人

三、简答题（30 分）

31. 2014 年 5 月 4 日，习近平总书记在北京大学师生座谈会上指出，广大青年要从现在做起，从自己做起，勤学、修德、明辨、笃实，使社会主义核心价值观成为自己的基本遵循，并身体力行大力将其推广到全社会去，努力在实现中国梦的伟大实践中创造自己的精彩人生。

响应总书记的号召，我们应如何培育和践行社会主义核心价值观？（30 分）

实践教学应注意的问题

1. 社会主义核心价值观是全体中国人民的共同价值追求。核心价值观，承载着一个民族、一个国家的精神追求，体现着一个社会评判是非曲直的价值标准。全社会积极弘扬和践行社会主义核心价值观，才能汇聚起建设社会主义现代化强国和实现中华民族伟大复兴的中国梦的磅礴力量。

2. 社会主义核心价值观把涉及国家、社会、公民的价值要求融为一体，体现了社会主义本质要求，继承了中华优秀传统文化，吸收了世界文明有益成果，体现了时代精神，是对我们要建设什么样的国家、建设什么样的社会、培育什么样的公民等重大问题的深刻解答。

3. 市场经济是法制经济、信用经济、道德经济，绝不是“瞒与骗”的经济。要引导学生认识诚实守信是市场经济条件下经济活动的一项基本道德准则，也是职业道德和做人的基本道德准则。教育同学们积极践行社会主义核心价值观。

学习单元五

明大德守公德严私德

第五章的主题是道德观和道德素质，以“明大德守公德严私德”为章题。这一章共设四节，分别是“道德及其变化发展”“吸收借鉴优秀道德成果”“遵守公民道德准则”“向上向善、知行合一”，重点在引导大学生掌握马克思主义关于道德问题的基本理论，自觉讲道德、尊道德、守道德，投身崇德向善的道德实践，加强品德修养，锤炼道德品质，引领道德风尚。在这一章，探讨了道德的起源、本质、功能、作用和变化发展，对中华传统美德的基本精神、中华传统美德的创造性转化和创新性发展、中国革命道德的形成发展及主要内容、当代价值以及如何借鉴人类文明优秀道德成果等问题也逐次进行了分析。阐述了为人民服务这一社会主义道德的核心、集体主义这一社会主义道德的原则，并对社会公德、职业道德、家庭美德、个人品德的规范要求等作出了相应的呈现。这一章以大学生良好道德素质的养成为落脚点，强调高尚道德品格的形成重在实践、贵在坚持。大学生投身崇德向善的道德实践，就要向道德模范学习，培养志愿服务精神，大力弘扬时代新风，强化社会责任意识、规则意识、奉献意识。

知识点

1. 什么是道德
2. 道德的功能与作用
3. 道德的变化发展
4. 中华传统美德
5. 社会主义道德的核心和原则
6. 社会公德
7. 职业道德
8. 家庭美德
9. 个人品德
10. 向上向善、知行合一

重点难点剖析

一、道德的本质

（一）道德是反映社会经济关系的特殊意识形态

道德的产生、发展和变化，归根结底根源于社会经济关系，有什么样的社会经济关系，相应的就有什么样的道德，道德随着社会经济关系变化而变化。道德作为一种社会意识，在阶级社会里总是反映着一定阶级的利益，因而不可避免地具有阶级性；同时，不同阶级之间的道德或多或少有一些共同之处，反映着道德的普遍性。作为社会意识的道德一经产生，便有相对的独立性。这种相对独立性既表现为道德的历史传承性，也表现为道德对社会的发展具有能动的反作用。

（二）道德是社会利益关系的特殊调节方式

道德是一种调整人与人、人与社会、人与自然以及人与自身之间关系的特殊的行为规范。它是用善恶标准去评判，依靠社会舆论、传统习惯、内心信念来维持的，因此是一种非制度化的、柔性的规范。

（三）道德是一种实践精神

作为实践精神，道德是一种旨在通过把握世界的善恶现象而规范人们的行为，并通过人们的实践活动体现出来的社会意识。

二、中华传统美德的主要内容

（1）重视整体利益，强调责任奉献。
（2）推崇“仁爱”原则，注重以和为贵。
（3）提倡人伦价值，重视道德义务。
（4）追求精神境界，向往理想人格。
（5）强调道德修养，注重道德践履。

三、中国革命道德的主要内容

（1）为实现社会主义和共产主义而奋斗。
（2）全心全意为人民服务。
（3）始终把革命利益放在首位。
（4）树立新风尚，建立新型人际关系。
（5）修身自律，保持节操。

四、社会主义道德的核心和原则

（一）为人民服务是社会主义道德的核心

（1）为人民服务是社会主义经济基础和人际关系的客观要求。
（2）为人民服务是社会主义市场经济健康发展的要求。
（3）为人民服务是先进性要求和广泛性要求的统一。

（二）集体主义是社会主义道德的原则

（1）集体主义强调国家利益、社会整体利益和个人利益的辩证统一，集体主义强调国家利益、社会整体利益高于个人利益，集体主义重视和保障个人的正当利益。

（2）无私奉献、一心为公，这是集体主义的最高层次，是共产党员、先进分子应努力达到的道德目标。先公后私、先人后己，这是已经具有较高社会主义道德觉悟的人能够达到的道德要求。顾全大局、遵纪守法、热爱祖国、诚实劳动，这是对公民最基本的道德要求。

五、社会公德

（一）文明礼貌

文明礼貌反映着一个人的道德修养，体现着一个民族的整体素质。大学生应当自觉讲文明、懂礼貌、守礼仪，塑造真诚待人、礼让宽容的良好形象。

（二）助人为乐

把帮助他人视为自己应做之事，是每个社会成员应有的社会公德，是有爱心的表现。大学生应尽自己的努力帮助他人，积极参与公益事业，在对他人的关心和帮助中收获实现人生价值的快乐。

（三）爱护公物

对社会共同劳动成果的珍惜和爱护，是每个公民应该承担的社会责任和义务。大学生要增强社会主人翁责任感，珍惜国家、集体财产，爱护公物，特别要保护社会公用设施，坚决同损害公共财产、破坏公物的行为作斗争。

（四）保护环境

生态环境保护是功在当代、利在千秋的事业。大学生要像对待生命一样对待生态环境，身体力行，倡导简约适度、绿色低碳的生活方式，为建设美丽中国做出自己应有的贡献。

（五）遵纪守法

遵纪守法是全体公民都必须遵循的基本行为准则，是维护公共生活秩序的重要条件。大学生应当全面了解公共生活领域中的各项法律法规，熟知校纪校规，牢固树立法治观念，自觉遵守有关的纪律和法律。

六、职业道德

（一）爱岗敬业

爱岗敬业是职业道德最基本、最起码、最普通的要求，是职业道德的核心和基础，是社会主义主人翁精神的表现。爱岗，就是热爱自己的工作岗位，热爱自己的本职工作。敬业，就是以极端负责的态度对待自己的工作。从业人员爱岗敬业就是要干一行爱一行，爱一行钻一行，精益求精，尽职尽责。

（二）诚实守信

诚实守信是做人的基本准则，也是社会道德和职业道德的一个基本规范。诚实就是真实无欺，既不自欺，也不欺人；守信就是重诺言，讲信誉，守信用。它要求从业者在职业活动中诚实劳动、合法经营、信守承诺、讲求信誉。

（三）办事公道

办事公道是指对于人和事的一种态度，也是千百年来人们所称道的职业道德。它要求从业人员做到公平、公正，不损公肥私，不以权谋私，不假公济私。

（四）服务群众

服务群众就是为人民群众服务，是社会全体从业者通过互相服务，促进社会发展、实现共同幸福。各行各业的从业人员都要以服务群众为目标。

（五）奉献社会

奉献社会就是要求从业人员在自己的工作岗位上兢兢业业地为社会和他人做贡献。这是社会主义职业道德中最高层次的要求，体现了社会主义职业道德的最高目标指向。

七、家庭美德

（一）尊老爱幼

子女要孝敬、赡养父母及长辈，父母要抚育、爱护子女。

（二）男女平等

坚持男女平等，特别要尊重和保护妇女的合法权益，反对歧视和迫害妇女的行为。

（三）夫妻和睦

夫妻和睦是在男女平等基础上的互敬互爱、互助互让。

（四）勤俭持家

勤俭持家就是既要勤劳致富，也要量入为出。

（五）邻里团结

邻里团结重要的是相互尊重，做到互谅互让，互帮互助，宽以待人，团结友爱。

八、个人品德

（1）爱国奉献。
（2）明礼守法。
（3）厚德仁爱。
（4）正直善良。
（5）勤劳勇敢。

九、向上向善、知行合一

（一）向道德模范学习

学习道德模范的高尚品格和先进事迹，有利于提升全体社会成员的道德素质和社会整体道德水平。大学生要向道德模范学习，崇德向善、见贤思齐、弘扬真善美、弘扬正能量。

（二）参与志愿服务

参与志愿服务活动，一方面，帮助了他人、服务了社会，推动了道德水平的提高；另一方面，也把为社会和他人的服务看作自己应尽的义务和光荣的职责，从服务社会和帮助他人中获得成就感和幸福感。

（三）引领社会风尚

良好的社会风尚是人们在道德实践中逐渐形成起来的。大学生投身崇德向善的道德实践，要弘扬真善美，贬斥假恶丑，做社会主义道德的示范者和引领者，促进良好社会风尚的形成。

（1）知荣辱。

（2）讲正气。

（3）做贡献。

案例分析

【案例一】 常州有个“道德讲堂”

连日来，在江苏常州的工厂、学校、社区，到处传唱着《道德歌》、吟诵着道德诗篇、讲述着身边的道德故事。每周一次的“道德讲堂”，成为常州百姓生活中不可或缺的“精神食粮”。

常州市委书记范燕青告诉记者：“要通过打造‘道德讲堂’这一精神文明建设的有力抓手，提升群众文明素养，凝聚人心，促进和谐，使常州成为200多万人民共同守望的精神家园。”

“小切口”成精神文明建设主抓手

常州市人均GDP去年已达1万美元。物质财富增加了，文明素养如何匹配？范燕青告诉记者：“我们思考，要形成常州人民共同生活的行为准则，而这种准则不是政府出台的硬性规定，是由群众自发参与并形成的，唯有这样才能长久地流传下去。”

常州市委宣传部、市精神文明办酝酿通过一个“小切口”，来做好创建文明城市这篇大文章。依托常州市学习型城市建设，2009年11月，常州市委宣传部在钟楼区试点建设“道德讲堂”，以社会公德、职业道德、家庭美德、个人品德等“四德”为主线，突出“善、诚、孝、强”四个字。但是，“道德讲堂”应该建在哪里、怎么讲、讲什么，大家心里都没底。

钟楼区做了一个大胆决定：放手让基层群众自己去摸索、去实践。这一决定收到了意想不到的效果，“道德讲堂”在全区广受欢迎，迅速覆盖机关、学校、社区和企业。机械一社区的“青松书场”、东头村社区的“道德故事会”等一大批优秀讲堂脱颖而出。

钟楼区机械一社区宣讲员钱孟林告诉记者，“道德讲堂”的内容遵循返璞归真的原则，除了讲常州本土的历史故事，以及解析《论语》等经典著作，更多的是讲身边的好人好事。如今，钱孟林已经讲了100多场次，讲稿积累了好几万字。

“首战”告捷后，“道德讲堂”在常州全市推广开来。仅一年多，常州市已建成各类讲堂500多个，举办讲座10 000余场，推荐评议各级各类优秀分子3 600余人，参与群众超百万人次。

讲述老百姓自己的故事

“道德讲堂”在常州诞生才一年多，何以能风生水起，拥有这么多“粉丝”？

韩彤是常州市出入境检验检疫局的职工，2012年9月她来到市级机关“道德讲堂”讲述自己与公婆相处的故事，年轻人听后很受触动。这让韩彤感悟到：“让同龄人讲身边事，很亲切，也很有说服力。”

有关专家分析，传统的公民道德教育注重于政策宣传、理论教育，难免出现单向灌输的现象，致使道德教育浮在表面，不容易“浸入”百姓心中。而常州市打造的“道德讲堂”，

“重事实、轻理论；重体验，轻说教”，让老百姓讲述自己的事和发生在他们身边的事，他们能在共鸣中感悟，在感悟后自觉践行道德规范。

“道德讲堂”的“选材标准”是“可亲可学可为”，授课地点遵循“就近就便就需”的原则。西林村的“道德讲堂”，就设在西林家园的广场上，农民起得早，“道德讲堂”便在清晨6点“开幕”。常州市钟楼区宣传部副部长、常州市级宣讲员李国瑞还经常鼓励社区居民，“哪怕你身上只有一个优点，也能上去讲一讲”，因此“道德讲堂”时常出现“抢话筒”的场景。

2月24日，红梅街道“德伴人生讲堂”上，钟曼华毛遂自荐，要夸夸她所在的老年志愿者服务队，“平均年龄75岁，情人节组织了爱心玫瑰义卖，一个小时卖了25枝呢”。宣讲员吴亚芬说，讲最敬佩的人，讲最感动的情，讲最相信的理，讲最愿做的事。

“道德讲堂”在摸索中逐步形成了“唱道德歌曲、诵道德诗篇、讲道德故事、发道德短信、上道德课堂、行道德善举”的道德文化建设新模式。

一堂“道德课”引发的思考

专家认为，在当前我国经济社会转型、人们思想观念和价值取向多元化的现实背景下，政府急需破解公民思想道德建设这个难题。常州市打造“道德讲堂”的创新举措，唤醒了这座城市百姓心中的真善美，为公民思想道德建设这个重要课题探索出了一条新的路径。

常州市委常委、宣传部长徐缨告诉记者，一座城市要实施道德育化工程，在形式上要遵循“三贴”原则，即贴紧百姓的道德认同、贴近百姓的道德实践、贴牢百姓的道德需求；体制上要形成长效机制，常州将“道德讲堂”列入党政领导班子年终绩效考核、好班子考核、群众性精神文明创建考核等体系。

另外，在道德育化过程中，政府要起到“四两拨千斤”的作用。作为常州市精神文明建设的一个重要载体，“道德讲堂”开办一年来，常州市政府的投入基本是按照年人均1元的标准。“政府在投入上不算很大，关键要整合精神文明建设的资源，通过积极引导，积小爱汇成大爱，让社会各界形成强大的道德合力。”

一堂堂“特殊的道德课”，正在常州城乡“开讲”。天宁区82岁的退休教师夏云秀带动社区居民捐款成立了金额达10万元的“帮困基金会”，溧阳市农村妇女虞菊伢借债替车祸后昏睡的丈夫发放15万元建筑工人工资……种种善举，彰显了常州“崇德尚善”的道德之风。

“道德讲堂”同时也成为融洽干群关系的“润滑剂”。西林村党总支书记姜建元告诉记者，近年来，西林村拆迁户增多，拆迁过程中，村民难免有些怨言。在妥善解决问题的同时，西林村开办了“六老讲堂”，直至演变为现在的“道德讲堂”，“这为干部群众提供了聚在一起的便利机会，大家摆摆龙门阵，说事拉理，加强了沟通交流，效果真的很好。”

——来源：东城教研

【案例讨论】

1. 为什么要设置道德讲堂？
2. 道德教育可以采用哪些手段？

【思路引导】

在当前我国经济社会转型，人们思想观念和价值取向多元化的现实背景下，政府亟须破解公民思想道德建设这个难题。常州打造“道德讲堂”的创新举措，唤醒了这个城市百姓中的真善美，为公民思想道德建设这个重要课题探索出了一条新途径。

【案例二】 颜宝福的片儿川

2014年5月16日，央视播放的《舌尖上的中国2》第五集《相逢》，赢得众多吃货点赞，杭州人喜爱的片儿川也赚足了无数吃货们的口水。昨日，记者走访了《舌尖上的中国2》节目中制作片儿川的“传奇”面馆——菊英面馆，一探究竟。

金华食客也慕名而来

面馆并不好找，在中河高架旁边的一个小巷子里。与其他地段良好的饭店相比，它的位置确实有些偏僻，但这似乎并不影响吃货们的热情。

上午10点开始，面馆前面就开始排起了长长的队伍，第一轮号码牌已经发到了100多号。由于店内只有9张桌子，所以虽然下着雨，客人还是不得不打着伞在店外等候，不怎么宽敞的小巷子也因这家面馆热闹了起来。

中午12点迎来午饭高峰，第一轮排号已经排到了200号。直到开始新一轮了，记者领到的是4号。足足排了一个小时四十分钟后，记者才品尝到传说中的片儿川。“平时人也挺多，但没今天这么夸张，最多也就等半个小时。”一位杭州本地的老顾客边排队边感叹说。

来自金华的高先生也因看了《舌尖上的中国2》慕名而来，加入了菊英面馆的食客大军。他说最近正好在杭州出差，看了节目中的片儿川后，便向朋友打听到了这家面馆。“没想到人会这么多，虽然等了一个多钟头，但能吃到他们家这么新鲜、正宗的片儿川还是很值得的。”

100多斤笋一天用光了

下午3点，在面馆吃完中午饭的客人逐渐减少。58岁的菊英面馆老板颜宝福和伙计们开始收拾店内的桌椅和做好卫生，准备打烊（比原定的关门时间晚了一个多小时）。“今天客人太多了，所以打烊时间比平常晚了一个多小时。”颜宝福边收拾桌椅边说，脸上堆满笑容。

虽然因忙碌还没来得及看《舌尖上的中国2》，但老颜确确实实也感受到了节目给面馆带来的“影响”。“早上买来的100多斤笋全部都用掉了，雪菜也不够。就连做其他面用的食材到最后也不够了，蘑菇和面条后来还紧急补买了。”老颜说，从早上6点到下午3点，面馆总共卖出了600多碗面，其中80%都是片儿川。

据他回忆，《舌尖上的中国2》节目组是2013年7月份来面馆拍摄的，当时面馆正准备暂停营业放暑假，总共拍了两天。“他们拍摄我们店员烧面，要求速度慢一点，但由于火大，好几次油都糊了。”老颜笑着说，当时节目组邀请他亲自下厨做碗片儿川，可偏偏他自己不会做面。“店里7名员工都会，就我自己不会。”

不过客流量太大也给老颜带来担忧。“最早的时候凌晨4点就要起来打扫卫生、买菜、洗菜，准备开店。这些都是力气活儿，再遇上客人很多的时候，身体真的有些吃不消。”老颜说，如果自己身体状况允许，他可能还会再开两三年的面馆。

——来源：杭州网

【案例讨论】

1. 颜宝福的片儿川得到《舌尖上的中国2》剧组青睐的原因是什么？
2. 社会主义市场经济条件下怎样弘扬传统道德？

【思路引导】

诚实守信是社会健康发展的重要保障，诚实守信是建立市场经济秩序的基石，诚实守信是一切职业道德的立足点。

【案例三】 75岁无手无脚老人跪行照料百岁母亲

75岁无手无脚老人跪行照料百岁母亲

她今年75岁，没手也没脚，就在膝盖上反穿着鞋，跪着走了整整71年。75岁本该是儿孙绕膝、颐养天年的年纪，可她终身未婚，没当过母亲，一辈子都在当女儿。她一生都在努力做好的一件事，就是照顾如今已105岁高龄的母亲。

4岁因病截去手脚，干家务活驾轻就熟，还照料老母亲

4月7日，阳光正好，四川省峨眉山市桂花桥镇蔡村四组一户农家院坝里，105岁的师桂兰坐在椅子上晒太阳。一旁，75岁的蔡冬凤费力地劈着才砍下来的竹子。劈完三四根竹子，她放下砍刀，瞅了一眼戴在上臂的手表，"哎呀，马上都12点了"。蔡冬凤跪着走了好几步，向老母亲靠近并大声地问："老妈，你饿了没有？"老母亲未应声。蔡冬凤嘀咕着，"该弄饭吃了"。

蔡冬凤和她的百岁母亲已经在这座老房子里住了60多年。蔡冬凤也不记得自己的手脚究竟是怎么残疾的。只是听大人们说，4岁那年，她得了一场重病，因为家里太穷，耽误了治疗，不得不把双手双脚都截去。从那时起，蔡冬凤只能跪着走路，几十年里，光鞋底就磨烂了200多双。

虽然四肢残疾，但蔡冬凤对于家务活已驾轻就熟。拣菜、洗菜、切菜，等菜汤煮好了，电饭锅里的饭和剩菜也蒸热了，一碗香肠，一碗红烧肉。"老妈，进来吃饭啰！"她给老母亲盛了一大碗米饭，又夹了很多肉和菜。

"咸不咸？""不咸，刚好！""还要菜不？""不要了。"围坐桌前，母女自然地一问一答。吃完午饭，师桂兰又挪着步到院里坐着。蔡冬凤则放下碗筷，跪行着去倒了半盆热水，将毛巾搓了两把拧干，递给母亲，"来，洗把脸"！

每天早晨，蔡冬凤起床后的第一件事，就是用膝盖跪行到火炉前，为母亲烧上一壶洗澡水。母亲已经105岁了，但一辈子都保持早晨洗澡的习惯，蔡冬凤也依了母亲几十年。每天早上兑好洗澡水，再唤母亲起床，帮她擦洗。

为母亲梳洗利索，蔡冬凤拿起水瓢舀水，洗菜，她甚至还能用残疾的手肘把菜刀夹紧在肋骨上，把黄瓜切成片，把青椒切成丝。虽然切菜的动作熟练，但仍看得出，她每完成一次的艰难……

老母亲虽然还可以走路，但是眼睛已经看不见了。

所以，每次吃饭，蔡冬凤都要把菜盖到碗里，端到母亲的手上。母亲一边吃着，她还会不停地给母亲夹菜。吃完饭、收拾好碗筷，蔡冬凤麻利地把该吃的药碾成面，再喂给母亲吃。

每天吃饭，蔡冬凤都要把菜盖到碗里，端到母亲的手上。母亲一边吃着，她一边不停地给母亲夹菜

跪行撑起家，获全国"三八"红旗手称号

尽管生活艰难，但蔡冬凤脸上一直挂着笑容，她说照顾母亲虽然琐碎了些，但比起最难的时候，这些根本算不上啥。

最难的时候是2003年，90岁的母亲不小心从梯子上摔了下来，髋关节摔断，在床上整整躺了一年多。

母亲生活不能自理，吃喝拉撒都在床上，经常是屎尿拉在了裤子里。蔡冬凤为母亲把屎把尿，床前床后地悉心照料。看着母亲这么痛苦，蔡冬凤心里更难过，她就下定决心，一定要让母亲重新站起来走路。

蔡冬凤比母亲要矮半个身子，每次，她都是用尽全部力气，才能让母亲站起来。她帮母亲扶着小竹椅的扶手，挪一下椅子，往前挪一小步，一天、两天，半年多之后，母亲终于能拖着椅子行走。

都说久病床前无孝子，可一个是90多岁的母亲，一个是60多岁的残疾女儿，蔡冬凤硬是咬着牙，用自己的坚持，用常人无法想象、更无法感同身受的艰难，拿出教孩子走路的耐心和信心，让90多岁、卧床一年多的母亲，重新下地走路。

在蔡冬凤的坚持和努力下，母亲虽然能够走路了，但因为严重的眼疾，几乎双目失明，也失去了生活自理的能力。一刻也离不开蔡冬凤的照料。

为了让母亲吃得更有营养，蔡冬凤喂了十来只鸡，耕种着半亩多菜地。每天，蔡冬凤都会在鸡圈和菜地里走好多个来回。

平常人走两分钟的路，她得多花几倍时间。更让人惊讶的是，虽然她失去了双手双脚，走路都颤颤巍巍，但挥舞起锄头，一点也不比正常人逊色。

其实，在蔡冬凤12岁的时候，她就跟母亲一起挑起了家中的重担。那一年，父亲病故，蔡冬凤不得不辍学回家，干农活，挑煤、烧水，做饭，照顾两个年幼的妹妹。

"当时总要有人撑起家啊！"虽然只有12岁，虽然自己连手臂都没有，但她学会了写字，还会编簸箕、打草鞋、榨油……年幼的蔡冬凤，硬是用自己的臂膀，帮母亲撑起了这个家。

1963年，20岁的蔡冬凤当上了生产队记分员，后来，还当过妇女主任和出纳。

1971年，她光荣入党。1983年，40岁的她，获得了全国"三八"红旗手称号。她有一个红布包裹，藏着她一辈子的骄傲。里面保存着她30多年的奖状、奖章……

"照顾好妈妈就是我这辈子的心愿"

蔡冬凤一直没有结婚，两个妹妹出嫁后，家里只剩下她和母亲相依为命，她把所有精力都放在照顾老母亲身上。她说，两个妹妹年纪也都大了，自己完全可以照顾好母亲。

75岁，在我们看来，是一个退了休、享清福的年纪，蔡冬凤却操持着这个家里里外外、大大小小的所有事物。所有鸡毛蒜皮的事，都需要她亲力亲为。

她说："生活不能自理是不行的，战胜一切困难，就能自理，就能生活，能生存！"

她非常乐观地说："我不穷，也不困难。"2011年，桂花桥镇党委政府按照离职村干部的标准，将她纳入到了城镇养老保险，现在，每一月能领取一千多元的养老金，加上每月75元的残疾人补贴，和母亲每年的3000元高龄老人护理费，每年能有2万元的收入。

现在，每个月她都要坐着三轮车到镇上去拿药、缴费、买鸡饲料、去银行领取她的养老金。而当她在银行取款单上，用残缺的两个手臂夹着钢笔，铿锵有力地写下"蔡冬凤"三个字的时候，才发现她书写的字，比太多健全的人、上过很多年学的人，写得更漂亮、更英气。

蔡冬凤的年龄越来越大，当地政府曾向她提出，帮助她把母亲送到养老院，但是蔡冬凤没有同意，她说："我是她的子女，我就该敬奉她的，我是该照顾她的，我是该服侍她的。我妈能够穿好、穿暖、穿舒服，卫生搞好，每天三顿饭弄给她吃好，我就完成了我的心愿。"

母亲虽然已经105岁，但一点不糊涂，有时候，她会突然嘤嘤地哭起来。对着蔡冬凤说："我没好久就要走了，你朗格办(怎么办)？"听了母亲的话，蔡冬凤眼圈有点发红，母亲已经105岁，总有一天会离开。

按照当地的风俗，她还想在母亲走后给她办一个不算好但一定体面的葬礼……

看着她忙里忙外的身影，人们有时候甚至忘记了，她自己也是一位75岁高龄，需要儿孙照顾的老人了。但她说：在妈妈面前，自己永远都是小辈，也不累，也不辛苦。

最近，来采访蔡冬凤的记者多了，她有些不理解地说："哎呀，你们不要拍我了嘛。这有什么好说的呀？她是我妈，她生我养我，我不关怀她，哪个来关怀她呢？""她是母亲，这是推不掉的责任，下一代的人敬养老人，本来就是应该的应该，加一百倍的应该呀。"

"她可是一个了不起的人物！"提到蔡冬凤，邻居肖淑芬说，她虽然没有手和脚，但洗衣、做饭、干农活都做得挺好，把老母亲照顾得也很好，她自己都75岁了，确实很不容易。

蔡冬凤老人的故事之所以让人感动，是因为她比我们很多身体健全的人更艰难，却比我们做得好。漫长的七十多年，两万多日子，那么多琐碎的日常，她一点一滴做到现在。她拖着老弱的身躯，永远都是带着笑，怀着感恩的心照顾着105岁的老母亲。

——来源：《中国日报》

【案例讨论】

1. 75岁无手无脚老人跪行长期照料百岁母亲，最让你感动的是什么？

2. 在平时，你是如何孝敬父母的？

【思路引导】

在我国，有文字记载的以孝道为核心的尊老养老道德观念，至少已有3 000多年历史。“孝”，是千百年来中华民族的传统美德。中国人把“孝”视为立身之本、家庭和睦之本、国家安康之本，同时也是人类延续之本。百善孝为先，作为传统的孝道文化，数千年来一直影响着中华民族。现在，我们应从时代发展与和谐社会的需要出发，赋予孝道伦理以时代精神和新的内容，促成其从传统社会向现代社会的转化。大学生应当自觉继承和弘扬中华传统美德。

【案例四】 马云谈“失败”：24人应聘就我被淘汰

马云谈“失败”：24人应聘就我被淘汰

马云分享了自己很多失败的经验：“我上了7年才完成中学、人家用了5年；我想进重点初中、重点高中都失败了，考大学我失败了3次；高中毕业我想在肯德基找份工作，24个人去了，23人被录取，我是唯一没有被聘用的……”

前不久，马云受邀来到“环球转型论坛”，与近3000名来自马来西亚和其他20个国家的创业者和年轻人交流。期间，马云发表了长篇演讲，分享了他的失败经验。以下是马云演讲节选与整理——

申请工作我失败了差不多30次

首先，我想说，我并不是个有天赋的人，我也没有受过培训。我也从来不听从妈妈或者老师的话，我会说，“不不不”，我总是不听话。

如田径奥运冠军博尔特所说，教练告诉他的每一件事情，他听了就相信。而对我来说，从媒体上或者从其他人那里听来的事情，我会花2-3秒钟思考，这是对的吗？我能否做些不一样的？这是我自己培养的习惯。我不是一个有天赋的人，因为我失败了很多次。我上了7年才完成中学、人家用了5年，这是很糟糕的。每一个人都试着进大学，进好的中学，但我们都曾失败过，我是失败者中的一员。我想进重点初中，重点高中都失败了，考大学我失败了3次，然后申请工作我失败了差不多30次。我记得，当我高中毕业的时候，我没考上大学，我想在肯德基找一份工作，24个人去了，23人被录取，我是唯一没有被聘用的。

然后我试着去考警察，5个同学去，4个被录取，我又是那个没被录取的。当我们开始阿里巴巴创业之路时，我试着去融资，我去了硅谷，和投资人对话，我见了超过30个投资人，没有一个愿意投给我们。

但是我觉得很有趣的事情是，我们犯了那么多错误，每一次失败，每一次被别人拒绝，我都把它当作一次训练。今天，当有人说，哦，我很失望的时候，我不觉得我是被这个公司拒绝了，我不觉得我失败了。对于我来说，如果被人拒绝，这是很正常的事情，你被别人接受才是并非顺理成章的事情。

当我开始做生意，尝试销售，每天我都给陌生人打电话，出去见客户。出门之前我都告诉自己，我要见12个客户，我都不会有机会赢的，一个机会都没有。然后当我回来，确实没有机会，我说，“看，我是对的吧，我就知道没有机会”。但是如果我赢了一个客户，我就是比预期做得好。所以每一次，我们犯的每一个错误，都是一个很好的令你将来成功的宝库。

马云说，自己犯了那么多错误，每一次失败，每一次被别人拒绝，都把它当作是一次训练，是错误使他变得与众不同

若写书就叫《阿里巴巴和1001个错误》

有许多关于马云的书，关于阿里巴巴的书，但所有这些书都不是我写的。我不认为我应该写一本书。当有人开始写一本关于自己的书，那就是他老了，该退休了。

但是如果有一天，我真的想写一本书，书名将是《阿里巴巴和1001个错误》。

是错误使我们与众不同。每一次我们犯错，我们学习，检查自己。其实我们每一个错误、每一次失败都是自己的错。如何改正，如何下次做得更好。在中国，我开始和很多企业家分享我的经验和想法，我想告诉他们从别人的失败中学习。我的培训过程就是失败的经历。你知道，我接受的培训是做一个高中老师，我一天都没有经历过商学院的培训，我绝对不是被培养成为一个MBA（工商管理硕士）的学生。

这些年我看到很多人去学MBA。他们去之前非常聪明，但回来时都变蠢了。因为他们想，这是教授教的，这是经济学家讲的。他们去之前思维非常活跃，但回来时好像被僵化了。

我在中国设立的湖畔大学是培养企业家的，我们用的大部分案例都是失败的故事。为什么会失败？大多数人都会失败。如同在战场上，生存下来的人才是赢家。所以当你做生意的时候，你得从别人的错误中学习。不要担心，大多数错误，你会觉得那个家伙怎么那么傻，他怎么能犯这样的错误。其实你也会犯同样的错。你会的。所以我努力教我自己。我读过很多很多的案例，人们为什么失败，我不断地意识到，这家伙这么聪明，而他失败了，为什么我会有机会赢。因为你了解越多，你就会变得越积极。

要用自己的思想来思考

另外我想和大家分享的是，要用自己的思想来思考。你的教育，你的背景以及你拥有的经验都令你变得与众不同。你不应该永远跟随别人走，你应该遵循自己的规则。

当我要与有经验的人竞争时，我对自己说，“等等，请给我30年”。他会变老，我就拥有了机会。当我与比我富有的人竞争时，我可以做任何事情，我对自己说，“15年后，我可以准备，让我们再竞争”。所以，你总是有机会获胜的。

如果你真的不太可能遇到世界上很多成功人士，那么我们来看看他们是怎么成功的。比尔·盖茨、沃伦·巴菲特甚至史蒂夫·乔布斯，等等。我发现成功的人都拥有具有魅力的性格。他们乐观，他们从不抱怨。如果你不乐观，你就没有机会赢了。如果你抱怨，像我年轻时会常常抱怨。我抱怨道，“当我想做软件，比尔·盖茨已经做了。我想做这个，那个家伙也已经做了。当我想做鸡肉时，肯德基比我们做得更好”。而且我们总是想像比尔·盖茨一样成功，但这是不可能的，这世界上只有一个比尔·盖茨。很多像你一样的人会说，比尔·盖茨没有完成哈佛学业，我也应该离开哈佛。但是只有一个比尔·盖茨。

所以，我发现那些总是乐观的人，他们总是看到更光明的未来，他们甚至不会抱怨。因为当人们抱怨的时候，他们正在失去机会，并且被抱怨遮挡了思想。所以我从这其中学到了，机会何时出现。当世界充满了抱怨的人，那么这个世界处处都是机会。你可以解决人们抱怨的问题，那是个很好的机会。而且我发现我的很多高中、大学朋友，这些年我遇到他们，唯一发现的是，他们总是在抱怨。

我们有很多人都在抱怨这个世界，这就是为什么这些人永远止步不前。其实，我们应该考虑，我们如何解决这个问题。毕竟，这个世界变化如此之快，我们无法阻止。这是最好的时光，还是最糟糕的时候，都取决于我们的态度。

成功必须具备情商、智商和爱商

面对如今的发展，人们会问我，阿里巴巴是如何找到这么多人才的？十几年前，当我们刚成立这家公司的头三年里，我们招不到任何人。人们说，互联网、阿里巴巴，多么奇怪的名字。我们没有钱，没有乐趣，是无名之辈，所以我们很难雇到人。

在中国的公司里，几年后当人们有一定资历时，变得强大时，他们开始被猎头看中，猎头开始在我们这里寻找人才，他们把我们优秀的人才挖走了。那些能力强的人，都被挖走了。那些不那么强、不那么好的人，没有人去挖他们，他们留在公司，变得非常成功。

据我了解，在许多培训中，人们说：“他是互联网专家”，甚至在DT（数据处理技术）时代到来之前，我们已经有了很多数据专家。我不知道数据专家在哪里。我认为没有人是熟知未来的专家。未来的专家是你花时间和从经历的磨炼中学习得来的。这是我所相信的未来。

我相信在未来，智商和情商都是必须的。如果你想成功，你应该有情商，但如果你不想失败，你应该有智商。这是有区别的。你想成功，你必须拥有情商，因为这些情商很高的人，很容易完成交易，因为他了解人们并和大家一起工作，但很多人因为缺乏智商而犯错误。不管你多聪明，世界上还有很多比你聪明的人。所以如果你想有最好的智商，雇佣智商高的人。人才是决定因素。与他们一起合作的同时，提高了你的智商。第三，如果你想得到尊重，很多人赚钱，但没有得到尊重，我们有很多这样的人，尊重关乎爱商（爱心、同情心等情感商数）。

——来源：《经济日报》

【案例讨论】

1. 马云为什么多次不怕失败，特别是在找工作时，失败了仍然不放弃？

2. 大学生在择业创业时，应怎样向马云学习？

【思路引导】

在马云的人生中，经历过多次失败，特别是在择业创业的过程中，但他始终不放弃，不怕失败，不怕错误，最后终于获得了成功。这是对每一位大学生如何就业创业的最好启示。大学生要树立正确的择业观和创业观，要有敢于创业的勇气，只有勇敢地接受创业的挑战，破除依赖心理和胆怯心理，才能敢于创业、善于创业、做一个真正的创业者。

【案例五】 广东“人肉搜索”第一案法槌止争

法官黄海钦从来就不是一个赶时髦的人，他憨厚、朴实，可他经手的案子常常很“时髦”。

身为汕尾中院刑一庭庭长，黄海钦是广东“人肉搜索”第一案终审的审判长。在网络信息时代，“人肉搜索”致人自杀死亡，放眼全省史无前例，其背后连带着“罪与非罪”“侮辱还是诽谤”等社会关注的一连串争议。由于案件类型新，当时的法律条文对此并没有十分明确的表述，黄海钦加班加点查找大量网络侵权案例及法学理论文章，在准确认定案件事实的基础上，运用法学理论进行了详尽的说理。

他说，法律总是滞后的，这就需要法律工作者在司法实践中进行细化填补，让法律能够紧跟时代步伐。最终，法槌敲落，定纷止争。终审判决一个月后，最高人民法院发布《关于审理利用信息网络侵害人身权益民事纠纷案件适用法律若干问题的规定》，广东“人肉搜索”第一案也成了一宗指导性判例。

“人肉搜索”致人亡怎么判

广东“人肉搜索”第一案发生在汕尾陆丰。

2013 年 12 月初，在连续发出“第一次面对河水不那么惧怕”、“坐稳了”两条微博后，高三女生丽丽（化名）从望洋河桥上一跃而下。而在她结束自己年仅 18 岁生命前的最后两天，网络世界里到处都是她的个人信息，以及网友对她的大量指责。

这一切缘起于一场来势汹汹的“人肉搜索”。法院审理查明，被告人蔡某因怀疑丽丽在陆丰东海镇金碣路某服装店试衣服时偷了一件衣服，于 2013 年 12 月 2 日 18 时许，将丽丽在该店的视频截图配上“穿花花绿绿衣服的是小偷，求人肉，经常带只博美小狗逛街，麻烦帮忙转发”的字幕后，上传到其新浪微博上。微博发出仅一个多小时，迅即展开的“人肉搜索”就将丽丽的个人信息，包括姓名、所在学校、家庭住址和个人照片全部曝光，这些信息随后也被服装店主蔡某用微博发出。一时间，在网络上对丽丽的各种批评甚至辱骂开始蔓延，迅速引发很多同校同学和社会人士对她的非议。两天后，丽丽跳河自杀。丽丽的父亲向公安机关报案，称其女儿因被他人在微博上诽谤是小偷，造成恶劣影响而自杀，警方随后对蔡某进行盘问，并将其抓获归案。

“人肉搜索”致人自杀死亡，这是发生在网络信息时代的全新案件，由于当时的法律、司法解释对此类案件的规定尚不十分明确，因而案件从一开始就备受关注，并一度颇具争议。蔡某的行为究竟是否构成犯罪？如何定罪？是侮辱还是诽谤？

一连串的问号，等待着作为该案终审审判长的黄海钦去一一解答。

遍查法学典籍定纷止争

没有相关的法律条文，没有类似的指导判例，黄海钦采用的是最扎实的土办法——加班加点查找大量网络侵权案例及法学理论文章，终于抽丝剥茧地将案件从法理上一一捋清楚。

被告蔡某辩称，其发微博的行为是正常的网络寻人行为，现有证据只能说明其行为和死者的自杀结果在时间上有先后关系，无法直接证明二者存在刑法上的因果关系。黄海钦进行扎实调查，发现多名证人证言证实这次微博事件对死者伤害很大，直接导致了死者当时情绪低落；且蔡某在没有向公安机关报案、调查取证的情况下，擅自将死者贴上“小偷”的标签，并发图片微博求“人肉”，又将死者的个人信息公布，导致网友对死者进行批评谩骂，死者作为一个未出校门的少女，面对“人肉搜索”的网络放大效应及众多网民居高临下的道德审判，容易对未来生活产生极端恐惧，最终导致了自杀身亡的严重后果，因此二者具有刑法上的因果关系。

破解了一个难题，另一个难题接踵而至

死者的父亲希望用诽谤罪来对服装店主蔡某提起诉讼，但最后公安机关以侮辱罪进行立案侦查，究竟是侮辱还是诽谤？黄海钦谨慎调查后，进行了翔实的说理：侮辱罪和诽谤罪最重要的区别在于，诽谤是捏造并散布有损于他人名誉权的虚假事实来对他人的人格进行侵犯，而侮辱是利用当事人的某种情况，公然地对他人人格进行损害，前者强调的是伤害他人人格和尊严的方式，后者强调的是对人格和尊严的伤害。虽然死者的父亲认为被告人发微博进行“人肉搜索”指责女儿是小偷属于无中生有，但由于死者已逝，无法查清其是否有盗窃行为。退一步说，假设死者确实具有盗窃行为，也只应当受到法律制裁，而不应该在人格上、名誉上受到侮辱。本案中，被告人在微博上明确指责死者是小偷并要求“人肉搜索”，该行为就是一种公然侮辱他人人格的行为，而且主观上属于直接故意，只不过其使用的方法与传统手段不同，利用了互联网这一新兴媒体。因此以侮辱罪追究被告人的刑事责任是正确的。

2014 年 9 月 7 日，汕尾中院对蔡某犯侮辱罪一案进行公开宣判，维持了一审以侮辱罪判处被告人蔡某有期徒刑一年的判决。伴随着黄海钦运用法学理论对案件相关法律问题的详尽说理，终审的法槌敲落，一度沸沸扬扬、颇具争议的广东“人肉搜索”第一案定分止争了。

广东的这一判决，得到了业界的广泛认可。最高法院要求汕尾中院撰写案例材料并上报，一个月后，最高法院发布《关于审理利用信息网络侵害人身权益民事纠纷案件适用法律若干问题的规定》，广东“人肉搜索”第一案成了与之配套推出的一宗指导性判例。社会上也开始有所反思，有学者认为，对于同为“90 后”的店主和死者，一方对“网络暴力”的失控预估不足、超出个人想象；一方因为毫无社会经验，面对“网络审判”束手无策，直至绝望，加上个人性格等因素最终酿成命案。问题的根源是，双方都缺乏法律意识，不懂得用法律武器保护自身合法权益，值得人们反思。

朴实法官善断新型案件

黄海钦总是面带憨笑，衣着朴实，看上去一点也不时髦，他也从来不是一个赶时髦的人，可在汕尾中院，刑事方面的“时髦”案件，总会交由他来裁判。

汕尾检察院公诉科科长刘孝友或许称得上是和黄海钦在业务上打交道最多的人，在刘孝友看来，除了理论扎实、业务熟悉、办案严谨之外，黄海钦对于新类型案件“更善于研究，

善于总结审判经验”。

随着广东扫毒行动的深入，汕尾地区起诉到法院的毒品案件逐渐增多，其中的新类型涉毒案件不断涌现，一些法律适用问题一直困扰着一线办案法官。2012 年，汕尾中院受理的第一宗利用感冒药提炼麻黄素的案件就很具代表性，当时，两名被告人被检察机关以制造毒品罪（未遂）起诉到汕尾中院。这宗案件的处理将直接影响到一系列同类型案件的处理，黄海钦仔细审查了案卷材料及合议庭的审理报告，在深入吃透案情及法律、司法解释的基础上，对该案依法下判，以非法买卖制毒物品罪对两被告判处刑罚。宣判后，被告人没有上诉，公诉机关没有抗诉，判决发生了法律效力。

案子虽了结了，黄海钦心里却惦记另一个问题：往后再遇到同类型案件该怎么办？他开始更加关注此类型的案件，进一步深入研究制造毒品罪（未遂）与非法买卖制毒物品罪的法学理论，并撰写了《利用感冒药提炼制毒物品并欲卖给他人的行为如何定性》的案例文章，文章在省高院审委会主办的《典型案例分析》中刊登，成了广东省的指导性判例。

这些年，在新型毒品案件上，黄海钦对于法律尚不十分明确的一些课题上屡有新的研究，关于“麻古类毒品定罪量刑问题”“非法买卖制毒物品法定刑偏低问题”“如何认定贩卖毒品情节严重”“运输毒品和动态非法持有毒品如何区分的问题”等思考，接连被省高院乃至最高法所关注。不久前，对职业有着孜孜追求的他听到了好消息：刑法修正案征求意见稿中，已在对非法买卖制毒物品罪的量刑上采用了他的建议。

黄海钦说，对于一个法官而言，这是一种莫大的鼓舞！

对话黄海钦

新型案件审判后，要注重形成案例

《南方日报》：广东“人肉搜索”第一案的审判相当成功，你觉得案里案外更深远的意义在哪里？

黄海钦：在信息时代，“人肉搜索”是一把双刃剑，如果使用恰当，可以为人民的生活提供便利，能够结合群众力量和集体智慧来解决问题，同时也能为发挥人民群众的言论自由提供更广阔的平台，为监督公权力行为提供渠道。但如果使用不当，网络信息提供变成了网络暴力，网络监督就变成了私刑的化身，所以应该为“人肉搜索”画好警戒线，才能够更好地保障人民的权利，维护人民的自由。“人肉搜索”致人自杀获刑具有标本意义，有了本案作为前车之鉴，相信大多数网络使用者在准备作出类似的选项时，会顾忌由此造成的后果，从而在采取措施上更加理性，如此“人肉搜索”等网络侵权和暴力伤害，才不会泛滥成灾并失去控制。

《南方日报》：作为刑事法官，这些年断了这么多新类型案件，你有什么样的体会？

黄海钦：特殊案件、新类型案件的审判就像打一场仗，丝毫马虎不得。作为刑事法官，首先要吃透案情，对证据的要求要更加严格，遇到新类型案件要把法律规定和法学理论结合在一起深入研究，更重要的是时刻保持法治思维，不能就案判案一判了之，判后要注重形成案例，要有一种提升。法律总是滞后的，这就需要法律工作者在司法实践中不断进行细化填补，让法律也能够紧跟时代的步伐，希望能够通过新类型案件的审判，给立法机关提供实证案例，对立法起到真正的推动和促进作用。

——来源：《南方日报》

【问题讨论】

1. 你曾经使用过“人肉搜索”吗？

2. 以网络为基础的虚拟社会是否需要公德和法律的约束？

【思路引导】

与现实生活中一样，网络中的人也需要遵守一定的社会公德和法律。因此，要形成科学、文明、健康使用互联网的习惯。

【案例六】 登记结婚身份作假属有效婚姻吗？

近日，一名男子在向法院起诉离婚后，竟发现共同生活十余年的妻子不是自己的合法妻子，自己的婚姻也不一定有效，这到底是怎么回事呢？

2004 年，王某与刘某走入婚姻的殿堂，近几年两人的感情每况愈下，2014 年 11 月，刘志军起诉至枞阳县人民法院要求离婚。

案件受理后，承办法官本以为只是一起普通的离婚案件，然而，庭审中，承办法官发现，结婚证上王红的照片虽是其本人，但结婚证上的姓名、身份证号均与王红本人的身份信息不符。原来，当年王红和刘志军结婚时，因没有达到法定婚龄，王红便瞒着刘志军，偷偷用了其姐姐的身份证办理了结婚登记，其姐姐现已远嫁他乡。

那自己的婚姻是否合法？如果王某不是自己的妻子，还有没有必要起诉离婚？对此，刘某感到非常困惑。

——来源：法律快车

【案例讨论】

1. 王某与刘某的婚姻合法吗？
2. 王某与刘某是分手还是离婚？

【思路引导】

在这起案件中，双方系自愿登记结婚，并亲自办理了结婚登记，现均早已达到法定婚龄，且不具有禁止结婚的情形，完全符合结婚的实质要件，双方系登记婚姻实质主体，并各自履行自己的权利和义务，其结婚证虽然存在一定瑕疵，但不能因此否定婚姻的效力，应认定为有效婚姻。

法院审理认为，根据《婚姻法》的规定，法院撤销婚姻的法定情形只有一种，即一方受到胁迫而不得已登记结婚的。此案当事人并未受到胁迫，双方登记结婚完全是自愿的。因此该婚姻既不能宣告无效，也不能撤销。

实践教学设计

【项目一】 专题讨论——道德的起源

在讲授“道德的起源”时，由猴子版的道德起源导入相关理论学习，并结合中外思想家关于道德起源的不同观点开展讨论，使学生更加深刻地理解马克思主义关于道德的起源的有关论述。

【资料 1】猴子版的道德起源

把五只猴子关在一个笼子里，上头有一串香蕉。实验人员装了一个自动装置，一旦侦测到有猴子要去拿香蕉，马上就会有水喷向笼子，而这五只猴子都会一身湿。首先有只猴子想去拿香蕉，当然，结果就是每只猴子都淋湿了，之后每只猴子在几次的尝试后，发现莫不如此，于是猴子们达成一个共识：不要去拿香蕉，以避免被水喷到。

后来实验人员把其中的一只猴子释放，换进去一只新猴子A，这只猴子A看到香蕉，马上想要去拿，结果，被其他四只猴子海K了一顿，因为其他四只猴子认为猴子A会害他们被水淋到，所以制止他去拿香蕉。A尝试了几次，虽被打得满头包，依然没有拿到香蕉。当然，这五只猴子就没有被水喷到。后来实验人员再把一只旧猴子释放，换上另外一只新猴子B。

这猴子B看到香蕉，也是迫不及待要去拿。当然，一如刚才所发生的情形，其他四只猴子海K了B一顿。特别的是，那只A猴子打得特别用力（这叫老兵欺负新兵，或是媳妇熬成婆）。B猴子试了几次，因总是被打得很惨而只好作罢。后来，慢慢地，一只一只地，所有的旧猴子都换成新猴子了，大家都不敢去动那香蕉，但是它们都不知道为什么，只知道去动香蕉会被猴扁。

这就是道德的起源。

——来源：豆丁

【资料2】道德的起源

道德是一种社会意识形态，是人们共同生活及其行为的准则与规范。道德往往代表着社会的正面价值取向，起判断行为正当与否的作用。

1. 中西方的道德起源

道德一词，在汉语中可追溯先秦思想家老子所著《道德经》一书。老子说："道生之，德畜之，物形之，器成之。是以万物莫不尊道而贵德。道之尊，德之贵，夫莫之命而常自然。"其中"道"指自然运行与人世共通的真理；而"德"是指人世的德性、品行、王道。"犯上者，鲜矣；不好犯上，而好作乱者，未之有也。君子务本，本立而道生。"钱穆先生的注解："本者，仁也。道者，即人道，其本在心。"可见，"道"是人关于世界的看法，应属于世界观的范畴。在当时道与德是两个概念，并无道德一词。"道德"二字连用始于荀子《劝学》篇："故学至乎礼而止矣，夫是之谓道德之极。"

在西方古代文化中，"道德"一词起源于拉丁语，意为风俗和习惯。道德由一定社会的经济基础所决定，并为一定的社会经济基础服务。人类的道德观念是受到后天一定的生产关系和社会舆论的影响而逐渐形成的。在不同的时代，不同的阶级往往具有不同的道德观念。在不同的文化中，所重视的道德元素及其优先性、所持的道德标准也常常有所差异。

在远古时期，人类还处于原始社会的时候，是不存在道德这一概念的。因为那个时期的人类还没有产生固定的语言文字和表达方式、记事符号等，而且生活在各个不同地区的人们之间也很少会有联系和交流，所以即使在一个特定的人类群体之间出现了一些约定俗成的规则，也只是暂时性的和小范围内的，并不会发展成为长久的或有较大影响力的，被人们所普遍接受或认可的道德观念。人类是一种群居性的动物，在原始社会时期，虽然一定数量的人们会聚居在一起，来寻求相互帮助、相互依靠以获得生存，但是因为原始社会的资源匮乏，人们所获取的赖以生存的资料大多来自自然生长的动物和植物，而非人类利用工具后天加工而形成，所以每个人获取资源的能力和来源其实是相当有限的，不存在你多我少、你强我弱之类的情况。每个人事实上都是平等的，各种资源和财产也是大家所共同拥有的，人类作为一个原始部落中的一份子而活，平等地享受部落所拥有的各种物品。

此时的人类社会可以说不需要有道德的存在，完全凭借一些人们在世世代代的生活当中所得出的知识和经验就可以完成对整个群体的有效控制，这些知识和经验大约就是我们所称谓的约定俗成。而当人类的大脑开始逐渐进化，开始逐渐思考，形成一些无关于基本生存需要的意识的时候，原始社会的组织结构就开始瓦解了。通用语言和文字、定型的表达方式和书写符号为人类社会带来了文明的曙光，劳动工具的出现促进了人类生产力的发展，人类开始学会使用器械来代替自己的双手进行工作，从而逐渐解放了自己的双手，进而解放了自己的大脑。工具的使用在一定程度上大大缩短了人类用于劳动的时间，提高了办事的效率，而其节约出来的这些空余时间就会被人类利用来进行思考和感悟。私有制开始逐渐在原始社会中产生，原先大的族群开始分割成为一个个较小的群体，而当生产力发展的时候，原先稀缺的资源便会逐渐变得丰富，个人所持有财产的多少也不再取决于群体的团结协作，人类开始依靠自己的力量为自己提供生存所必需的食品和物品，这时人与人之间的差别就显现了。有力气有智慧的人就会获得更多的财富，而体力较弱或智慧较为缺乏的人就会得到较为少量的财富，人类之间开始出现了不平等的生活，而这种不平等的生活就造成了人类个体之间所扮演角色和地位的差别。

由于工具的产生和人类大脑的不断进化，人类社会逐渐由原始社会走向了文明社会。此时长久以来一直起着平衡功效的约定俗成便不再能够对人类的每个个体进行束缚，一个社会团体之中的人们需要建立一个大家所公认的领导者或者领导机构来实现对有无数个小团体组成的社会大团体的管理和平衡，而这个领导者或者这个领导机构进行管理所需要依靠的就是道德的维系。道德不同于法律，法律条文是白纸黑字一成不变的，它可以精准到每一个字的确定，而道德则是没有实际形体，以一个虚幻的概念的形式存在的。生产力的发展带动了人类社会的经济，群体中出现了穷人和富人的差别，及资源持有多少者的差别，而生产力在不断地进一步发展的同时，群体之间也在不断产生着新的关系。阶级关系、利益关系、地位关系，等等，这些关系都造成了人与人之间的不平等。而为了在一定程度上缓解这种不平等的状况，并抑制其进一步向加剧的方向发展，人类社会的道德在天长日久中逐渐产生了。

人类意识到了自己作为社会成员与其他动物有着根本的区别，意识到了自己与他人或集体的不同利益关系以及产生了调解利益矛盾的迫切要求，这便是人类自我意识的形成与发展。道德作为一种无形的纽带维系着人与人之间的平衡，束缚着人们的日常行为和思考方式。也正是在道德的约束下，人类社会才能够进行平稳的前进和发展。道德的产生与人类社会劳动生产力的发展是密不可分的，也是相辅相成的。道德能够作为一种相对独立的社会意识逐渐从风俗习惯中分化出来，社会生产力的发展和社会生活的日益复杂化、多样化，特别是人类文明时代的开始功不可没，道德与生产力在时间的洪流中不断促进，相互磨合，并且最终获得了共同的进步。

2. 马克思主义道德起源说

“一切以往的道德归根到底都是当时社会经济状况的产物，而社会直到现在还是在阶级对立中运动的，所以道德始终是阶级的道德。”（马克思恩格斯选集第三卷第134页）

——来源：参考网

【项目二】“弘扬民族文化，传承中华美德”主题系列活动

中华民族有5 000多年文明史，与之相应的是源远流长、博大精深的民族文化和道德传统。在讲授“传承中华传统美德”的相关内容时，开展“弘扬民族文化，传承中华美德”为主题的系列实践活动，引导学生加深对中华民族优秀传统文化和传统美德的了解，提高民族自尊心和自信心，增强民族自豪感和责任感。

【活动1】诵中华诗文，传中华美德——经典诗文诵读

组织开展以“诵中华诗文，传中华美德”为主题的传统经典诗文诵读，让学生充分感受传统文化的熏陶和滋养，了解传统文化和中华美德的精髓，提升文学素养和道德修养。

【资料】经典诗文朗诵大赛推荐诵读篇目

一、古典诗词

《诗经》（首）（西周—春秋）

《周南·关雎》

《周南·桃夭》

《郑风·风雨》

《郑风·野有蔓草》

《郑风·子衿》

《邶风·击鼓》

《秦风·蒹葭》

《秦风·无衣》

《王风·采葛》

《王风·黍离》

《豳风·七月》

《小雅·采薇》

《小雅·鹿鸣》

《楚辞》（首）（战国·屈原）

《离骚》（前半部分）

《九章·涉江》

《九歌·湘夫人》

《九章·橘颂》

《渔父》

《汉代诗歌》（首）

《大风歌》（汉·刘邦）

《北方有佳人》（汉·李延年）

《江南》（汉乐府）

《孤儿行》（汉乐府）

《十五从军征》（汉乐府）

《有所思》（汉乐府）

《上邪》（汉乐府）

《白头吟》（汉乐府）

《陌上桑》（汉乐府）

《羽林郎》（汉·辛延年）

《长歌行》（汉乐府）
《饮马长城窟行》（汉乐府）
《四愁诗》（汉·张衡）
《古诗十九首之行行重行行》
《古诗十九首之西北有高楼》
《古诗十九首之孟冬寒气至》
《短歌行》（汉·曹操）
《观沧海》（汉·曹操）
《龟虽寿》（汉·曹操）
《魏晋南北朝诗》（首）
《西洲曲》（南朝民歌）
《敕勒歌》（北朝民歌）
《木兰诗》（北朝民歌）
《唐诗》（首）
《登幽州台歌》（唐·陈子昂）
《送杜少府之任蜀州》（唐·王勃）
《春江花月夜》（唐·张若虚）
《代悲白头翁》（唐·刘希夷）
《凉州词》（唐·王之涣）
《登鹳雀楼》（唐·王之涣）
《望月怀远》（唐·张九龄）
《芙蓉楼送辛渐》（唐·王昌龄）
《出塞》（唐·王昌龄）
《黄鹤楼送孟浩然之广陵》（唐·李白）
《宣州谢朓楼饯别校书叔云》（唐·李白）
《将进酒》（唐·李白）
《行路难》（唐·李白）
《梦游天姥吟留别》（唐·李白）
《登金陵凤凰台》（唐·李白）
《登高》（唐·杜甫）
《春望》（唐·杜甫）
《闻官军收河南河北》（唐·杜甫）
《蜀相》（唐·杜甫）
《春夜喜雨》（唐·杜甫）
《望岳》（唐·杜甫）
《佳人》（唐·杜甫）
《茅屋为秋风所破歌》（唐·杜甫）
《走马川行奉送封大夫出师西征》（唐·岑参）
《白雪歌送武判官归京》（唐·岑参）

《别董大》（唐・高适）
《凉州词》（唐・王翰）
《送元二使安西》（唐・王维）
《相思》（唐・王维）
《杂诗》（唐・王维）
《九月九日忆山东兄弟》（唐・王维）
《山居秋暝》（唐・王维）
《终南别业》（唐・王维）
《过故人庄》（唐・孟浩然）
《遣悲怀・其二》（唐・元稹）
《忆江南》（唐・白居易）
《长恨歌》（唐・白居易）
《琵琶行》（唐・白居易）
《赋得古原草送别》（唐・白居易）
《黄鹤楼》（唐・崔颢）
《枫桥夜泊》（唐・张继）
《滁州西涧》（唐・韦应物）
《左迁至蓝关示侄孙湘》（唐・韩愈）
《游子吟》（唐・孟郊）
《西塞山怀古》（唐・刘禹锡）
《乌衣巷》（唐・刘禹锡）
《锦瑟》（唐・李商隐）
《无题》（唐・李商隐）
《夜雨寄北》（唐・李商隐）
《泊秦淮》（唐・杜牧）
《江南春》（唐・杜牧）
《赠别二首》（唐・杜牧）
《贫女》（唐・秦韬玉）
《夜上受降城闻笛》（唐・李益）
《金缕衣》（唐・杜秋娘）
《宋元明清及近现代诗词》（首）
《观书有感》（宋・朱熹）
《山园小梅》（宋・林逋）
《游园不值》（宋・叶绍翁）
《书愤》（宋・陆游）
《正气歌》（宋・文天祥）
《墨梅》（元・王冕）
《石灰吟》（明・于谦）
《竹石》（清・郑板桥）

《己亥杂诗·九州生气恃风雷》（清·龚自珍）
《己亥杂诗之五》（清·龚自珍）
《赴戍登程，口占示家人》（清·林则徐）
《对酒》（近代·秋瑾）
《黄海舟中日人索句并见日俄战争地图》（近代·秋瑾）
《日人石井君索和即用原韵》（近代·秋瑾）
《狱中题壁》（近代·谭嗣同）
《虞美人》（五代·李煜）
《相见欢》（五代·李煜）
《摊破浣溪沙》（五代·李璟）
《浣溪沙》（宋·晏殊）
《蝶恋花》（宋·晏殊）
《玉楼春》（宋·宋祁）
《渔家傲》（宋·范仲淹）
《苏幕遮》（宋·范仲淹）
《生查子》（宋·欧阳修）
《蝶恋花》（宋·欧阳修）
《临江仙》（宋·晏几道）
《江城子·乙卯正月二十日夜记梦》（宋·苏轼）
《水调歌头》（宋·苏轼）
《念奴娇·赤壁怀古》（宋·苏轼）
《江城子·密州出猎》（宋·苏轼）
《定风波》（宋·苏轼）
《鹊桥仙》（宋·秦观）
《满江红》（宋·岳飞）
《破阵子》（宋·辛弃疾）
《丑奴儿·书博山道中壁》（宋·辛弃疾）
《西江月·夜行黄沙道中》（宋·辛弃疾）
《永遇乐·京口北固亭怀古》（宋·辛弃疾）
《青玉案·元夕》（宋·辛弃疾）
《一剪梅》（宋·李清照）
《醉花阴》（宋·李清照）
《声声慢》（宋·李清照）
《临江仙》（宋·李清照）
《如梦令》（宋·李清照）
《雨霖铃》（宋·柳永）
《蝶恋花》（宋·柳永）
《望海潮》（宋·柳永）
《钗头凤》（宋·陆游）

《卜算子·咏梅》（宋·陆游）
《天净沙·秋思》（元·马致远）
《山坡羊·潼关怀古》（元·张养浩）
《临江仙·滚滚长江东逝水》（明·杨慎）
《送别》（近代·李叔同）
《沁园春·长沙》
《卜算子·咏梅》
《沁园春·雪》
《采桑子·重阳》
《忆秦娥·娄山关》
《长征》
《念奴娇·昆仑》

二、古典文赋

《道德经》（章）
《论语》（则）
《孟子》（章）
《庄子》（章）
《逍遥游》（前半部分）
《养生主》（前二节）
《秋水》（第一节）
《礼记·大学》（第一章）
《礼记·中庸》（节录）
《礼记·学记》（节录）
《登徒子好色赋》（战国·宋玉）
《对楚王问》（战国·宋玉）
《报任安书》（汉·司马迁）
《前出师表》（三国·诸葛亮）
《诗品》（节录）（梁·钟嵘）
《归去来兮辞》（晋·陶渊明）
《桃花源记》（晋·陶渊明）
《与朱元思书》（南朝·吴均）
《兰亭集序》（晋·王羲之）
《滕王阁序》（唐·王勃）
《师说》（唐·韩愈）
《小石潭记》（唐·柳宗元）
《陋室铭》（唐·刘禹锡）
《阿房宫赋》（唐·杜牧）
《岳阳楼记》（宋·范仲淹）
《爱莲说》（宋·周敦颐）

《秋声赋》（宋·欧阳修）
《醉翁亭记》（宋·欧阳修）
《前赤壁赋》（宋·苏轼）
《送东阳马生序》（明·宋濂）
《少年中国说》（梁启超）（年月日）

三、现当代诗歌

《再别康桥》（徐志摩）
《雨巷》（戴望舒）
《地球，我的母亲!》（郭沫若）
《祈祷》（闻一多）
《七子之歌》（闻一多）
《我爱这土地》（艾青）
《欢乐》（何其芳）
《慨叹》（何其芳）
《回答》（北岛）
《一棵开花的树》（席慕蓉）
《面朝大海，春暖花开》（海子）
《祖国啊，我亲爱的祖国》（舒婷）
《致橡树》（舒婷）
《等你在雨中》（余光中）
《乡愁》（余光中）
《一个字》（李琦）
《假如生活重新开头》（邵燕祥）

四、现代散文

《匆匆》（朱自清）
《荷塘月色》（朱自清）
《乌篷船》（周作人）
《天才梦》（张爱玲）
《故都的秋》（郁达夫）
《谈生命》（冰心）
《野草题辞》（鲁迅）
《寂寞》（梁实秋）
《梨花》（许地山）

【活动 2】传统文化知识问答挑战赛

举办传统文化知识问答挑战赛，让学生充分感受传统文化的丰富底蕴，自觉弘扬中华美德。

活动规则：

1. 确定参赛人数并随机分组，每组随机编号，号码由选手现场抽取。
2. 设定 1 号为守擂方，攻擂方由守擂方挑选。

3. 攻、守双方依次答题，先由攻擂方作答，答题人连续做答，在总时间一分钟内答题多者获胜，答题错误直接淘汰。

4. 每人有一次免答权——直接跳过该题，本轮答题结束后，免答题由现场观众抢答，答对即可获得小礼物，答错则继续由其他同学抢答，每道免答题目每个观众只有一次抢答机会。

5. 每组决出最终获胜者进入决赛，决出最终胜利者。

【活动3】专题讨论——如何看待传统道德与现代道德的关系

阅读鲁迅先生的《拿来主义》，开展以“如何看待传统道德与现代道德的关系”为主题的讨论。讨论焦点可以围绕传统的价值、传统的变迁、传统与现代的关系等问题展开，从而引导大学生用正确的方法对待传统。具体到对待传统道德与传统文化方面，要使学生明确在对待传统道德的问题上，反对两种错误思潮：一种是文化复古主义思潮；另一种是历史虚无主义思潮。正确对待中华民族传统道德，要坚持马克思主义的立场观点和方法，既不能全盘肯定、全面照搬，也不能全盘否定、全面抛弃，要进行分析、鉴别、取舍与改造。

【资料】鲁迅《拿来主义》

中国一向是所谓“闭关主义”，自己不去，别人也不许来。自从给枪炮打破了大门之后，又碰了一串钉子，到现在，成了什么都是“送去主义”了。别的且不说罢，单是学艺上的东西，近来就先送一批古董到巴黎去展览，但终“不知后事如何”；还有几位“大师”们捧着几张古画和新画，在欧洲各国一路的挂过去，叫作“发扬国光”。听说不远还要送梅兰芳博士到苏联去，以催进“象征主义”，此后是顺便到欧洲传道。我在这里不想讨论梅博士演艺和象征主义的关系，总之，活人替代了古董，我敢说，也可以算得显出一点进步了。

但我们没有人根据了“礼尚往来”的仪节，说道：拿来！

当然，能够只是送出去，也不算坏事情，一者见得丰富，二者见得大度。尼采就自诩过他是太阳，光热无穷，只是给予，不想取得。然而尼采究竟不是太阳，他发了疯。中国也不是，虽然有人说，掘起地下的煤来，就足够全世界几百年之用。但是，几百年之后呢？几百年之后，我们当然是化为魂灵，或上天堂，或落了地狱，但我们的子孙是在的，所以还应该给他们留下一点礼品。要不然，则当佳节大典之际，他们拿不出东西来，只好磕头贺喜，讨一点残羹冷炙做奖赏。

这种奖赏，不要误解为“抛来”的东西，这是“抛给”的，说得冠冕些，可以称之为“送来”，我在这里不想举出实例。

我在这里也并不想对于“送去”再说什么，否则太不“摩登”了。我只想鼓吹我们再吝啬一点，“送去”之外，还得“拿来”，是为“拿来主义”。

但我们被“送来”的东西吓怕了。先有英国的鸦片，德国的废枪炮，后有法国的香粉，美国的电影，日本的印着“完全国货”的各种小东西。于是连清醒的青年们，也对于洋货发生了恐怖。其实，这正是因为那是“送来”的，而不是“拿来”的缘故。

所以我们要运用脑髓，放出眼光，自己来拿！

譬如罢，我们之中的一个穷青年，因为祖上的阴功，（姑且让我们这么说说罢），得了一所大宅子，且不问他是骗来的，抢来的，或合法继承的，或是做了女婿换来的。那么，怎么办呢？我想，首先是不管三七二十一，“拿来”！但是，如果反对这宅子的旧主人，怕给他的东西污染了，徘徊不敢走进门，是孱头；勃然大怒，放一把火烧光，算是保存自己的清白，则是昏蛋。不过因为原是羡慕这宅子的旧主人的，而这回接受一切，欣欣然的蹩进卧室，大吸剩下的鸦片，那当然更是废物。“拿来主义”者是全不这样的。

他占有，挑选。看见鱼翅，并不就抛在路上以显其“平民化”，只要有养料，也和朋友们像萝卜白菜一样的吃掉，只不用它来宴大宾；看见鸦片，也不当众摔在茅厕里，以见其彻底革命，只送到药房里去，以供治病之用，却不弄“出售存膏，售完即止”的玄虚。只有烟枪和烟灯，虽然形式和印度，波斯，阿拉伯的烟具都不同，确可以算是一种国粹，倘使背着周游世界，一定会有人看，但我想，除了送一点进博物馆之外，其余的是大可以毁掉的了。还有一群姨太太，也大以请她们各自走散为是，要不然，“拿来主义”怕未免有些危机。

总之，我们要拿来。我们要或使用，或存放，或毁灭。那么，主人是新主人，宅子也就会成为新宅子。然而首先要这人沉着，勇猛，有辨别，不自私。没有拿来的，人不能自成为新人，没有拿来的，文艺不能自成为新文艺。

【项目三】 热点新闻透视——保定“油条哥”走红的背后

在讲授“社会主义道德建设与社会市场经济”时，组织学生观看微电影《油条哥》（以全国道德模范、河北保定“油条哥”刘洪安真实事迹为素材创作），围绕“油条哥走红的背后”展开讨论。教师点评中引入三鹿奶粉、地沟油、老酸奶等食品安全事件进行对比，使学生了解市场经济条件下加强思想道德建设和诚信教育的必要性和重要性，引导学生树立集体主义和为人民服务的社会主义道德观，自觉抵制损人利己的歪风邪气，促进和保障市场经济的健康发展。

【资料】河北保定“油条哥”走红的背后

在河北保定，有这样一家油条店铺，尽管每斤的售价比市场价高出一元左右，但每天前来买油条的人还是排起长队，并且每人限购一斤。这并非因为这家的油条炸得有多好，而是因为这个摊点明确表明不使用复炸油。这家店铺的老板就是最近红遍网络的“油条哥”刘洪安。

26 日，《经济导报》记者在其店铺前就此采访了刘洪安。在他看来，他只是做了一件应该做的事情，并不值得炫耀。《经济导报》记者了解到，在刘洪安承诺不使用复炸油后，虽然成本明显上涨，但他的收入却大幅提高了，诚信体现出了可贵的市场价值。而在刘洪安背后，保定市已有早摊点在复制“油条哥”的诚信模式，这一微小的变化能否演变成社会洪流，值得期待。

疯狂的油条

26 日早上五点半，《经济导报》记者来到位于保定市银杏路刘洪安的店铺前时，“油条哥”刘洪安与家人正在操作间内忙活着，此时已经有十几个当地市民在排队。“己所不欲，勿施于人”“安全用油，杜绝复炸”几个大字，在其店门口的招牌上十分醒目。

《经济导报》记者注意到，为了证明自己的油是新油，在临近油锅的窗户上刘洪安还粘贴了一张明白纸，告诉市民用肉眼辨认油质的方法。其在油锅边上还放了一把“验油勺”，供顾客随时检验油质。不时有刚到的顾客先是用“验油勺”从油锅中舀起一勺油，闻一闻、看一看，放下勺子后什么话都不说，直接走到队伍后面排起队。

随着时间的推移，排队的人越来越多。到了 7 点 10 分，已经有 40 多人在排队等待购买油条。20分钟后，队伍排出去的更长了，不少人翘首看着队伍的前面，此时刘洪安安排专人提前发号收钱，到时候可以直接凭号领取油条。《经济导报》记者注意到，此时最后一名排队市民手中的号码已经是80号。

8点多，刘洪安的家人劝刚来的市民不要排队了。“不好意思了，没有面了，即使排队也买不到了，改天吧。”

收入明显提高

9点多，刘洪安走出操作间，坐在门口前的桌子旁喝起了早上的第一杯水。

“做吃的东西，要对得起自己，对得起他人，对得起社会。眼下有些人经营黑心食品，自己做的东西自己和家人都不敢吃，而是到别的摊上去吃，对此我很是不理解，我们全家都吃这里的东西。”接受《经济导报》记者采访时，刘洪安说。

聊了一会儿后，刘洪安站起来重新回到操作间，将锅里相对清一点的油慢慢撇到一个小盆里，然后将炸锅里的剩渣油倒入一个桶中，再将桶中的渣油倒入一个写有“废弃食用油严禁食用”的大桶中。“这是一家环保公司送过来的桶，每隔2～3天他们就会上门回收做环保处理。”

“每天都使用新油，成本大幅上升，你还能挣钱吗?”对于《经济导报》记者的疑问，刘洪安笑着说，“不瞒你说，非但能挣钱，而且挣得比以前还多了不少。”

刘洪安掰着手指头给《经济导报》记者算了一笔账：他所用的油是一级大豆油，每斤的价格是5.05元，以前使用复炸油，每天需要用20斤油，卖80斤油条，销售价格只有4元一斤，成本在216元左右（101元的油钱，65元的面粉外加上50元的其他费用），而80斤油条的收入则是320元，这样算下来，其利润只有104元。在承诺不使用复炸油后，油条售价提高到每斤5元，销量增加到110斤，销售收入达到550元。“卖110斤油条将使用28斤油，价值141元，面粉差不多用98元，再加上其他费用60元，总成本为299元左右，这样算下来，纯收入达到了251元。”收入增长让刘洪安笑了起来。

触痛道德底线

距离刘洪安的摊位不远就是康泰街，在该街南北两头各有一家炸油条的小摊，与刘洪安的摊铺只有5分钟的步行距离。不过，《经济导报》记者在这两家看到的却是一番冷清的景象，不要说排队，就是来买油条的人都很少，炸油条的老板懒散地站在案板前。在《经济导报》记者观察的半个小时内，只有两个客人购买油条，分别买了1元钱和2元钱的，买完后他们便骑上车走了，可以猜测出这两个人都是匆忙的上班族。

“生意不太好，客源都让‘油条哥’抢走了。”一家名为黄鹤楼包子铺的老板孙亚楠说。“纠结中，不知该不该继续炸油条了。”孙亚楠解释说，如果继续炸，客源不多，经常会剩下面；如果跟风换油继续炸油条，销量上不去，那就赔钱。而另外一家炸油条的摊主则表示，将继续按照现在的方法经营下去。“市场这么大，他（刘洪安）都能占了？毕竟他还有卖完的时候，也有人不喜欢排那么长时间的队，那样我还是有市场的。”

在保定市莲池南大街，《经济导报》记者找到了另外一家炸油条的摊点，这里虽然没有和刘洪安处那样排长队，但同样比较红火。“我们现在在向‘油条哥’学习，承诺不使用复炸油。”摊主陆海勇说。在他看来，不使用复炸油并不困难，既然刘洪安能成功，他也一定能成功。

山东省社科院社会学研究所所长李善峰接受《经济导报》记者采访时表示，刘洪安的走红，给其他经营者带来很大压力，触动了某个行业或者大部分行业的潜规则，有比较大的震撼力。在保定甚至河北省都会有一定的带动作用。

“刘洪安回归到人们的期望，他告诉大家，用市场的原则进行市场运转，诚信经营，质量、标准和档次都提高了，也一样能赚钱。他赚钱人们不否认，但他赚钱心安理得，有自己的原则，有自己的道德底线。”李善峰表示。

“中国市场经济要健康发展，必须建立在道德的制约机制之上。”不过李善峰认为，道德的约束力是有限的，远不如法律来得猛烈和有效。“应当健全法制，因为道德建设需要借助法律的制约。企业、经营者会追求利润最大化，而法制是外在的约束机制。通过完善法制约束企业的经营行为，食品安全事件将会大大减少。”

记者手记

认真品尝“良心油条”的味道

《经济导报》记者品尝了刘洪安的油条，正如大多数消费者所说的，他的油条并没有多么好吃，但是吃着放心。《经济导报》记者在采访中，听到最多的是安全和放心，这是刘洪安走红的原因。

每天坚持用新油，这在现实中说难不难，除了增加成本，更重要的是，这完全是良心活儿。

遵从道德规范的经营反而成为稀缺商品，这值得我们深思。“良心油条”的热销向社会展示了道德的经济价值，证明了道德与经济效益的良性共生。一切经济行为背后均有道德观念和意识起到支配作用，或者说，能实现收益最大化的道德势必成为首选。

——来源：《经济导报》

【项目四】 观看电影《杨善洲》，撰写心得体会

在讲授“为人民服务是社会主义道德建设的核心”时，播放影片《杨善洲》，要求学生撰写心得体会，学习杨善洲同志淡泊名利、公而忘私、廉洁奉公、艰苦奋斗、勤俭节约的高尚精神。在实践中不断加强道德修养，提高精神境界。

【资料】杨善洲同志先进事迹简介

“杨善洲，杨善洲，老牛拉车不回头，当官一场手空空，退休又钻山沟沟；二十多年绿荒山，拼了老命建林场，创造资产几个亿，分文不取乐悠悠……”这首流传于滇西保山市施甸县的民谣，不仅唱出了当地群众对云南省原保山地委书记杨善洲的敬重，还生动地向世人诠释了一名共产党人60年如一日对理想信念的坚守。

杨善洲从1953年担任区委副书记起，先后担任过县委副书记、县委书记，1977年担任保山地委书记，直至1988年退休。他很少待在机关，大部分时间都在乡下跑。碰上饭点，老百姓吃什么，他吃什么，吃完结账。

为提高亩产解决群众温饱问题，他亲自试验并示范推广“三岔九垄”插秧法。直到现在，保山当地群众插秧还沿用这个方法。他还推动了“坡地改梯田”、改籼稻为粳稻等试验田。1978—1981年保山的水稻单产在全省排第一，保山获得“滇西粮仓”的美誉，杨善洲被人们称作“粮书记”。

他担任地委书记后，按照政策，组织部门上交了他家人“农转非”的报告，他闻讯后坚决要求撤销了报告。他的妻子和大女儿一辈子都在农村。

他担任地县领导干部30多年，可直到退休也没有能力为在农村的家盖一所像样的房子，他家的房子曾经是全村最差的。

杨善洲退休后回到大亮山林场种树，全家想方设法借了5万元在施甸县城附近买了一块地，勉强盖了一幢新房。老伴找到他：能不能凑点钱，帮娃们还账？他东拼西凑仅拿出9 600元。为了不拖累孩子们，杨善洲做主把房子卖了。

1988年3月杨善洲退休后，婉拒上级安排他到省城安享晚年的厚意，走进施甸县大亮山，与15名职工一道开始了起早贪黑植树造林的生活。

那时，就地取材搭起来的40多间油毛毡棚是大家的栖身处。1992年，大亮山林场盖起第一间砖瓦房，他让给了新来的技术员。在四面透风漏雨的油毛毡棚，老人一住就是9年。

杨善洲虽然是大亮山林场的主要创办人，却坚持不从林场领取报酬。最初的几年，林场每月给他补贴70元伙食费，后来调到100元。林场曾多次要给他一个月500元的补助，他总是一句话顶回来："我上山是来种树的，要那么多钱干什么？"

22个寒暑过去，大亮山林场人工林面积达5.6万亩，经济价值超过3亿元。2009年，82岁的杨善洲把大亮山林场的经营管理权无偿移交给国家，施甸县政府决定奖励杨善洲10万元，被他当场谢绝。经再三劝说，他接下了保山市委市政府奖励的20万元，捐出16万元用于公益事业，仅余4万元留给他一生愧疚的老伴。

"杨善洲不仅是共产党员的典范，也是我们每个人做人、做事的楷模。"云南省社会科学院研究员杨福泉说。

——来源：人民网

【项目五】　主题辩论——社会主义市场经济条件下，集体主义是否过时

在讲授"集体主义是社会主义道德建设的原则"内容时，组织开展"社会主义市场经济条件下集体主义是否过时"主题辩论。

辩论可以围绕以下几个方面展开：

1. 社会主义市场经济是否需要集体主义。
2. 对集体主义产生误解的根源及错误。
3. 个人主义与利己主义的实质及其危害。
4. 当代西方社会社群主义出现的事实，是对个人主义与利己主义的批判。
5. 团队、团队意识、团队精神的实质就是集体主义。一个团队若想在竞争中赢得胜利，就必须有集体主义精神。国与国的竞争、企业与企业间的竞争是如此，体育比赛亦是如此。
6. 在社会主义市场经济条件下，集体主义所具有的现实意义。

【资料1】托克维尔论个人主义的危害

托克维尔在《论美国的民主》一书中讲到，个人主义是一种只顾自己而又心安理得的情感，它使每个公民同其同胞大众隔离，同亲属和朋友疏远……利己主义可使一切美德的幼芽枯死，而个人主义首先会使功德的源泉干涸，但是久而久之个人主义也会打击和破坏其他一切美德，最后沦为利己主义。

——来源：新浪博客

【资料2】人是相互合作、相互依存的

马克思说，每个人为另一个人服务的目的是为自己服务，每一个人都把另一个人当作自

己的手段相互利用。这两种情况在两个人的意识中是这样出现的：每个人只有作为另一个人的手段才能达到自己的目的；每个人只有作为自我目的才能成为另一个人的手段；每个人是手段同时又是目的，而且只有成为手段才能达到自己的目的，只有把自己当作自我目的的，才能成为手段。也就是说这个人只有为自己而存在，才把自己变成为那个人而存在，而那个人只为自己而存在，才把自己变为这个人而存在——这种相互关系是一个必然的事实。

恩格斯也说，如果一个人只同自己打交道，他追求幸福的欲望只有在非常罕见的情况下才能满足，而且绝不会对己对人都有利。他的这种欲望要求同外部世界打交道，要求有得到满足的手段：食物、异性、书籍、娱乐、辩论、活动、消费和加工的对象。

——来源：《马克思恩格斯选集》

【项目六】 主题讨论——由上海外滩踩踏事件谈社会公德的重要性

当今社会，公共生活的秩序直接影响人们的生活质量，在讲授“公共生活与公共秩序”时，组织学生围绕“上海外滩踩踏事件”进行讨论，重点思考踩踏事件发生的深层次原因及避免措施，通过讨论使学生增强公共安全意识，自觉遵守社会公德，提高文明水平。

【资料】上海市政府新闻发布会，通报“12·31”外滩踩踏事件调查结果

熊新光（联合调查组成员、市应急办主任）：2014年12月31日23时35分，上海市黄浦区外滩陈毅广场东南角通往黄浦江观景平台的人行通道阶梯处发生拥挤踩踏，造成36人死亡，49人受伤。

依据《中华人民共和国突发事件应对法》和《上海市实施办法》等有关法律法规，上海市迅速成立了市政府联合调查组。联合调查组由市委常委、常务副市长屠光绍任组长，副市长周波任副组长，市政府相关副秘书长和市监察局、市安全监管局、市公安局纪委、市应急办、市政府法制办、市卫生计生委、市旅游局等部门相关负责同志为成员。联合调查组邀请了国家和本市应急管理、公共安全管理、法律等方面的专家为事件调查进行分析论证。

联合调查组按照依法、公正、缜密、客观，经得起社会和时间检验的总体要求，依法依规、实事求是地开展调查工作。通过现场勘查、调查取证、专家论证、综合分析等，还原了事件过程，查明了有关应对情况，分析了事件原因，认定了事件性质，对相关责任人提出了处理建议，并针对事件原因及暴露出的突出问题，提出了加强城市公共安全工作的整改建议。

调查证实，22时37分，外滩陈毅广场东南角北侧人行通道阶梯处的单向通行警戒带被冲破以后，现场值勤民警竭力维持秩序，仍有大量市民游客逆行涌上观景平台。23时23分至33分，上下人流不断对冲后在阶梯中间形成僵持，继而形成“浪涌”。23时35分，僵持人流向下的压力陡增，造成阶梯底部有人失衡跌倒，继而引发多人摔倒、叠压，致使拥挤踩踏事件发生。

23时35分拥挤踩踏事件发生后，在现场维持秩序的民警试图与市民游客一起将临近的摔倒人员拉出，但因跌倒人员仍被上方的人流挤压，多次尝试均未成功。此后，阶梯处多位市民游客在他人帮助下翻越扶手，阶梯上方人流在民警和热心的市民游客指挥下开始后退，上方人员密度逐步减小，民警和市民游客开始将被拥挤踩踏的人员移至平地进行抢救。许多市民游客自发用身体围成人墙，辟出一条宽约三米的救护通道。现场市民游客中的医生、护士都自发加入了抢救工作，对有生命体征的受伤人员进行紧急抢救。

23时41分22秒起，上海市“120”医疗急救中心陆续接到急救电话。23时49分起，先后有19辆救护车抵达陈毅广场，第一时间开展现场救治和伤员转运。上海市公安局及黄浦公安分局迅速开辟应急通道，调集警用、公交及其他社会车辆，将受伤市民游客就近送至瑞金医院、长征医院、上海市第一人民医院和黄浦区中心医院抢救。同时，迅速组织力量千方百计收集伤亡人员信息，及时联系伤亡人员所在单位和家属。

事件发生后，市委、市政府主要领导迅速赶赴现场指挥应急处置工作，并分别赶往医院看望慰问受伤人员和伤亡人员家属。同时，连夜召开紧急会议，决定成立医疗救治、善后处置等专项工作组和联合调查组，各组当即开展工作。

调动全市优质医疗资源全力以赴救治伤员，在专家会诊评估的基础上，按照“一人一方案、一人一专家”的要求，逐一明确医疗方案，尽一切可能挽救生命，截至1月21日上午8点，49名伤者中已有46人经诊治后出院，3人继续在院治疗，其中重伤员2人，1名生命体征还不平稳，仍在全力抢救治疗中。通过多种途径尽快确认伤亡人员身份，及时向社会公布遇难者名单，并对出院伤者进行随访。指派专人全力做好伤亡人员家属的接待、安抚，组织专业人士对受伤人员和伤亡人员家属进行心理疏导。

对事发当晚外滩风景区特别是陈毅广场人员聚集的情况，黄浦区政府和相关部门领导思想麻痹，严重缺乏公共安全风险防范意识，对重点公共场所可能存在的大量人员聚集风险未作评估，预防和应对准备严重缺失，事发当晚预警不力、应对措施不当，是这起拥挤踩踏事件发生的主要原因。具体包括五个方面：

一是对新年倒计时活动变更风险未作评估。大量市民游客认为外滩风景区仍会举办新年倒计时活动，南京路商业街和黄浦江对岸的上海中心、东方明珠等举办的相关活动吸引了部分市民游客专门至此观看。对此，黄浦区政府在新年倒计时活动变更时，未对可能的人员聚集安全风险予以高度重视，没有进行评估，缺乏应有认知，导致判断失误。二是新年倒计时活动变更信息宣传严重不到位。新年倒计时活动变更后，主办单位应当提前向社会充分告知活动信息。但是，直至12月30日，黄浦区旅游局才对外正式发布了新年倒计时活动信息，对“外滩”与“外滩源”的区别没有特别提醒和广泛宣传，信息公告不及时、不到位、不充分。三是预防准备严重缺失。黄浦公安分局未按照黄浦区政府常务会议要求，在编制的新年倒计时活动安全保卫工作方案中，仅对外滩源新年倒计时活动进行了安全评估，未对外滩风景区安全风险进行专门评估。黄浦公安分局仅会同黄浦区市政委等有关部门在外滩风景区及南京路沿线布置了350名民警、108名城市管理和辅助人员、100名武警，安保人员配置严重不足。四是对监测人员流量变化情况未及时研判、预警，未发布提示信息。12月31日20时至事件发生时，外滩风景区人员流量呈上升趋势。黄浦公安分局指挥中心未严格落实上海市公安局指挥中心每半小时上报人员流量监测情况的工作要求，也未及时向黄浦区委区政府总值班室报告。黄浦公安分局对各时段人员流量快速递增的变动情况未及时采取有效措施，未报请黄浦区政府发布预警，控制事态发展。对上海市公安局多次提醒的形势研判要求未作响应。五是应对处置失当。针对事发当晚持续增加的人员流量，在现场现有警力配备明显不足的情况下，黄浦公安分局只对警力部署作了部分调整，没有采取其他有效措施，一直未向黄浦区政府和上海市公安局报告，未向上海市公安局提出增援需求，也未落实上海市公安局相关指令，处置措施不当。上海市公安局对黄浦公安分局处置措施不当，指导监督不到位。黄浦区政府未及时向市政府报送事件信息。

这次事件的性质：是一起对群众性活动预防准备不足、现场管理不力、应对处置不当而引发的拥挤踩踏并造成重大伤亡和严重后果的公共安全责任事件。

调查认定，黄浦区政府对事件发生负有主要管理责任，黄浦公安分局对事件发生负有直接管理责任，黄浦区市政委对事件发生负有管理责任，黄浦区旅游局对事件发生负有管理责任，黄浦区外滩风景区管理办公室对事件发生负有管理责任，上海市公安局对事件发生负有指导监督管理责任。

这起公共安全责任事件，后果极其严重，社会影响极其恶劣，教训极其深刻。必须时刻牢记，维护人民群众生命财产安全和城市运行安全，是政府法定的职责和应尽的义务。事件调查结果警示我们，领导干部思想麻痹是城市公共安全的最大隐患，安全责任落实不力是城市公共安全的最大威胁。事件调查结果告诫我们，各级政府和领导干部必须时刻把人民群众生命财产安全放在第一位，不能有丝毫侥幸，不能有丝毫疏忽，不能有丝毫懈怠，必须以对党和人民极端负责的精神，不遗余力、竭尽全力、殚精竭虑，切实保护好人民群众生命财产安全，切实维护好城市运行安全，切实履行好党和人民赋予的神圣使命。调查报告提出了五项具体整改建议：一是切实落实安全责任制，大力增强“红线”、“底线”意识；二是切实加强对大人流场所和活动的安全管理，进一步落实和完善相关制度规定；三是切实加强监测预警，进一步提升突发事件防范能力；四是切实加强应急联动，进一步强化应急处置能力；五是切实加强宣教培训，进一步提升全社会公共安全意识和能力。

——来源：人民网

【项目七】 情景模拟

文明礼貌是社会交往中必然的道德要求，是调整和规范人际关系的行为准则。在讲授这一问题时，以小品相声和情景剧等形式，模拟当时情景，围绕主动让座、文明对待、拍照感谢或肆意抢座、恶语相向等现象谈自我感受，使学生懂得文明礼貌不仅体现一个人的道德修养，更折射出一个民族的整体素质。

【资料1】“笑脸照”记录善意，“让座人”传递温情——武汉七旬婆婆为让座乘客拍照

近日，一组呈现普通乘客笑脸的照片，在网络上迅速走红。这些笑脸的背后，都有一段温馨的让座经历和美好回忆，也记录着人与人之间的善意与温情。

这些照片的拍摄者是69岁的武汉市民屠礼华。每次坐公交，遇上好心的让座乘客，屠婆婆都会掏出手机，征得同意后，为“美丽的让座人”拍照留念，表达感谢并留念。半年多来，屠婆婆已拍摄62张陌生乘客的笑脸照。这些记录让座人微笑的照片，被网友誉为对行善者的“美好回礼”。

用手机镜头定格让座人的微笑

熟练地打开台式电脑，点开桌面的“让座人”文件夹，一张张笑脸便出现在屏幕上。无论是背包小伙子羞涩的微笑，还是打着“V”字手势的女孩，家住洪山区关西小区的屠婆婆对每张“笑脸照”的来由都记忆犹新。

“这张是一对情侣在公交车上，看到我和老伴上车后，一齐起身让座后拍的。”“再看这张，一位身着红格衬衫的70多岁的老人，在公交车上还为一位残疾人让座，我给她拍照时还不好意思地抿嘴笑。”简单的画面、朴素的笑脸，退休在家的屠婆婆经常浏览这些照片，回想好心人的身影和当时的场景。

用手机给让座人拍照留念的想法，缘于屠婆婆换手机。服役多年的“老人机”在5月份坏掉后，儿子为她买了个能拍照的智能机。“我这一头白发，每次上公交或地铁，都有年轻人起身让座。”屠婆婆说，“有时看到让座的年轻人得站上大半个小时，觉得光一句‘谢谢’难表心意，就想到用手机把这些让座的好心人拍下来。”

第一次为让座人拍照，屠婆婆清楚地记得是在5月14日。“当时我坐公交准备出门购物，刚上车就有一位姑娘给我让座。”屠婆婆回忆，觉得这些让座乘客是身边最美的人，征得对方同意后，就用手机镜头定格住她的微笑。

半年多来，屠婆婆电脑里已存下62张让座乘客的“笑脸照”，她说：“在公交或地铁上，给让座的陌生乘客拍张照后，相互间距离一下就拉近了”。

“笑脸照”背后善举传递温情

除出门买菜、访友外，参加老年合唱团是屠婆婆出门的主要目的。记者6日随屠婆婆一起乘坐715路公交车，前往位于华中师范大学的合唱团。刚上车，一位20多岁的女孩就为屠婆婆让座。

屠婆婆提出给她拍照，女孩以“让座只是小事，不需要留名或拍照”为由婉拒。屠婆婆笑着告诉记者，给让座乘客拍照，并非每次都会成功，“大多数让座人都不太理解，我就耐心解释说，拍照是想感谢大伙的善举，用照片保存下心中的感动”。

屠婆婆拍下的“笑脸照”，被媒体刊载并在网络传播后，引发网友点赞。一些网友表示，这些笑脸照背后的善举，传递着人与人之间的温情，汇成冬日里的一股暖流。网友“糕糕公主”发帖说，美丽的笑脸，美好的时刻，需要有心的人去记录，去传递。网友“范煜梅”发帖说，“（拍笑脸照是）美好的回礼，给老婆婆和让座的朋友点个赞。”

看到自己是“笑脸照”中的一员，湖北国土资源职业学院大三学生余杭琪回忆说，当时她和同学乘公交出门，起身让座时屠婆婆还不肯坐，“后来我们说快到站下车了，她才坐下，还掏出手机给我们拍照……没想到自己给老人让个座，能得到这么多网友的肯定，心里非常温暖。”余杭琪说。

友善感恩放大社会正能量

屠婆婆告诉记者，公开这些“笑脸照”，一方面是对让座乘客表达谢意，另一方面也在传递这种助人为乐的精神，“‘笑脸照’中的让座乘客，才是温暖的源泉，值得称赞的主角”。

“让座笑脸照”的走红，也引发公众对公交让座的热议。网友“MS日月人鱼”说，经常在公交车上遇到因为座位吵闹甚至动手的事情，让座是美德，不是义务，所以让与不让，重在主动自觉。互相理解，让座便不再是个尴尬的话题。

“这一张张发自内心的笑脸，是美好心灵的体现，也是社会风气的写照。”武汉市文明办主任严宏说，屠婆婆为让座乘客拍“笑脸照”，表明年轻人懂得礼让，老年人懂得感恩，“只要懂得友善待人、换位思考，世界就会充满爱”。

“现在年轻人学习工作都挺辛苦，因此我们乘公交都尽可能避开上下班高峰期。”屠婆婆说，遇上让座人，不一定都得拍照留念，几句谢谢能让对方感觉到善举被认可，“社会正能量在人们的付出与反馈之间才会不断放大，你我身边就能出现更多的笑脸”。

——来源：新华网

【资料2】《焦点访谈》——小位引发大冲突

现在，坐公交、坐地铁出门的人越来越多了。在车上给老幼病残孕让个座，本是个平常事。但最近，这个平常事却引发了很多不平常的事。

2014年4月2日早晨，江苏南京68路公交车上，一位老人数落一个小女孩："你很自私，这个专座小孩怎么能坐呢？"原来，这位老人上车后，见没有空座，便让小女孩给她让座。车上乘客说，这个10岁的小女孩没有说话，也没有让座，这位阿姨就生气了，说女孩脸皮比较厚，没有家教。

面对指责，小女孩起身给这位老人让出了座位。随后，正巧有乘客下车，小女孩坐在了前面的空座上一言不发，可这位老人依旧不依不饶。

小女孩虽然让了座，还是被老人数落了一路。而比这更严重的是，有人让了座还挨了打。3月30日下午，辽宁沈阳的小朱和母亲乘坐215路公交车去购物，这时一位70多岁的老人站到了小朱旁边，希望小朱给让个座位。

虽说不太愿意，还抱怨了几句，可小朱还是起身让了座。而就是这几句抱怨，却给小朱惹来了麻烦，老人及儿子和儿媳，因为不满小朱的几句牢骚，一家三口竟然对小朱母女大打出手。

目睹了事件经过的乘客们纷纷站到了小朱母女一边。看到这情形，老人的儿媳掉转矛头，要打指责他们的人，被其他乘客拦住了。

在公共交通工具上，遇到需要帮助的乘客，在力所能及的范围内，我们应该让个座，帮个忙，文明礼让应当得到尊重，大力弘扬。但另一方面，被让座的乘客，也应该文明回应，心存感激。可这让了座，不但没有得到感谢，反而还挨骂、挨打，这就不免让人寒心。现在，在很多公共交通工具上，让不让座已经成为引发争执和冲突的导火索之一，暴力要座的不文明行为时有发生。

在苏州514路公交车上，一位年轻女子没有主动让座，一位老人先是用腰撞了女子几下，随后拳脚相加。当事人小婷表示："当时准备去考试，所以一直在低头看复习资料。他越说越激动，情绪很失控，指着我的鼻子：'你信不信我打你'。"

同样，在郑州89路公交车上，一位头戴黑色帽子的老人也是因为女子没有主动给他让座，拽住女子的头发挥拳就打，还试图将女孩拽下车。

让座是一种美德，同样，文明地接受让座，文明地请人让座也应当成为一种美德。

81岁的顾鹤寿老人每次都会将亲笔绘制的卡片送给让座的乘客，表达心中的感激。他说："人家给你让座的话，你也要很礼貌地感谢人家。"

让座，值得鼓励。帮助弱者、表达善意是一种美德；而被让座的人接受别人的善意并且表示感谢，也是一种美德。既然叫让座，也就意味着别人并不欠你的。所以，要座，也得好言相商，也得讲文明。如果出言不逊甚至是大打出手，就是侵犯了别人的权益，而且这样下去，恐怕让座的人也就越来越少了。在这里，得给送感谢卡的那位大爷点个赞，如果人人都像这样，文明礼让，你情我愿，社会才能和谐，大家的心情才会舒畅。

——来源：由作者整理资料得到

【项目八】 课堂辩论——老人摔倒该不该扶

在社会公共生活中提倡助人为乐精神，在讲这些内容时组织学生在分析下列材料的基础上，以“老人摔倒后是否要扶”为题展开辩论，引导学生坚持以团结互助为荣，以损人利己为耻，积极参与公益活动，力所能及地帮助别人、快乐自己。

【资料】别让“老人摔倒扶不扶成为永远的纠结”

老人摔倒无人扶，已经不是新闻。一位苏州大妈摔倒求助，连喊“不讹你们”10分钟没人理，幸亏一名干过记者的小伙子帮忙报警，才挽救了道德的最后颜面。老人摔倒扶不扶，国人依旧纠结着。

助人为乐是中华民族的传统美德。面对老人摔倒无人扶的道德窘境，有人会感到气愤，而一旦身临其境，却难免会选择不扶。今年以来，救人反被讹的事情依旧频频出现。2014年9月25日，南通老人骑电瓶车摔倒，小伙救助垫付医疗费反遭索赔；9月30日，潍坊男子扶起摔倒老人反被其家人打伤。“扶人者反被诬陷为撞人者”的新闻频现之后，甚至出现了不可思议的“坏人变老了，还是老人变坏了”的社会讨论。

公民的良心是整个社会的良知，面对社会道德良知的沦丧，扶不扶摔倒的老人，怎能不让人纠结，毋庸置疑，“彭宇案”之后，扶摔倒的老人已经成了社会难题。尽管公众疾呼、舆论关注，却难以改变道德与法律冲突的窘境。

“老吾老以及人之老，幼吾幼以及人之幼”，是中华民族的传统美德。我们每个人都会变老，每个老人的境遇都可能是我们自己。在依法治国的当下，司法必须给予讹诈者严厉的惩戒，让见义勇为者有更多的支撑。总之，期望“老人摔倒扶不扶”的纠结别再持续下去。

——来源：《大众日报》

【项目九】　社会热点解析——坐飞机别“任性”

2012年来，“任性”一词频繁出现在公众眼里，已经成了2014年的热门词。有钱的人任性、飞机上的人任性、生活中的任性等现象屡见不鲜。人们已经在不知不觉中赋予了“任性”特殊的含义。结合近期发生在飞机上的“任性”事件，进行深入分析，使学生懂得遵纪守法是社会公德的基本要求，是维护公共生活秩序的重要条件，是提高人们社会公德水平的主要途径，从而“任性”的坚持以“遵纪守法为荣，以违法乱纪为耻”，提升中国人良好的国际形象。

【资料】坐飞机请别“任性”

日前，据网友曝料，乘坐曼谷航班飞往普吉岛的过程中，飞机在中途经停加油，其间一中国乘客叫空乘人员打开舱门下飞机吸烟，遭到拒绝后，竟然怒骂空乘，幸好有热心乘客及时劝阻，才没酿成大祸。

近些年来，有关中国乘客在飞机上或机场的雷人闹剧频频见诸报端。2012年，两名乘坐瑞士航空一航班的中国乘客因为座椅靠背问题引发斗殴，最终导致这架客机返航；2012年10月，3名中国游客在柬埔寨机场与人辱骂，导致机舱内一度混乱无比，最终这3名游客被“请”下飞机；前一段时间，在曼谷飞往西安的航班上，后座的大妈不仅将鞋子彻底脱掉，还肆无忌惮将双脚搭在前排乘客的扶手上。这一举动持续了数小时！从这些新闻，我们不难发现，部分国人较低的素质和过激的行为，着实令人感到无奈和担忧。

乘客不懂“廉价航空”：原来热水要收费

最近这起“机闹”事件的起因是对航空公司服务不满。2014年12月11日晚，涉事游客安徽阜阳籍张某、江苏南京籍王某乘坐泰国亚洲航空公司由曼谷返回南京的FD9101航班。二人登机后，要求空服人员将两人座位调换到一起，虽然后来做了调换，但耽搁时间造成张、王二人不满。这个航班为廉价航班，机上不提供免费餐饮。飞行途中，张某要求空服提供热水泡方便面，空服告知热水需收费，在空服为其提供热水后，张某仍与空服发生言语冲突，并将泡好的方便面泼向这位空服，最终导致航班返航。

冒用身份证信息登机

2014 年 1 月 20 日下午 5 点，一名男子到常州机场取了当晚 7 点飞往成都的机票，然后接受安检。安检员发现，男子出具的身份证上面的照片，竟是一名中年妇女。

男子说，他是用他姑姑的身份证买的机票。他知道坐飞机必须实名制，因此就拿姑姑的身份证准备通过安检，“反正是一张机票对应一张身份证”，男子如此解释让安检人员哭笑不得。要知道，乘运安全规定明确，机票必须与乘机人的身份相符。

小事引发“全武行”

2014 年 2 月 17 日，在由重庆飞往香港的航班上，前排两名女乘客嫌后排小孩太吵，后排乘客责怪前排座椅影响了他们。几名乘客因此在飞机上大打出手，飞机差点因此返航。

乘客强开安全门

2015 年 2 月 10 日上午，有航空界人士爆料称，昨日南航一航班上，一乘客因私自打开安全门，被公安带走拘留 10 天。今日下午，南航方面向《新京报》记者证实此事，并称私开安全门乘客认为“此门无关紧要”

链接：私开安全门的各种怪理由

近年来，飞机安全门被乘客私自打开曾多次发生。安全门被打开的理由各种各样，有误把安全门当厕所门的，有好奇心使然的，有“想透气的”……

上厕所——2012 年 3 月 30 日，三亚飞重庆的川航 3U8759 航班在滑行时，一位 40 多岁的女乘客想上厕所，从座位走向飞机尾部安全门处，把安全门当作厕所门打开。后被认定其要承担主要事故责任并赔偿。

很好奇——“这东西会不会跟家里的门一样哦。”2013 年 12 月 16 日，南宁飞重庆的 G52652 次航班降落停靠在廊桥后，一男子发现安全门上有一红色把手，心生好奇，偷偷拉了扳手，导致安全门裂开 1 厘米左右缝。后该男子被拘留 5 日。

想透气——2014 年 12 月 14 日，厦门航空 MF8453 在杭州准备起飞时，左侧机翼上一名年近 50 岁的男子，突然将安全门打开。事后男子解释称“只是想透透气”。

随着经济快速发展，生活水平不断提高，人们出差、旅游、探亲、留学等机会大幅增加，飞机已成为日常出行中必不可少的交通工具。但飞机上的各种不文明行为却是屡见不鲜，我们不禁要问，国人乘坐飞机为何如此“任性”？

——来源：作者根据“金羊网——《新快报》”等资料整理

【项目十】 观看视频，撰写心得体会

职业道德是指从事一定职业的人在职业生活中应当遵循的具有职业特征的道德要求和行为准则。教师在讲授“职业道德规范”时，组织学生观看“2014 年度国家最高科学技术奖获得者于敏”的相关视频，结合所学专业，以“爱岗敬业，服务社会”为题，撰写心得体会，帮助学生深刻把握职业道德的主要内容，为未来的职业生活提供有力支撑。

【资料】中国“氢弹之父”于敏事迹

2015 年，“感动中国十大人物——”中国“氢弹之父”于敏颁奖词：

离乱中寻觅一张安静的书桌，未曾向洋，已经砺就了锋锷。受命之日，寝不安席，当年吴钩，申城淬火，十月出塞，大器初成。一句嘱托，许下了一生；一声巨响，惊诧了世界；一个名字，荡涤了人心。他是中国科学院学部委员（院士），国家最高科技奖获得者；他是89岁高龄的于敏。

于敏，中国科学院学部委员（院士），89岁，核物理学家，国家最高科技奖获得者。

在中国核物理的几位开创者中，于敏是唯一一位没有留学背景的人。在氢弹的理论探索中，于敏几乎从一张白纸开始，依靠自己的勤奋，举一反三。克服重重困难，自主研发，解决了氢弹研制中的一系列基础问题。1967年，中国完成了氢弹核爆实验。从原子弹到氢弹，中国只用了两年零八个月，这是世界上最快的速度。在氢弹研制过程中，于敏提出了从原理到构形基本完整的设想，成为中国氢弹研制中的关键人物。

从20世纪60年代开始，于敏就放弃了个人热爱的基础物理专业，此后30年一直隐姓埋名，于敏一生只有两次公开露面：一次是1999年，国家为“两弹一星”元勋授奖，另外一次是2015年1月9日，国家科技奖颁奖，于敏成为最高科技奖的唯一获得者。

——来源：作者根据相关资料整理

【项目十一】　举案说法——学法用法，依法维权

职业活动中的法律规范对我们的职业活动起着重要的指导和保护作用。教师在讲授“职业生活中的法律意识”时，围绕学生比较关心的问题，选择日常生活中具有一定代表性、普遍性、典型性的案例，进行系统的分析和解答，帮助学生增强解决问题的能力，调动学生学法用法、依法维权的积极性。

【资料1】劳动合同中“工伤概不负责”条款无效

2013年2月，某装饰公司招用李某为装饰工，在双方签订的书面劳动合同中，有“如发生工伤，装饰公司概不负责”条款。2013年12月17日，某装饰公司指派李某等五人到某居民区从事装饰工作。在工作中，李某不慎从梯子上摔下受伤，住院治疗15天。2014年1月，李某向社会保险行政部门提出工伤认定申请。

劳动仲裁：社会保险行政部门认定李某所受伤害为工伤。

某装饰公司不服该工伤认定结论，向法院起诉要求撤销该工伤认定结论。装饰公司认为，劳动合同中的“如发生工伤，装饰公司概不负责”条款是双方当事人的真实意思表示，双方均签字认可，具有法律效力。约定该条款的目的是增加职工在工作中的谨慎注意义务，防止意外事故的发生。

律师的意见：某装饰公司招用李某为装饰工，双方形成合法的劳动关系，李某在工作时间、工作地点、因工作原因发生事故伤害，应当被认定为工伤。《劳动合同法》第二十六条规定，用人单位免除自己的法定责任，排除劳动者权利的条款无效。“如发生工伤，装饰公司概不负责”条款明显是用人单位免除自己的法定责任，排除劳动者权利的条款，是无效条款，不具有法律效力。至于装饰公司所称在合同中约定该条款的目的是增加职工在工作中的谨慎注意义务，防止意外事故的发生，也是不成立的，公司可以通过对职工进行安全教育或加大安全设施的投入来减少安全事故的发生。法院判决维持社会保险行政部门的工伤认定结论。

——来源：找法网

【资料2】试用期内“不胜任”企业需举证

随意规定试用期限、与同一人约定多次试用期……近日，连云港市开发区劳动争议仲裁部门接到不少有关试用期的投诉和咨询，占到投诉和咨询量的三分之一。相关劳动仲裁专家提醒，一些用人单位利用试用期大做文章，用各种方法逃避责任，这些行为侵害了劳动者的合法权益。

案例一：以调岗为由重复约定试用期

李先生于2013年7月大学毕业。同年10月，他进入连云港市开发区某食品公司从事产品销售工作，与单位签订了3年的劳动合同，合同约定试用期为3个月。但3个月的试用期满后，公司迟迟未与其谈转正的事情。2014年4月，李先生找到公司人事部门，该部门负责人却告知，其不适合做销售工作，公司已决定将其调至行政部门任职，换岗需要重新安排3个月的试用期，试用合格后才能转正。李先生对此不解，随后来到开发区劳动争议仲裁部门咨询，寻求帮助。

案例二：试用期内“不胜任”须举证

王先生于2013年12月入职连云港市开发区某化工企业任营销总监，双方签订了为期3年的劳动合同，合同约定试用期为4个月。入职3个月后，公司出具了《解除劳动合同通知书》，以王先生未完成季度营销目标、不符合录用条件为由，解除了双方之间的劳动合同。2014年5月，王先生向开发区劳动争议仲裁部门申请仲裁。

劳动争议仲裁部门认为，用人单位必须承担劳动者试用期内“不胜任”的举证责任。但本案中，用人单位未提交明确具体、合法有效的岗位说明书，双方的劳动合同也未就录用条件等进行约定，事后也未书面告知王先生该职务的岗位要求。企业称在招聘时双方已就录用条件达成口头协议，但王先生对此予以否认，单位未提交任何有效证据加以证明。

用工提醒：试用期可别成了“是非期”

目前，企业滥用试用期侵犯劳动者权益的现象比较普遍。对于什么样的岗位需要约定试用期，约定多长的试用期，以及根据什么来设定试用期限等，在实践中比较混乱。《劳动合同法》第十九条规定，劳动合同期限三个月以上不满一年的，试用期不得超过一个月；劳动合同期限一年以上不满三年的，试用期不得超过二个月；三年以上固定期限和无固定期限的劳动合同，试用期不得超过六个月。以完成一定工作任务为期限的劳动合同或者劳动合同期限不满三个月的，不得约定试用期。

与此同时，《劳动合同法》第十九条规定，同一用人单位与劳动者只能约定一次试用期。再次约定的试用期不具有法律效力。若用人单位在第一次签订书面劳动合同时未与劳动者约定试用期，第二次续签的劳动合同不能再约定试用期。

一些用人单位在试用期内随意解雇劳动者，严重侵害劳动者的合法权益。《劳动合同法》第三十九条规定，劳动者在试用期内被证明不符合录用条件的，用人单位才有权解除劳动合同。劳动者在试用期内存在严重违纪、失职、劳动合同无效等法定解除情形的，用人单位才可依法解除劳动合同。

——来源：找法网

【项目十二】 主题讨论——转变观念，迎接就业新挑战

好工作去哪儿了？这恐怕是当前高校毕业生的共同感受，严峻的就业形势是大学生必须

面对的现实。在讲授“大学生的择业和创业”时，组织开展“转变观念，迎接就业新挑战”主题讨论，引导学生正确认识我国的就业形势及其形成的原因，帮助学生树立正确的择业观和创业观。

【资料 1】

2014 年 12 月 10 日，教育部发《关于做好 2015 年全国普通高等学校毕业生就业创业工作的通知》，要求各高校建立弹性学制，允许在校生休学创业。

大学生休学创业真是大学生一条出路吗？同学们可以表达一下自己的看法。

——来源：由作者整理资料得到

【资料 2】大兴安岭贫苦学生何家南，不停奔跑的男孩

这是一个真实的故事，故事中的主人翁是一位来自大兴安岭贫苦的小伙子，他的名字叫何家南。何家南的父亲四处求借来的 4 535 元，让他能踏上梦寐以求的大学校园。也许他知道这些钱只能够他交学费，生活费对于他来讲还不知道在何方。可是坚强的他还是勇敢地怀着自己的梦想踏入大学的校门，开始他的大学生活。

他也清楚，老迈的父亲已经尽了全力，再也无法给予他更多。

“爹，您放心吧，儿子还有一双手，一双腿呢。”

强抑着辛酸，他笑着安慰完父亲，转身走向那条弯弯的山路。

转身的刹那，有泪流出。

穿着那双半新的胶鞋，走完 120 里山路，再花上 68 元钱坐车，终点就是他梦寐以求的大学。

到了学校，扣除车费，交上学费，他的手里仅剩下可怜的 365 元钱。

5 个月，300 多元，应该如何分配才能熬过这一学期？

看着身边那些脖子上挂着 MP4、穿着时尚品牌的同学来来往往，笑着冲他打招呼，他也跟着笑，只是无人知道，他的心里正泪水汹涌。

饭，只吃两顿，每顿控制在 2 元钱以内，这是他给自己拟定的最低开销。

可即便这样，也无法维持到期末。

思来想去，他一狠心，跑到手机店花 150 元买了一部旧手机，除了能打能接听外，仅有短信功能。

第二天学校的各个宣传栏里便贴出了一张张手写的小广告：“你需要代理服务吗？如果你不想去买饭、打开水、交纳话费，请拨打电话告诉我，我会在最短的时间内为你服务。校内代理每次 1 元，校外 1 公里内代理每次 2 元。”

小广告一出，他的手机几乎成了最繁忙的“热线”。

一位大四美术系的师哥第一个打来电话：“我这人懒，早晨不愿起床买饭。这事就拜托你了！”。

“行！每天早上七点我准时送到你的寝室。”

他兴奋地刚记下第一单生意，又有一位同学发来短信：“你能帮我买双拖鞋送到 504 吗？41 码，要防臭的。”

他是个聪明的男孩。

入校没多久，他便发现了一个有趣的现象：校园里，特别是大三大四的学生，“蜗居”一族越来越多。

所谓“蜗居”就是一些家境比较好的同学整日缩在宿舍里看书、玩电脑，甚至连饭菜都不愿下楼去打。

而他又是在大山里长大的，坑洼不平的山路给了他一双“快脚”。

上五楼六楼也就是一眨眼的事。

当天下午，一位同学打来电话，让他去校外的一家外卖快餐店，买一份15元标准的快餐。

他挂断电话，一阵风似地去了。来回没用上10分钟。

这也太快了！那位同学当即掏出20元，递给他。

他找回3元。因为事先说好的，出校门，代理费2元。

做生意嘛，无论大小都要讲信用。

后冲这效率这信用，各个寝室只要有采购的事，总会想到他。

能有如此火爆的生意，的确出乎他的意料。

有时一下课，手机一打开，里面便堆满了各种各样要求代理的信息。

一天下午，倾盆大雨哗哗地下，手机却不失时机地响了，是位女生发来的短信。

接到信息，他一头冲进了雨里。

等被浇成“落汤鸡”的他把雨伞送到女生手上时，女生感动不已，竟然给了他一个温暖的拥抱！

那是他第一次接受女孩子的拥抱！他连声说着谢谢，泪水止不住地涌出。

随着知名度的提高，他的生意越来越好，只要顾客需求，他总会提供最快捷最优质的服务。

仿佛是一转眼，第一学期就在他不停地奔跑中结束了。

寒假回家，老父亲还在为他的学费发愁，他却掏出1 000元塞到父亲的手里：“爹，虽然您没有给我一个富裕的家，可您给了我一双善于奔跑的双腿。凭着这双腿，我一定能‘跑’完大学，跑出个名堂来！”

转过年，他不再单兵作战，而是招了几个家境不好的朋友，为全校甚至外校的顾客作代理。

代理范围也不断扩大，慢慢地从零零碎碎的生活用品扩展到电脑配件、电子产品。

等这一学期跑下来，他不仅购置了电脑，在网络上拥有了庞大的顾客群，还被一家大商场选中，做起了校园总代理。

奔跑，奔跑，不停地奔跑，他一路跑向了成功。

他说，大学四年，他不仅要出色地完成学业，还要赚取将来创业的“第一桶金”。

他把“第一桶金”的数额定为50万元。他的名字叫何家南，一个从大兴安岭腹地跑出，径直跑进省师范大学的大三学子。

如今虽然做了校园总代理，可他依然是他，依然是那个朴实、勤快、为了给顾客打一壶开水赚取1元代理费而像风一样奔跑的大男孩！

【何家南的故事感悟】

如果是你，怎么办呢？你会像其中主人翁那样，还是抱怨父母及社会呢？希望我们的孩子今后也能自立、健康、成熟、成长！

——来源：79生意网

【项目十三】 大学生恋爱观问卷调查

为了更好地了解学生对恋爱婚姻的认识，开展问卷调查，了解大学生恋爱的现状、特点及影响，引导大学生端正恋爱态度，处理好爱情和学习的关系，树立积极健康的恋爱观。

【资料】大学生恋爱观问卷调查

爱情是大学生生活美丽的一幕，当代大学生正处于思维、行为成长的阶段。那作为大学生的你，对恋爱又有什么看法呢？

1. 您的性别是？

A. 男　　B. 女

2. 您的年级是？

A. 大一　　B. 大二　　C. 大三　　D. 大四

3. 您现在的恋爱状态是？

A. 正在恋爱中　　B. 曾经有过恋爱的经历

C. 正处于寻找中　　D. 不准备在大学阶段谈恋爱

4. 您认为大学生认识爱情的主要途径有哪些？

A. 同龄伙伴和朋友之间交流

B. 随着的年龄增长而形成的一些看法

C. 学校老师的教诲

D. 杰出人物或名人的影响

E. 自身的体验

F. 社会上人们的观点及习俗等的影响

5. 对于大学生是否应该恋爱，您持的态度是？

A. 应该，不能错过青春年华

B. 不应该，谈恋爱浪费时间、精力和金钱

C. 顺其自然，重要的是有没有缘分

D. 其他

6. 对待周围的情侣，您的感受是？

A. 这是正常现象　　B. 随便他们，这不关我的事

C. 在公共场合下会感到不舒服　　D. 十分羡慕

7. 您认为大学生恋爱的动机是什么？

A. 丰富生活，精神寄托　　B. 周围同学的影响，弥补空虚

C. 在生活和学习上找到好伴侣　　D. 积累经验，体验人生

8. 您认为大学生谈恋爱有何好处或坏处？（多选题）

A. 减轻自己的心理压力　　B. 在生活上和学习上有个好伴侣

C. 消除寂寞　　D. 满足了自己的心理需求

E. 分散精神　　F. 浪费时间

G. 影响学习　　H. 影响自己与异性同学交往

I. 其他

9. 假如让您选择，您会选择哪一个？

A. 你喜欢的人　　B. 喜欢你的人

10. 您会选择年龄比自己小（大）的男（女）朋友吗？

A. 不在乎

B. 暂不作考虑，如果实在有喜欢的可能会

C. 基本上不会

D. 绝对不会

11. 您会选择身高比自己矮（高）的男（女）朋友吗？

A. 不在乎身高

B. 很介意身高，但如果实在有喜欢的可能会

C. 基本不会

D. 绝对不会

12. 您会选择学历比自己低（高）的男（女）朋友吗？

A. 不在乎学历

B. 很介意学历，但如果实在有喜欢的可能会

C. 基本不会

D. 绝对不会

13. 如果您要选择或已有恋人，您最看重对方的什么？

A. 自身修养，气质品位　　B. 是否有自己相同的爱好，喜欢自己

C. 看其发展潜力　　D. 其家庭和经济条件

14. 你认为自己会为了在大学里谈恋爱而降低自己的选择要求吗？

A. 会　　B. 基本不会，但有调整

C. 完全不会　　D. 不知道

15. 邂逅您喜欢的人时，您会主动追求吗？

A. 会大胆主动追求　　B. 会有所暗示

C. 觉得不好意思，静而观之　　D. 会在追求我的人中选择

16. 您的父母是否提出过禁止或不主张您在大学期间谈恋爱？

A. 是　　B. 否　　C. 没说过

17. 如果您在大学期间恋爱，您会告诉您的父母吗？

A. 一定会　　B. 不会

C. 只要不被父母说，可能会　　D. 看情况

18. 您认为恋人间或您与恋人见面的频率是？

A. 天天在一起　　B. 隔几天见一次

C. 每个月见一两次　　D. 一年只能寒暑假见面

19. 您认为恋人间或您和恋人在开销方面是？

A. 花男的钱多　　B. 花女的钱多

C. 谁有钱花谁的　　D. AA 制

20. 您认为或您和恋人每个月平均在恋爱上的消费支出是多少？

A. 100 元以下　　B. 100 ~ 300 元　　C. 300 ~ 500 元　　D. 500 元以上

21. 您认为恋爱和学业之间有何关系？

A. 学习与恋爱二者不可兼得，谈恋爱肯定要影响学习
B. 爱情是一种动力，可以促进学习，男女朋友之间可以相互监督，促进学习
C. 没有必然联系
D. 没概念

22. 如果恋爱和学业发生冲突，您会如何选择？
A. 以学业为重　　B. 以爱情为重
C. 尽量把握好学业和爱情的关系　　D. 其他

23. 您觉得恋爱的底线行为是？
A. 一般身体接触　　B. 约会时接吻　　C. 性爱关系　　D. 同住关系

24. 爱情和金钱您会如何选择？
A. 爱情　　B. 金钱　　C. 中立　　D. 无所谓

25. 您认为恋爱与婚姻的关系是？
A. 恋爱应以结婚为前提　　B. 恋爱不一定非要结婚，只要爱过即可
C. 恋爱只是游戏　　D. 没想过

26. 您认为毕业后，您会和恋人继续保持关系或结婚吗？
A. 会，我们是很认真的　　B. 不会，现在就出现了摩擦
C. 顺其自然吧　　D. 没有明确的态度

27. 如果您失恋了，您会？
A. 疯狂购物与大吃大喝发泄　　B. 坦然面对，不会太有情绪
C. 一段时间会伤心，不会马上恋爱　　D. 旧的不去，新的不来，再次恋爱

——来源：

【项目十四】 开展“敬老孝亲”主题感恩教育活动

尊老爱幼、尊老孝亲是中华民族的优良传统，是家庭美德的重要内容。教师在讲授这一内容时，组织学生开展“敬老孝亲”主题感恩教育活动，使学生懂得知恩、感恩，不断增进父母亲情，主动承担家庭责任，为构建和谐家庭贡献力量。

【活动 1】编演“敬老孝亲”家庭情景剧

以“弘扬家庭美德，倡导敬老孝亲”为主题，围绕家庭生活中的孝道、敬老、劝学、向善、励志等内容，以学生班级或宿舍为单位，组织学生广泛开展家庭生活情景剧自编、自导、自演、自评活动，并评选优秀剧本、典型台词、最佳角色、最棒道具等，遴选优秀作品，参加课堂展演。其中剧本具体要求为：①必须有故事情节特定人物身份，剧中人物要有对白；②必须有具体场景；③要体现服装及道具设计。通过情景剧这种体验式教育使学生加深对感恩父母感恩家庭感恩亲情的理解。

【资料】韦秀鸾孝亲敬老感人事迹

几十年如一日，竭力奉养孤寡老人，给予他们无微不至的照顾，用自己的行动诠释着新时代尊老爱亲的含义，赢得了福田村广大群众的一致称赞，谱写了一曲敬老孝亲的赞歌。她就是我们洛西镇福田村党支书、村委主任韦秀鸾。

韦秀鸾同志，女，壮族，1963 年 10 月出生，家住洛西镇福田村福田屯，现任福田村党支书、村委主任。她在村委会奋战了二十余载。在工作上，她尽职尽责，兢兢业业，努力为

群众谋利益、解忧难，曾多次受到上级部门的表彰和奖励；在家里，她是一位好媳妇、好妻子，好母亲；在街坊邻居眼里，她无微不至地照顾福田村孤寡老人，几十年如一日，受到福田村的一致好评。

一、悉心照顾婆婆，让老人安享晚年

韦秀鸾家有一位86岁的婆婆，身体较差，常年需要吃药，生活起居都要有人照顾，但韦秀鸾不厌其烦，经常嘘寒问暖，精心照料。每当天气突变的时候，她都会尽早提醒老人多加衣服；当老人有些头痛感冒时，她总能第一时间到老人身边问寒问暖，端水递药；老年人需要多休息，她就时常嘱咐老人要早睡，保证良好的睡眠时间，并且为老人购买了有助睡眠休息的健康枕；为治疗老人的风湿病，她经常陪老人去进行中医按摩，并且为老人购买了按摩棒；每当老人外出时，她都会嘱咐老人要注意安全，早去早回，并为老人配了手机，以备不时之需。沟通协调，排忧解虑，做家庭和睦的调味剂。老人的生日，她熟记于心，每到这时，她都会精心为老人准备一份生日礼物，送上一份真挚的祝福。逢年过节，她都会准备一些好吃的，组织全家人与老人齐聚一堂，共度佳节，让老人在欢快的氛围中感受温馨，体味祥和。

二、"老吾老以及人之老"，善待福田村孤寡老人

2009年，家住福田五保村的戚莲枝老人突然患重病，卧病在床，生活都不能自理，大小便失禁，弄得床铺又脏又臭，其他人都远远避开，但韦秀鸾知道后，二话不说，立即打来热水帮老人擦洗干净，还换上干净的床铺和衣服，然后又安排车送到卫生院医治。戚莲枝老人在卫生院住院治疗10天，韦秀鸾就在她的病床前悉心照顾了10天，期间她不说累，不怕苦，不嫌脏。老人病情好转出院后，韦秀鸾依旧竭尽全力地怀着一颗孝顺之心、一颗体贴之心、一颗关爱之心，帮助老人穿衣、洗漱，端屎端尿、洗衣洗床铺。她不怕脏、不怕累、不怕苦，侍奉老人在床前，从不让老人受委屈和伤害，毫不嫌弃，毫不厌烦地照顾着老人。虽然老人现在已经去世，但她在世前说得最多的一句话就是："我虽然无子无女，无依无靠，但我过得开心幸福，这一切多亏了闺女韦秀鸾啊，她真是大好人啊！"

三、经常慰问村里老人，送去温暖和关怀

作为党支书和村委主任，韦秀鸾工作很忙，但即使再忙，她也经常组织村委干部去看望慰问困难老人，了解他们的生活状况，掌握他们的具体情况，以便能够及时为他们解忧排难，让他们享受一个安乐幸福的晚年。遇到节假日，还积极组织开展各种活动，如座谈会、晚会、棋牌会等，为老人们送上欢歌笑语，丰富老人们的文化娱乐生活。哪家老人得不到善待，她会立即赶去他家里教育说教；哪家老人困难了，她会自己筹钱帮助其渡过难关；哪家老人生病了，她会前去探望看能帮上什么忙；哪家老人不在了，她会送去帛金……

韦秀鸾对孝的理解是：人的一生可以错过很多东西，但万万不能错过回报父母恩情的机会，老人把儿女养大不容易，儿女为了老人的健康和幸福，应该付出最大的努力和代价。

就是这样，她怀着一颗孝顺之心、一颗体贴之心、一颗关爱之心，用自己的实际行动践行着为人女、为人妻、为人母的高贵品质，在平凡的生活中演绎着点点滴滴的孝亲敬老故事，写下了一篇篇感人至深的尊老诗篇，奏响了一曲曲令人钦佩的敬老乐章！

——来源：作者根据相关资料整理

【活动2】开展至家长一封信——亲情倍增活动

1. 围绕"爸爸妈妈辛苦了""爸爸妈妈生日快乐""爸爸妈妈我在学校挺好的"等主

题，每名学生手写一封家书。要求问候家长的同时分享在校学习生活成长情况，信件要内容真实、感情真挚、层次清晰、有感染力，通过活动加深真情传递、促进情感交流。

2. 收集家长回信，并由全班学生从中选出最具亲情、最佳励志、最感人的类型的父母回信，通过学生本人课堂朗读使家庭亲情感染鼓舞激励全班同学达到增进亲情的目的。

【活动3】社会实践活动——我和同学换爸妈

根据学校教学安排，利用寒假、暑假节假日等重要时间节点安排学生进行“我和同学换爸妈”大型情景体验活动，全面感受不同家庭环境、不同生活背景下的父母亲情，使学生触发感恩父母的真情实感。学生实践结束一周内提交实践报告，成绩纳入思想政治理论课社会实践考核体系。

1. 时间安排，整个寒假的35天或整个暑假的45天，或选择其中不少于7天的时间，或利用小长假3~7天的时间。

2. 实践对象：全体学生，可以采用两两互换或交叉互换的形式。

3. 互换原则：互换同学家庭应遵循地域差异、家庭经济条件差异、城乡差异、生活背景差异等原则从强烈反差对比中，体验“相同”父母亲情。

4. 安全保障，通过制定安全预案、购置人身保险、加强通信联络、指导教师督导等方式保证实践学生人身财产安全。

【活动4】观看微电影《父亲是个农民工》

一切情感在感情的召唤下都变得微不足道，父母把我们养大成人非常不易，送给天底下亲爱的爸爸妈妈，祝你们身体健康。年轻的我们结婚还要父母出钱出力，你有什么理由理所当然地向父母要钱要房子？父母没有时就自己努力创！

实践教学应注意的问题

1. 中华民族的传统道德是一个矛盾体，有精华有糟粕。因而我们要坚持马克思主义的立场观点和方法，科学对待中华民族传统道德，既不能全盘肯定，也不能全盘抛弃。既要反对文化复古主义，又要反对历史虚无主义。

2. 在学习社会主义道德的核心时，要突出道德建设核心的问题实质上是一个“为什么人服务”的问题。社会主义道德建设的核心就是为人民服务。为人民服务是社会主义经济基础和人际关系的客观要求，为人民服务是社会主义市场经济健康发展的要求。强调为人民服务有着先进性和广泛性的要求，是两者的辩证统一。

3. 集体主义原则的确立是有经济前提、政治前提与文化前提的，明确集体主义原则的基本内涵：强调集体利益和个人利益的辩证统一，强调集体利益高于个人利益，强调重视和保障个人的正当利益。

4. 以“八荣八耻”为主要内容的社会主义荣辱观，对社会主义道德体系作了全面、系统、准确、通俗的表达，是人们选择行为、评价善恶的普遍标准，也是衡量社会道德与精神文明发展水平的重要标尺。在教学过程中，注意引导学生正确认识和理解社会主义荣辱观的科学内涵。

5. 市场经济是法制经济、信用经济、道德经济，绝不是“瞒与骗”的经济。要引导学生认识诚实守信是市场经济条件下经济活动的一项基本道德准则，也是职业道德和做人的基本道德准则。

6. 公共生活是人们社会生活的重要组成部分，有序的公共生活对于构建和谐社会、促进经济发展、提高社会生活质量、提升国家现代化和文明程度有重要意义。实践教学中，注意引导学生深化对公共秩序重要性的认识，提高维护公共秩序的积极性和主动性。

7. 社会公德是人们在社会交往和公共生活中应当遵守的行为准则，是维护社会成员之间关系的基本社会秩序、保证社会和谐的最起码的道德要求。实践教学中，要通过多种方式引导学生从现在做起，从小事做起，严格遵守和自觉践行社会公德。

8. 面对当前严峻的就业形势要求大学生树立正确的择业观和创业观，实践教学中注意引导学生转变就业观念，根据自身情况和社会需求择业创业，实现人生价值。

9. 针对大学生恋爱的现状与问题，在实践教学中引导大学生树立健康的恋爱观，自觉承担责任，处理好恋爱中的各种关系，促进自身全面发展。

10. 家庭和谐是社会和谐的根基，在教学过程当中要引导学生处理好学习、生活、恋爱等与家庭生活的关系，感恩父母，回馈社会。

学习单元六

尊法学法守法用法

第六章的主题是法治观和法治素养，以“尊法学法守法用法”为章题。这一章共设六节，分别是“社会主义法律的特征和运行”“以宪法为核心的中国特色社会主义法律体系”“建设中国特色社会主义法治体系”“坚持走中国特色社会主义法治道路”“培养法治思维”“依法行使权利与履行义务”，重在引导大学生学习马克思主义法学理论，深刻理解社会主义法律的本质特征和运行机制，整体把握中国特色社会主义法律体系、法治体系和法治道路的精髓，培养法治思维，尊重和维护法律权威，依法行使权利与履行义务。在这一章里，充分反映了 2018 年 3 月十三届全国人大一次会议审议通过的《中华人民共和国宪法修正案》等重大成果，强调《宪法》是治国安邦的总章程，是党和人民意志的集中体现，是中国特色社会主义法律体系的核心。新近通过的《中华人民共和国宪法修正案》，体现了党和国家事业发展的新成就新经验新要求，在总体保持我国宪法连续性、稳定性、权威性的基础上推动了宪法与时俱进、完善发展，为新时代坚持和发展中国特色社会主义、实现“两个一百年”奋斗目标和中华民族伟大复兴的中国梦提供了有力宪法保障。这一章的落脚点在于引导大学生增进尊法学法守法用法的自觉性，养成良好的法治思维和行为方式，将对法治的尊崇内化于心，将模范遵守法律外化于行，提高法治素养，成为法治中国建设的中坚力量。

知识点

1. 法律的概念及其历史发展
2. 我国社会主义法律的本质特征
3. 我国社会主义法律的运行
4. 宪法是国家的根本法
5. 建设中国特色社会主义法治体系的主要内容
6. 中国特色社会主义法治道路
7. 法治思维及其内涵
8. 法律权利与法律义务

一、法律的含义特征

（一）法律是由国家创制和实施的行为规范

法律不但由国家制定和认可，而且由国家强制力保证实施。也就是说，法律具有国家强制性，既表现为国家对合法行为的肯定和保护，也表现为国家对违法行为的否定和制裁。

（二）法律由一定的社会物质生活条件所决定

法律作为上层建筑的重要组成部分，不是凭空出现的，而是产生于特定的社会物质生活条件基础之上。其中，物质资料的生产方式，既是决定社会面貌、性质和发展的根本因素，也是决定法律本质、内容和发展方向的根本因素。

（三）法律是统治阶级意志的体现

法律所体现的统治阶级意志具有整体性，不是统治阶级内部个别人的意志，也不是统治者个人意志的简单相加。

综上所述，可以将法律定义为：法律是由国家制定或认可并以国家强制力保证实施的，反映由特定社会物质生活条件所决定的统治阶级意志的规范体系。

二、社会主义法律本质特征

（一）我国社会主义法律体现了党的主张和人民利益的统一

我国是中国共产党领导下的社会主义国家，人民是国家的主人，制定法律的权力属于人民。社会主义法律维护人民的根本利益，巩固中国共产党的领导地位，体现了党的主张和人民意志的统一。

（二）我国社会主义法律具有科学性和先进性

我国社会主义法律反映的不是少数人的特殊利益，而是全体人民的共同利益，它坚持马克思主义世界观和方法论，与历史发展的基本方向和规律是一致的，所以具有科学性和先进性。

（三）我国社会主义法律是中国特色社会主义建设的重要保障

我国法律的社会作用，体现了社会主义的本质要求，经济发展、政治清明、文化昌盛、社会公正、生态良好，都离不开社会主义法律的引领、规范和保障。

三、宪法是国家的根本法

（一）我国宪法的地位

1. 我国宪法是国家的根本法，是治国安邦的总章程，是党和人民意志的集中体现

我国现行宪法颁布以来，在坚持中国共产党的领导，保障人民当家做主，促进改革开放和社会主义现代化建设，推动社会主义法治国家建设进程，维护国家统一、民族团结、社会稳定等方面发挥了有力的推动作用。

2. 我国宪法是国家各项制度和法律法规的总依据

宪法在中国特色社会主义法律体系中居于统帅地位，我国宪法具有最高的法律地位、法律权威、法律效力，具有根本性、全局性、稳定性、长期性。

3. 我国宪法规定了国家的根本制度

我国宪法确立了中国共产党的领导地位，规定了国家的根本任务、领导核心、指导思想、基本原则、发展道路、奋斗目标，确立了各项根本制度。任何组织或者个人都不得有超越宪法的法律特权。一切违反宪法法律的行为，都必须予以追究，我们要更加自觉地尊崇宪法、学习宪法、遵守宪法、维护宪法、运用宪法，大力弘扬宪法精神，不断增强宪法意识。

（二）我国宪法的基本原则

1. 党的领导原则

中国共产党是中国特色社会主义的领导核心。党的领导是人民当家做主的根本保证，是中国特色社会主义最本质的特征，是中国特色社会主义制度最大优势。

2. 人民主权原则

主权是指国家的最高权力。在我国，人民当家做主是社会主义民主政治的本质和核心。我国宪法体现了人民主权原则，强调国家的一切权力属于人民。

3. 尊重和保障人权的原则

我国宪法对公民的基本权利和自由作出全面规定，依法保障公民的生存权和发展权。

4. 社会主义法治原则

我国宪法明确规定实行依法治国，建设社会主义法治国家。

5. 民主集中制原则

国家权力统一由全国人民代表大会和地方各级人民代表大会行使，全国人民代表大会和地方各级人民代表大会由民主选举产生，对人民负责，受人民监督。

（三）我国的国家制度

国家制度是一个国家的统治阶级通过宪法、法律规定的有关国家性质和国家形式等方面的制度的总称。它的最核心部分是国体和政体。国体，即国家性质，指的是国家的阶级性质，它体现着社会各阶级在国家中的地位和作用；政体，是指一国的政权组织形式。我国的国家制度主要包含以下几个方面：

1. 人民民主专政制度

人民民主专政是我国的国体，中华人民共和国是以工人阶级领导的、以工农联盟为基础的人民民主专政的社会主义国家。

2. 人民代表大会制度

人民代表大会是我国的根本政治制度，是我国的政权组织形式，是我国的政体。人民行使国家权力的机关是全国人民代表大会和地方各级人民代表大会。

3. 中国共产党领导的多党合作和政治协商制度

中国共产党领导的多党合作和政治协商制度是我国的一项基本政治制度，是中国共产党领导的政党制度的基本特色。

4. 民族区域自治制度

民族区域自治制度是指在国家的统一领导下，以少数民族聚居区为基础，建立相应的自治地方，设立自治机关，行使自治权，是实行区域自治的民族的人民民主管理地方事务的制度。

5. 基层群众自治制度

基层群众自治制度是城乡基层群众在党的领导下，依法直接行使民主权利，管理基层公共事务和公益事业，实行自我管理、自我服务、自我教育、自我监督的一项重要的政治制度。

6. 基本经济制度

基本经济制度是指国家在社会主义的初级阶段，坚持公有制为主体、多种所有制经济共同发展的制度，并坚持按劳分配为主体、多种分配方式并存的分配制度。

四、中国特色社会主义法治体系的主要内容

（一）完备的法律规范体系

完备的法律规范体系是指以宪法为核心，由部门齐全、结构严谨、内部协调、体例科学、调整有效的法律及其配套法规所构成的法律规范系统。

（二）高效的法治实施体系

高效的法治实施体系是指执法、司法、守法等各个环节有效衔接、协调高效运转、持续共同发力，实现效果最大化的法治实施系统。

（三）严密的法治监督体系

严密的法治监督体系，是指以规范和约束公权力为重点建立的有效的法治化权利监督网络。

（四）有力的法治保障体系

有力的法治保障体系，是指在法律制定实施和监督过程中，形成的结构完整、机制健全、资源充分、富有成效的保障系统，包括政治和组织保障、人才和物质条件保障、法制意识和法治精神保障等。

（五）完善的党内法规体系

完善的党内法规体系，是指内容科学、程序严密、配套完备、运行有效的党内制度及其运行、保障体系。

五、中国特色社会主义法治道路

（一）坚持中国共产党的领导

党的领导是中国特色社会主义最本质的特征，是社会主义法治最根本的保证。要把党的

领导贯彻到依法治国全过程和各方面，坚持党的领导、人民当家做主、依法治国有机统一。坚持党的领导，不是一句空的口号，必须具体体现在党领导立法、保证执法、支持司法、带头守法上。

（二）坚持人民主体地位

在社会主义法治国家，人民是依法治国的主体和力量源泉，坚持人民主体地位是依法治国的基本原则。必须把人民当家做主贯彻到依法治国的全过程之中，保证人民的广泛参与，必须坚持法治建设为了人民、依靠人民、造福人民、保护人民，以保障人民根本利益为根本出发点和落脚点。

（三）坚持法律面前人人平等

平等是社会主义法律基本属性，是社会主义法制的基本要求。坚持法律面前人人平等，要求公民不分民族、种族、性别、职业、家庭出身、宗教信仰、教育程度、财产状况、居住期限等，都应当平等享受公民权利，平等履行公民义务。

（四）坚持依法治国和以德治国相结合

法治和德治，是治国理政不可或缺的两种方式，如车之两轮或鸟之两翼，忽视其中任何一个都将难以实现国家的长治久安。只有让法治和德治共同发挥作用，才能使法律与道德相辅相成，法治与德治相得益彰，做到法安天下、德润人心。

（五）坚持从中国实际出发

走什么样的法治道路，建设什么样的法制体系，是由一个国家的国情决定的。当前，中国特色社会主义进入新时代，社会主义矛盾已经转化为人民日益增长的美好生活需要和不平衡不充分的发展之间的矛盾。建设法治中国，必须从我国实际出发，共同完善和发展中国特色社会主义制度、推进国家治理体系和治理能力现代化相适应，既不能罔顾国情、超越阶段，也不能因循守旧、墨守成规。

六、法治思维及其内涵

（一）法治思维的含义

法治思维是指以法治价值和法治精神为导向，运用法律原则、法律规则、法律方法思考和处理问题的思维模式。法治思维包括以下几层含义：第一，法治思维以法治价值和法治精神为指导，蕴含着公正、平等、民主、人权等法治理念，是一种正当性思维；第二，法治思维以法律原则和法律规则为依据来指导人们的社会行为，是一种规范性思维；第三，法治思维以法律手段与法律方法为依托，分析问题、处理问题、解决纠纷，是一种可靠的逻辑思维；第四，法治思维是一种符合规律、尊重事实的科学思维。

（二）法治思维的基本内容

1. 法律至上

法律至上是指在国家或社会所有规范中，法律是地位最高、效力最广、强制力最大的规范。法律至上尤其是指宪法至上，因为宪法具有最高的法律效力，是其他一切法律的依据。法律至上具体表现为法律的普遍适用性、优先适用性和不可违抗性。

2. 权力制约

权力制约是指国家机关的权力必须受到法律的规制和约束。只有依法对权力的配置和运用进行有效制约和监督，才能防止权力私用、权力滥用和权力腐败。权力制约分为权力由法定、有权必有责、用权受监督、违法受追究四项要求。

3. 公平正义

公平正义是指社会的政治利益、经济利益和其他利益在全体社会成员之间合理、公平分配和占用。一般来讲，公平正义，主要包括权利公平、机会公平、规则公平和救济公平。

4. 权利保障

权利保障主要是指对公民权利的法律保障，具有包括公民权利的宪法保障、立法保障、行政保护和司法保障。

5. 正当程序

只有严格按照法律程序办事办案，处理结果才可能公正并具有公信力和权威性。程序的正当，表现为程序的合法性、中立性、参与性、公开性、时限性等方面。

七、法律权利与法律义务

任何公民享有宪法和法律规定的权利，同时也必须履行宪法和法律规定的义务。

（一）依法行使法律权利

（1）政治权利。

（2）人身权利。

（3）财产权利。

（4）社会经济权利。

（5）宗教信仰及文化权利。

（二）依法履行法律义务

（1）维护国家统一和全国各民族团结的义务。

（2）遵守宪法和法律、保守国家秘密、爱护公共财产、遵守劳动纪律、遵守公共秩序、尊重社会公德的义务。

（3）维护祖国安全、荣誉和利益的义务。

（4）保卫祖国、抵抗侵略和依法服兵役、参加民兵组织的义务。

（5）依法纳税的义务。

（6）劳动的义务和受教育的义务，夫妻双方实行计划生育的义务，父母有抚养教育未成年子女的义务，成年子女有赡养扶助父母的义务等。

案例分析

【案例一】 2017 年“打虎”大事记

2017 年“打虎”大事记

7 月 7“虎”落马，创单月“打虎”最多纪录；40 名省部级高官获刑，创十八大以来之最；王珉案仅用 14 天，时间最短；司献民受贿案用了 151 天，时间最长；5 月 31 日，同判 8“虎”，史上首次……2017 年中国“打虎”成绩单远不止这些。

近 20 名中管干部被立案审查

2017 年 11 月 21 日夜，中纪委宣布了中宣部原副部长鲁炜接受审查的消息。舆论称之为十九大后落马的“首虎”，这也传递了一个强烈的信号，就是十九大后的“打虎”脚步不停歇、决心如磐石。

鲁炜是 2017 年被执纪审查的第 16 名中管干部。据公开通报，近 20 名中管干部被立案审查，还有多只“老虎”受到党纪处分，其中不乏孙政才这样的副国级“大老虎”。

根据中央巡视组巡视和中央纪委、政法机关查办案件发现及群众举报反映的线索和证据，2017 年 7 月 14 日，中央决定将孙政才调离重庆市委书记岗位，由中央纪委对其进行纪律审查、开展组织谈话。7 月 24 日，中央政治局会议决定，由中央纪委对孙政才立案审查。12 月 11 日，最高检以涉嫌受贿罪对孙政才立案侦查并采取强制措施。

2017 年被打落的其他重磅“老虎”也为数不少。2017 年 7 月 11 日，据中央纪委监察部网站消息，十二届全国人大教育科学文化卫生委员会原副主任委员王三运涉嫌严重违纪，接受组织审查。他曾担任甘肃省委书记多年，但自身有贪腐问题，在工作中必然不敢去动真碰硬，导致中央一些重大决策部署在甘肃得不到落实，造成严重后果。祁连山生态保护问题就是一个典型的例子。

再如项俊波。2017 年 4 月 9 日，据中央纪委监察部网站消息：中国保险监督管理委员会党委书记、主席项俊波涉嫌严重违纪，接受组织审查。这位目前为止金融系统落马的最大“老虎”，人生经历可谓传奇——从老山前线的负伤战士到北大博士，从审计学院的秘书到保监会主席，同时还是作协会员和电视剧编剧获奖者，再到如今的落马官员，正好 60 年。

十八大以来落马的 6 名国级官员

十九大之后，又有 3 名高官被查的消息传出。最近一位被查的是河北省人大常委会原副主任张杰辉，他因涉嫌严重违纪，目前正接受组织审查。

位高权重不是犯罪的护身符

公开信息显示，2017 年超过 30 名原省部级干部等来一审判决，而已经过堂尚未判决的也为数不少。

副国级“大老虎”苏荣案年初等来判决。2017 年 1 月 23 日，山东济南中院对第十二届全国政协原副主席苏荣判处无期徒刑，剥夺政治权利终身，并处没收个人全部财产。苏荣当庭表示服从法院判决，不上诉。

苏荣，十八大后第一个因贪腐落马的副国级官员。他和家人贪腐非常疯狂，妻子、儿子、女儿、弟弟、乃至各种远房亲戚，很多人都曾经利用他的权力为人办事，收受好处。

从宣判的密集程度看，2017 年 5 月是一个高峰。5 月 31 日，中国电信原董事长常小兵、浙江省宁波市原市长卢子跃、国家统计局原局长王保安、河南省洛阳市委原书记陈雪枫、武汉钢铁集团原董事长邓崎琳、四川省原副省长李成云、辽宁人大常委会原副主任王阳、广东省原副省长刘志庚分别涉及的职务犯罪案件，均迎来一审宣判。

一天同时宣判 8 名原省部级官员，这在“审虎”史上尚属首次，开创了十八大以来宣判“大老虎”最多的单日记录。2017 年 5 月，共有 14 只“大老虎”获刑，这个数量也创下新纪录。

此外，2017 年 7 月共有 7 只“老虎”落马，创下 5 年来单月落马高官最多纪录；40 名省部级及以上高官获刑，创十八大以来之最；从开庭到宣判，辽宁省委原书记王珉案仅用 14 天，为今年时间最短；中国南方航空股份有限公司原董事长司献民受贿案共用了 151 天，为今年时间最长……这些都创造了 2017 年中国“打虎”之最。

另外，值得一提的是，2017 年 5 月 26 日上午，山西省太原市中级人民法院遵照最高人民法院院长签发的执行死刑命令，对赵黎平执行了死刑。在赵黎平所触犯的四个罪名中，故意杀人罪是主罪，也最“引人注目”，他是新中国成立后首个亲手杀人（追杀情妇后焚尸）的省部级干部。

赵黎平的结局再次说明，位高权重不是犯罪的护身符，法律面前没有特殊公民。同时，赵黎平的死，也是中央依法严惩腐败的鲜明注解。

百名红通人员过半归案

2017 年 12 月 6 日，随着云南省昆明市盘龙区国税局原工作人员李文革的归案，“百名红通人员”已到案 51 人，我国追逃追赃的成绩单再次被刷新。这是 2017 年第 14 名归案的“百名红通”人员，也是党的十九大后一个多月内的第 3 名。据统计，51 名归案“百名红通人员”中，从美国追回 12 人，加拿大 12 人，澳大利亚 3 人，新西兰 2 人。

党的十八大以来，以习近平同志为核心的党中央把反腐败追逃追赃提升到国家政治和外交层面，纳入反腐败工作总体部署。

截至 2017 年 10 月，我国已从 90 多个国家与地区追回外逃人员 3587 人，追回赃款 95.41 亿元人民币。这标志着我国追逃追赃工作取得重要阶段性成果，为国际反腐事业贡献了中国智慧、提供了中国方案。

与此同时，我国积极拓展反腐败国际合作“朋友圈”，2017 年 11 月 13 日，中国－东盟领导人会议首次在反腐败领域发表了联合声明，开启携手治理腐败的新征程。2017 年以来，我国积极搭建国际反腐败多层次合作平台，中美两国元首的两次会晤，均就加强反腐败和追逃追赃达成重要共识。

（《解放日报》2017.12.20、《检察日报》2017.12.25 等）

——来源：《解放日报》2017－12－20；《检察日报》2017－12－25

【案例讨论】

1. 中国共产党为什么要反腐败？
2. 反腐败是严好还是不严好？从严治党是不是反腐败的根本？
3. 你对反腐败有没有信心？

【思路引导】

贪官落马的事实再次明白无误地昭示世人，在社会主义中国法律面前没有特殊公民，党纪面前没有特殊党员。一个党员干部不管地位多高权力多大，只要违法乱纪终究逃脱不了党纪国法的严厉制裁，以身试法者必亡！广大干部尤其是领导干部必须积极维护党纪国法的严肃性，时刻用宪法和法律来约束自己，同时也要用党章和党纪来约束自己，以实际行动带动党风和社会风气的进一步好转。现在世界上已经出现了非常廉政高效的国家和政府，其中包括我国的香港特别行政区，有很多的经验值得我们学习。我们相信在不远的将来腐败问题会越来越少。

【案例二】 泸州遗赠纠纷案——中国“公序良俗”第一案

四川省泸州市某公司职工黄永彬和蒋伦芳1963年结婚，但是妻子蒋一直没有生育，后来只得抱养了一个儿子。由此原因给家庭笼罩上了一层阴影。1994年，黄永彬认识了一个名叫张学英的女子，并且在与张认识后的第二年同居。黄的妻子蒋发现这一事实以后，进行劝告但是无效。1996年年底，黄永彬和张学英租房公开同居，以“夫妻”名义生活，依靠黄的工资（退休金）及奖金生活，并曾经共同经营。

2001年2月，黄到医院检查，确认自己已经是肝癌晚期。在黄即将离开人世的这段日子里，张学英面对旁人的嘲讽，以妻子的身份守候在黄的病床边。黄永彬在2001年4月18日立下遗嘱：“我决定，将依法所得的住房补贴金、公积金、抚恤金和卖泸州市江阳区一套住房售价的一半（即4万元），以及手机一部遗留给我的朋友张学英一人所有。我去世后骨灰盒由张学英负责安葬。”4月20日黄的这份遗嘱在泸州市纳溪区公证处得到公证。4月22日，黄去世，张根据遗嘱向蒋索要财产和骨灰盒，但遭到蒋的拒绝。张遂向纳溪区人民法院起诉，请求依据继承法的有关规定，判令被告蒋伦芳按遗嘱履行，同时对遗产申请诉前保全。

从5月17日起，法院经过4次开庭之后（其间曾一度中止，2001年7月13日，纳溪区司法局对该公证遗嘱的“遗赠抚恤金”部分予以撤销，依然维持了住房补贴和公积金中属于黄永彬部分的公证。此后审理恢复），于10月11日纳溪区人民法院公开宣判，认为：尽管继承法中有明确的法律条文，而且本案中的遗赠也是真实的，但是黄永彬将遗产赠送给“第三者”的这种民事行为违反了《民法通则》第七条“民事活动应当尊重社会公德，不得损害社会公共利益，破坏国家经济计划，扰乱社会经济秩序”，因此法院驳回原告张学英的诉讼请求。

纳溪区人民法院副院长刘波在接受记者采访时说：“《继承法》《婚姻法》这些特别法的规定都不能离开《民法通则》的指导思想。执法机关、审判机关不能机械地引用法律，而应该在充分领会立法本意的前提下运用法律。在判决本案时，我们直接引用《民法通则》的基本原则，而没有机械地引用《继承法》的规定，是合情合理的。如果我们按照《继承法》的规定，支持了原告张学英的诉讼主张，那么也就滋长了‘第三者’‘包二奶’等不良社会风气，而违背了法律要体现的公平、公正的精神。”

——来源：由作者根据相关资料整理

【案例讨论】

1. 法律与道德、自由与秩序是法学上永恒的命题，法律与道德是否存在泾渭分明的楚河汉界？个人自由与公共秩序能否并行不悖？

2. 你认为法的安定性与社会妥当性之间的张力如何调和？

3. 本案中涉及了我国哪些法律？

【思路引导】

“公序良俗”是大陆法系国家以及我国澳门等地区民法典中使用的概念，“公序良俗”是公共秩序和善良风俗的合称。“公序”系公共秩序，是指国家社会的一般利益，学界一般认为系指社会的一般道德，是特定社会所尊重的起码的道德要求。我国现行法并未采纳“公序良俗”的概念和表述，但《民法通则》第七条、《合同法》第七条和《物权法》第七条关于社会公德、社会公共利益和社会经济秩序的规定通常被认为是承认了“公序良俗”的原则。“公序良俗”原则，体现了权利不可滥用的民法理论，它意味着在行使民事主体权利时，其行为应符合善良风俗习惯，并不损害政治国家和社会一般的公共秩序要求，尤其是在法律规则不足以评价主体行为时，“公序良俗”原则可以限制民事主体的意识自治及权力滥用。

泸州遗赠纠纷案将现代法制的这种紧张关系凸显出来，《继承法》《婚姻法》等，都不能离开《民法通则》的指导思想。学者们也仁者见仁、智者见智地从不同视角审视和思考，抛开“第三者”“包二奶”等敏感的大众话题，对我们这个正在法制之路上上下求索的转型中的社会而言，这个“公序良俗”第一案或许能给我们更多的启示。

【案例三】　赌场打工，大学生同犯开设赌场罪

刚刚大学毕业的王某心怀憧憬来到河南省郑州市找工作，三个月下来，不但没有找到合适的工作，生活费也所剩无几。正当王某走投无路时，大学同学孙某将其介绍到自己朋友李某的一家广告公司工作。但李某的广告公司经营状况一般，为了来钱快，李某租用几间房子，以开设游戏厅为名，买了十几台游戏机、吃角子机、老虎机等赌博设备，招揽顾客进行赌博。李某见王某老实，比较可靠，就让王某帮他管理游戏厅的生意，每月给其固定工资。

几个月下来，王某看出了游戏厅的端倪，觉得这“生意”来钱快，可以用心经营，于是建议李某再增加几个新“项目”，李某接受王某的建议，当月的“营业额”果然翻了一倍。后来，李某让王某全权负责游戏厅，每月向其交纳一定比例的利润，剩余的利润由王某自己支配。王某一部分用于自己消费，一部分用于赌场的日常经营和维护。

半年后，有人向公安机关举报，李某和王某均被抓获，法院以开设赌场罪分别判处李某有期徒刑一年，并处罚金20万元；判处王某有期徒刑六个月，并处罚金10万元。王某的父母得知自己的儿子被判刑后，怎么也想不通，儿子作为一名打工者，怎么就触犯了刑法呢？于是其父母来到检察院为儿子申诉，检察院受理此案后，调阅了相关卷宗、走访了有关证人，认为法院判决无误，遂劝王某息诉。

本案中，法院认定王某构成开设赌场罪是根据《中华人民共和国刑法修正案（六）》的规定：“开设赌场的，处三年以下有期徒刑、拘役或者管制，并处罚金；情节严重的，处三年以上十年以下有期徒刑，并处罚金”。所谓开设赌场，是指提供赌博的场所及用具，供他人进行赌博，本人从中牟利的行为。开设赌场一般有两种方式；一种是开设者不直接参与赌博，以收取场地费、用具使用费或抽头获利；一种是开设者直接参与赌博，如设置游戏机、吃角子机、老虎机或雇用人员与顾客赌博。

王某行为可分为两个阶段，前一阶段是在明知李某开设的游戏厅并非真正意义游戏厅，而是赌场的情况下，作为一名雇员在李某经营的赌场内进行一般性服务，领取固定工资，并未参与赌场经营管理，其行为属于一般违法行为，尚未触犯刑法；而后一阶段，王某主动为李某经营的赌场策划赢利项目，并接手管理赌场，每月向李某交纳经营利润，剩余的利润一部分用于自己消费，一部分用于赌场的经营和维护，其行为就发生了实质性的变化，王某由赌场普通雇员成为“开设赌场”的合伙经营人。王某和李某具有共同的犯罪故意，又实施

了共同的行为，属于事中共同犯罪，因此王某也应以开设赌场罪被定罪处刑。

——来源：由作者根据相关资料整理

【案例讨论】

1. 是否所有在赌博场所的打工者都构成犯罪？
2. 本案中，王某在何种情况下才被认定为共犯的？
3. 大学生兼职打工，需要注意哪些法律事项？

案例分析

应当注意的是，并非所有在赌博场所的打工者都构成犯罪，在赌场中端茶倒水、打扫卫生、看守场地的一般打工者，不应以赌博共犯论处。如果打工者明知他人实施赌博犯罪，而为其组织、策划、指挥聚众赌博、抽取头钿、提供资金、计算机网络、通信、费用结算等直接帮助的，对于赌博犯罪的发生和发展而言有直接的促进作用，应以共犯处理。

赌博不仅危害社会秩序，影响生产、工作和生活，而且往往是诱发其他犯罪的温床，历来是司法机关打击的重点之一，奉劝打工者一定要保持清醒头脑，不要被参与经营赌场所带来的利益迷惑，使自己深陷泥潭，触犯法网。

【案例四】 今日说法——从死刑到无罪

一、念斌案始末

2006年7月27日下午1点40分，福建省福州市平潭县澳前镇一临街食杂店在正常开业，店主丁云虾的公公送来几斤鱿鱼和杂鱼，房东陈炎娇帮助洗净。晚上6点，丁云虾三个孩子和房东陈炎娇母女共五人共同吃了“青椒炒鱿鱼”后相继出现中毒症状，28日凌晨2点30分至5点，丁云虾大儿子俞攀和女儿俞悦相继死亡。警方接报后30分钟即到达进行现场勘查，他们还没弄清中毒原因，便宣布该案系“人为投毒”，于当日刑事立案。

二、重大嫌疑人是楼上邻居

警方进入现场后迅速锁定了“重大嫌疑人”是丁云虾店铺楼上的邻居（不是念斌），该人有作案时间、案发前与死者一家有矛盾，警方从其家中搜出四包老鼠药和一瓶液体老鼠药，特别是当警方找其调查时，该人竟然紧张地晕倒在地，浑身抽搐。警方经初步调查认为，投毒者是直接将毒物投到丁云虾和陈炎娇两家共同吃的“青椒炒鱿鱼”里面，作案时间是2006年7月27日下午1点40分到晚上6点前（即：丁的公公送鱿鱼后到吃晚饭之前）。警方在现场提取了一百多件物品，陆续送往福州市公安局进行检验。

三、侦查突然出现“拐点”，念斌变成重大嫌疑人

中毒者吃剩下的“青椒炒鱿鱼”等食物和楼上邻居家搜出的老鼠药被迅速送到福州市公安局进行化验。法医对死者进行解剖检验后，也迅速将死者的“胃内容”“胃”“肝脏”“心血”“尿液”等送往福州市公安局检验。但警方并未公布“青椒炒鱿鱼”、死者“肝”“胃”和“胃内容”的化验结果，而是称在死者的“心血”“尿液”和垃圾筐内的呕吐物中发现剧毒物——氟乙酸盐。

接下来，警察翁其峰莫名其妙地到现场，他对现场十多个门把毫无兴趣，唯独看中并抠下念斌的门把送去化验。福州市公安局很快对门把出了一个“分析意见”：“倾向于认定”门把上含有氟乙酸盐成分，并宣布楼上邻居家搜出的老鼠药是“毒鼠强”。

因死者不是死于毒鼠强，楼上邻居即刻就被排出警方的侦查视线，念斌变成了重大嫌疑人。实际情况是，念斌的门把上根本没有氟乙酸盐毒物，该“分析意见”所称“倾向于认定”含有氟乙酸盐的结论完全是莫须有的。

用今天的眼光看，当年把楼上的邻居排查出重大嫌疑人的理由都是非常欠缺的。至于警方为什么要突然制造这个拐点，当时有传言，说楼上邻居的堂兄是平潭县副县长。（当然作为刑事律师，我始终坚持对任何人的调查要坚持实事求是，要凭证据）

四、死因大造假

警方的检验结果其实是并没有在死者的“胃内容”“胃”和“肝”里检出氟乙酸盐，胃里、肝里都没有氟乙酸盐，怎么会从死者的“心血”“尿液”中检出呢？“胃内容”里没有氟乙酸盐，怎么会从“呕吐物”中检出呢？看看他们“炮制”的过程，竟然令人如此震惊：他们用实验室里的氟乙酸盐标准样品制作了一张质谱图，复制成两份，一份写上死者俞攀呕吐物的对照标样，一份写上“俞悦尿液”，就这么简单，俞悦的尿液里就“检出氟乙酸盐”了。然后，他们又用一份含有氟乙酸盐毒物的物品（来历不明），制作两张质谱图，一张写上“俞攀呕吐物”，一张写上“俞攀心血”，就这样，俞攀的“心血”和“呕吐物”也就“被”检出氟乙酸盐了！谁也不会猜到，死者死于氟乙酸盐中毒的检验结论，竟然就是用两张假图造出来的！

五、刑讯逼口供

念斌被警方传唤，受到严重刑讯逼供，固定手脚后用书本垫肋骨用锤子砸，用竹片猛插两肋间隙……念斌痛不欲生被迫招供。警方宣告破案，认定念斌因卖一包香烟与丁云虾结仇，遂深夜潜入丁厨房，将氟乙酸盐鼠药投入矿泉水瓶内，从楼梯口煤炉上的水壶嘴倒入。

因卖一包香烟与丁云虾结仇，这样的杀人动机不可能成立。事实上，念斌与丁云虾的弟弟亲如兄弟，结婚时都是丁弟做伴郎，自己哥哥也与丁云虾父亲是好友，两家关系很好，不可能投毒。认罪口供都是在警方刑讯逼供下屈打成招。

六、骗取公安部的鉴定

警方为了证明念斌的有罪供述是“自愿认罪”，向法庭提交了念斌的审讯录像光盘，辩护人发现该光盘在10分55秒处存在明显的“断点”，而这个关键的“断点”恰好是念斌从不招供到招供的“节点”。念斌说自己被迫同意招供后，警察教他如何购买鼠药，如何投毒，这个断点正是警察教他的过程。断点是非常明显的，但警方为了掩盖自己对念斌的非法审讯，不肯承认录像有中断，竟然采用非常卑劣的“调包”手段来骗取录像没有中断的鉴定报告。他们用一盘没有断点的录像光盘，贴上与提交给法院的录像光盘同样的标签，送往公安部进行鉴定，骗到了公安部出具的没有“断点”的鉴定书，他们把公安部的鉴定交给法院，法院以此作为念斌有罪的“王牌证据”，四次判处念斌死刑，如果不是最高法院在关键时刻发回重审，念斌早已化为灰烬。

自2013年庭审以来，迫于各方压力，警方终于在2014年6月25日的庭审中出具情况说明，承认其移送给法院的审讯录像光盘在10分55秒处存在中断，在这个断点处，审讯录像整整中断了“两个小时”。

七、修改“作案”时间，隐匿关键证人证言

警方初入现场时，认定的作案时间是7月27日下午1点40分至6点之间，作案手段是把毒直接投在鱿鱼里。这一判断原本是根据现场调查结果做出的。但当他们把重大嫌疑人从楼上邻居变成念斌之后，念斌并没有作案时间。为了给念斌定罪，警方将作案时间修改为7月26日深夜（27日凌晨），可是7月26日深夜丁云虾的公公还没送来鱿鱼，念斌无法作案。所以，警方又把作案手段从投毒投在鱿鱼里，改为投在水壶里。但这番修改后，又与陈炎娇和丁云虾原来的证言出现矛盾，陈炎娇和丁云虾最初所做的证言并不是用水壶里的水制作的鱿鱼和稀饭，而是使用红色塑料桶里的水。为了掩盖真相，警方把她们与本案相矛盾的证言隐匿起来，重新制造出若干份与念斌“作案”相对应的证言。警方在编造这些假证时，不小心编造出了翁其峰多次出现“分身调查”的笑话，其中翁其峰竟然“一人分身五地”做调查的笑话至今仍被人耻笑。

八、隐匿剩鱿鱼汁、胃内容等关键物证

警方在7月28日现场勘查时，在第一时间便发现了现场遗留的死者吃剩下的“青椒炒鱿鱼”的汤汁以及“酱油煮杂鱼”、地瓜稀饭等食物，他们对这些物证进行了提取、拍照和录像，并于当日向福州市公安局送检。此外，福州市卫生疾控中心、法医等部门也及时将其各自提取的“洗胃液”“呕吐物”“胃内容”等最为关键的物证送往福州市公安局化验。但福州市公安局经过化验，并没有在这些关键物证中发现氟乙酸盐。这是一个非常重要的信息，如果在死者吃剩下的食物、死者胃内容、洗胃液中没有发现氟乙酸盐，则意味着死者不是死于氟乙酸盐，因而对念斌投毒的指控就是错误的。为了掩盖鱿鱼里没有氟乙酸盐毒物这些重要的事实，警方隐匿了现场遗留吃剩下的鱿鱼等食物的现场照片和录像，并且在现场勘查笔录中守口如瓶，只字不提。在现场照片中，他们小心地拿掉与吃剩下食物有关的照片，将45分钟的现场录像剪掉23分钟，裁掉现场与剩余食物有关的关键部分，将残余录像提交法院。他们就是用这样的方法隐匿了鱿鱼等关键物证，并拒绝对鱿鱼等关键物证做出任何说明。

九、伪造“壶水”、“高压锅”和“铁锅”的检验报告

吃剩下的食物中没有氟乙酸盐毒物，就无法给念斌定罪。为了给念斌定罪，警方在隐匿鱿鱼等吃剩下的食物的同时，开始在水壶、高压锅和铁锅上做文章。

他们“设计”出念斌在7月26日深夜（27日凌晨）潜入丁云虾厨房，从丁云虾水壶嘴内投毒，27日晚上，丁云虾和房东分别用含有毒水的水壶制作了稀饭和鱿鱼，导致六人中毒的“作案过程”。为了证明念斌“实施”了这一犯罪行为，其口供是“真实”的，便假装“送检”了这些物品，再由福州市公安局出具从铁锅、水壶里的水和高压锅里检出氟乙酸盐毒物的检验报告，完成给念斌定罪的“铁证”。

但事实上，检验报告上记载着8月1日才“送检”的铁锅，福州公安局早在7月31日就已经“检出”氟乙酸盐了；而水壶和高压锅，警方发誓是在“2006年8月8日下午同时提取并送检的”，可是8月9日深夜（8月10日凌晨）高压锅竟然还在现场，他们所称在8月8日下午就已经提取的誓言完全是编造的瞎话！铁锅、水壶和高压锅还没有送检，检验结果却早已得出，这种“病人未到，化验结果已出”的荒唐故事，揭露出警方的检验报告都是虚假的，化验所用的所谓“铁锅、水壶、高压锅”与本案毫无关系，这些用来给念斌定罪判死刑的重要证据，竟然都是警方伪造出来的。

十、科学证据足以洗冤

国内顶级毒物专家和香港最知名的毒物专家，在对门把、制作鼠药工具、铁锅、水壶、高压锅、死者生物检材呕吐物六份检出氟乙酸盐毒物的检验报告进行审查后，震惊地发现所有“检出”氟乙酸盐毒物的数据都不能成立。所有“检出”氟乙酸盐阳性的检验操作，都存在违反操作流程和规范的情况，在“检出”阳性的数据中，有的数据根本不能成立，有的检出结论是由污染所致，甚至存在严重违反职业道德、无法原谅的严重错误：“一图两用”“三图六用”（即用同一份阳性检材作为两个不同的检材的质谱图，在六份检验报告中，福州市公安局出现了三次“一图两用”的情况，因而是“三图六用”）的情况，这是警方利用技术检验公然造假的行为。毒物专家在审查全部检验报告和质谱图后，特别提醒法院：“我们的结论是现场物证检验结果应该为未能发现氟乙酸盐，本案件并没有任何证据支持氟乙酸盐曾被使用过。因此，需要慎重考虑其真实性和正确性！”

十一、开棺验尸寻真相

死者不是死于氟乙酸盐，这点已经确定无疑，但两个孩子到底死于何种毒物？至今仍然是个谜。

毒物专家说，中毒者吃剩下的鱿鱼、死者胃内容、洗胃液等物证，都是检验死因的最好检材。2006 年 7 月 28 日，警方在死者吃剩下的食物和死者胃内容、洗胃液中没有发现氟乙酸盐，又没有发现死者系被注射氟乙酸盐而导致中毒死亡，这就意味着死者不是死于氟乙酸盐中毒！这种情况下，检验单位必须对死者的死因进行复检，以确定死者到底死于何种毒物，尤其是在现场已经发现毒鼠强鼠药的情况下，就更应当对死者的生物检材和吃剩下的食物进行毒鼠强等毒物的化验排查。这在 2006 年是完全有条件进行化验的，特别是毒鼠强的检验是一项非常简单的技术，福州市公安局完全有能力、有条件进行该项检验。但福州市公安局在八年以来从未向法庭提供过任何对死者和现场物证进行毒鼠强排查化验的证据。

毒物学和法医学专家在认真查阅了死者病历等资料后发现，根据死者生前中毒的症状，两名死者发病症状与毒鼠强的中毒症状十分相似，但化验结果是死者体内没有氟乙酸盐，尤其是医院在死者生前抢救时使用了氟乙酸盐的特效解药——乙酰胺，也未能挽救下两个孩子的生命，甚至连一点好转的迹象都没有。这些都强有力地支持了死者不是死于氟乙酸盐，不能排除死者死于毒鼠强中毒。

——来源：《今日说法》，2014 - 12 - 05

【案例讨论】

1. 为何念斌先后 4 次被法院判处死刑立即执行却没有上刑场？

2. 此案拖延 8 年之久的原因何在？

【思路引导】

大量事实证据雄辩证明了念斌是无罪的，这是一起公安机关构陷下的冤案，法院应当尽快释放念斌，尽最大努力减小冤狱对念斌及其家庭的伤害。

对于死者，鉴于死者系土葬，建议开棺验尸，查明真相，缉拿真凶，告慰死者的在天之灵。

对于该案到底是食物中毒，还是另有真凶，侦查机关需要进一步查明真相。

公正涉及案件的真相、当事人的合法权益，司法的公正应该得到彻底贯彻，做到有法必依、执法必严。

【项目一】　资料学习——撰写心得体会

在讲授“我国社会主义法律的本质特征”“全面依法治国的基本格局”等内容时，组织学生学习习近平总书记关于《中共中央关于全面推进依法治国若干重大问题的决定》的说明。通过学习，让学生明确法律是治国重器，法治是国家治理体系和治理能力的重要依托。全面推进依法治国，是确保党和国家长治久安的根本要求。在学习之后，每位学生撰写一篇心得体会。

【资料】习近平总书记关于《中共中央关于全面推进依法治国若干重大问题的决定》的说明

关于《中共中央关于全面推进依法治国若干重大问题的决定》的说明

习近平

受中央政治局委托，我就《中共中央关于全面推进依法治国若干重大问题的决定》起草情况向全会作说明。

一、关于全会决定起草背景和过程

党的十八届三中全会后，中央即着手研究和考虑党的十八届四中全会的议题。党的十八大提出了全面建成小康社会的奋斗目标，党的十八届三中全会对全面深化改革作出了顶层设计，实现这个奋斗目标，落实这个顶层设计，需要从法治上提供可靠保障。

党的十八大提出，法治是治国理政的基本方式，要加快建设社会主义法治国家，全面推进依法治国；到2020年，依法治国基本方略全面落实，法治政府基本建成，司法公信力不断提高，人权得到切实尊重和保障。党的十八届三中全会进一步提出，建设法治中国，必须坚持依法治国、依法执政、依法行政共同推进，坚持法治国家、法治政府、法治社会一体建设。全面贯彻落实这些部署和要求，关系加快建设社会主义法治国家，关系落实全面深化改革顶层设计，关系中国特色社会主义事业发展。

法律是治国之重器，法治是国家治理体系和治理能力的重要依托。全面推进依法治国，是解决党和国家事业发展面临的一系列重大问题，解放和增强社会活力、促进社会公平正义、维护社会和谐稳定、确保党和国家长治久安的根本要求。要推动我国经济社会持续健康发展，不断开拓中国特色社会主义事业更加广阔的发展前景，就必须全面推进社会主义法治国家建设，从法治上为解决这些问题提供制度化方案。

改革开放以来，我们党一贯高度重视法治。1978年12月，邓小平同志就指出："应该集中力量制定刑法、民法、诉讼法和其他各种必要的法律，例如工厂法、人民公社法、森林法、草原法、环境保护法、劳动法、外国人投资法等等，经过一定的民主程序讨论通过，并且加强检察机关和司法机关，做到有法可依，有法必依，执法必严，违法必究。"党的十五大提出依法治国、建设社会主义法治国家，强调依法治国是党领导人民治理国家的基本方略，是发展社会主义市场经济的客观需要，是社会文明进步的重要标志，是国家长治久安的重要保障。党的十六大提出，发展社会主义民主政治，最根本的是要把坚持党的领导、人民当家作主和依法治国有机统一起来。党的十七大提出，依法治国是社会主义民主政治的基本要求，强调要全面落实依法治国基本方略，加快建设社会主义法治国家。党的十八大强调，要更加注重发挥法治在国家治理和社会管理中的重要作用。

党的十八大以来，党中央高度重视依法治国，强调落实依法治国基本方略，加快建设社会主义法治国家，必须全面推进科学立法、严格执法、公正司法、全民守法进程，强调坚持党的领导，更加注重改进党的领导方式和执政方式；依法治国，首先是依宪治国；依法执政，关键是依宪执政；新形势下，我们党要履行好执政兴国的重大职责，必须依据党章从严治党、依据宪法治国理政；党领导人民制定宪法和法律，党领导人民执行宪法和法律，党自身必须在宪法和法律范围内活动，真正做到党领导立法、保证执法、带头守法。

现在，全面建成小康社会进入决定性阶段，改革进入攻坚期和深水区。我们党面对的改革发展稳定任务之重前所未有、矛盾风险挑战之多前所未有，依法治国在党和国家工作全局中的地位更加突出、作用更加重大。全面推进依法治国是关系我们党执政兴国、关系人民幸福安康、关系党和国家长治久安的重大战略问题，是完善和发展中国特色社会主义制度、推进国家治理体系和治理能力现代化的重要方面。我们要实现党的十八大和十八届三中全会作出的一系列战略部署，全面建成小康社会、实现中华民族伟大复兴的中国梦，全面深化改革、完善和发展中国特色社会主义制度，就必须在全面推进依法治国上作出总体部署、采取切实措施、迈出坚实步伐。

基于这样的考虑，今年1月，中央政治局决定，党的十八届四中全会重点研究全面推进依法治国问题并作出决定。为此，成立由我任组长，张德江同志、王岐山同志任副组长，相关部门负责同志、两位省里的领导同志参加的文件起草组，在中央政治局常委会领导下进行文件起草工作。

1月27日，党中央发出《关于对党的十八届四中全会研究全面推进依法治国问题征求意见的通知》。2月12日，文件起草组召开第一次全体会议，文件起草工作正式启动。2月18日至25日，文件起草组组成8个调研组分赴14个省区市进行调研。

从各方面反馈的意见和实地调研情况看，大家一致认为，党的十八届四中全会研究全面推进依法治国问题并作出决定，意义重大而深远，符合党和国家事业发展需要和全党全国各族人民期盼。大家普遍希望通过这个决定明确全面推进依法治国的指导思想和总体要求，深刻阐明党的领导和依法治国的关系等法治建设的重大理论和实践问题，针对法治工作中群众反映强烈的突出问题提出强有力的措施，对社会主义法治国家建设作出顶层设计。

文件起草组在成立以来的8个多月时间里，深入调查研究，广泛征求意见，开展专题论证，反复讨论修改。其间，中央政治局常委会召开3次会议、中央政治局召开2次会议分别审议全会决定。8月初，决定征求意见稿下发党内一定范围征求意见，包括征求党内老同志意见，还专门听取了各民主党派中央、全国工商联负责人和无党派人士意见。

从反馈的情况看，各方面一致认为，全会决定直面我国法治建设领域的突出问题，立足我国社会主义法治建设实际，明确提出了全面推进依法治国的指导思想、总目标、基本原则，提出了关于依法治国的一系列新观点、新举措，回答了党的领导和依法治国的关系等一系列重大理论和实践问题，对科学立法、严格执法、公正司法、全民守法、法治队伍建设、加强和改进党对全面推进依法治国的领导作出了全面部署，有针对性地回应了人民群众呼声和社会关切。各方面一致认为，全会决定鲜明提出坚持走中国特色社会主义法治道路、建设中国特色社会主义法治体系的重大论断，明确建设社会主义法治国家的性质、方向、道路、抓手，必将有力推进社会主义法治国家建设。

在征求意见的过程中，各方面提出了许多好的意见和建议。中央责成文件起草组认真梳理和研究这些意见和建议。文件起草组对全会决定作出重要修改。

二、关于全会决定的总体框架和主要内容

中央政治局认为，全面推进依法治国涉及改革发展稳定、治党治国治军、内政外交国防等各个领域，必须立足全局和长远来统筹谋划。全会决定应该旗帜鲜明就法治建设的重大理论和实践问题作出回答，既充分肯定我国社会主义法治建设的成就和经验，又针对现实问题提出富有改革创新精神的新观点新举措；既抓住法治建设的关键，又体现党和国家事业发展全局要求；既高屋建瓴、搞好顶层设计，又脚踏实地、做到切实管用，既讲近功，又求长效。

全会决定起草突出了5个方面的考虑。一是贯彻党的十八大和十八届三中全会精神，贯彻党的十八大以来党中央工作部署，体现全面建成小康社会、全面深化改革、全面推进依法治国这"三个全面"的逻辑联系。二是围绕中国特色社会主义事业总体布局，体现推进各领域改

[illegible]

三、关于需要说明的几个问题

[illegible]

七、加强和改进党对全面推进依法治国的领导

[illegible]

【项目二】　分组讨论——透视典型案例指导自身行为

在讲授法律规范的作用时，结合演员房祖名涉嫌容留他人吸毒被公诉的典型案例，或其他典型案例，组织学生分组讨论形成小组意见，由小组代表发表观点。引导学生认识法律规范的指引作用、预测作用、评价作用、强制作用、教育作用，从而养成依法办事的习惯。

【资料】演员房祖名涉嫌容留他人吸毒被公诉

2014 年 12 月 22 日，北京市东城区人民检察院以涉嫌容留他人吸毒罪对陈祖明（别名：房祖名）提起公诉，北京市东城区法院当日经审查，认为符合立案受理条件，已受理此案。

2014 年 8 月 14 日，北京警方在北京市东城区将陈祖明、柯震东及助理孙某等多名涉毒人员查获。随后，陈祖明因涉嫌容留他人吸毒被刑事拘留，柯震东因吸食毒品被行政拘留。经初步审查，陈祖明、柯震东承认了吸食毒品大麻的违法行为。警方随后在陈祖明住所内缴获毒品大麻 100 余克。

9 月 10 日，北京市公安局东城分局以陈祖明涉嫌容留他人吸毒罪提请北京市东城区检察院审查批捕。

2014 年以来，北京市司法机关已办理多起演艺界人士涉毒案件。2014 年 5 月 27 日，歌手李代沫被北京市朝阳区法院以容留他人吸毒罪判处有期徒刑 9 个月，罚金 2 000 元。7 月，演员张默因涉嫌吸毒被警方抓获，9 月 4 日，北京市海淀区检察院以涉嫌容留他人吸毒罪对张默批准逮捕。

根据我国《刑法》规定，对于容留他人吸食、注射毒品的，处三年以下有期徒刑、拘役或者管制，并处罚金。

——来源：新华网

【项目三】　观看视频——《今日说法——罪名的变迁》

在讲授法的制定和中国特色社会主义法律体系时，组织学生观看《今日说法——罪名的变迁》，了解我国《刑法》制定及修订方面的情况，并在此基础上结合党的十八届四中全会精神，引导学生了解新时期我国立法的发展变化，提高学生参与民主立法活动的积极性。

【资料】2014 年 12 月 4 日《今日说法——罪名的变迁》内容简介

流氓罪、投机倒把罪曾经使用率很高，《刑法》修订，罪名消失。“囚歌王子”迟志强也曾因流氓罪被判入狱。1979 年我国修订《刑法》，流氓罪消失，取而代之的是聚众斗殴罪、寻衅滋事罪、聚众淫乱罪。《刑法》历经多次修订，立法者关注民生，依法治国，以民为本。

【项目四】　主题演讲——树立法律信仰，维护法律权威

在讲授社会主义法律权威时，组织学生在对“聂树斌案”分析的基础上开展以“树立法律信仰，维护法律权威”为主题的演讲活动，引导学生真正认同和信任法律，推动社会形成尊重和维护法律权威的良好风尚。

【资料】聂母张焕枝：聂树斌案复查感受到了司法进步

新华网石家庄 2014 年 12 月 13 日新媒体专电（记者齐雷杰　朱峰）“9 年来，我每个月

至少去一趟河北省高院，要求重审聂树斌案、要求高院允许律师阅卷。现在，终于等到了最高法院指定山东高院复查，并保障律师阅卷权利，总算向前推进了一步。”面对前来采访的记者，聂树斌的母亲张焕枝说，12 日晚得知相关消息，非常高兴，切身感受到了我国司法的进步。

12 日晚，河北省高级人民法院官方微博发布消息，表示聂树斌故意杀人、强奸一案案情重大复杂、备受社会关注，公众也有异地复查的呼声。为回应社会关切，河北省高级人民法院请求最高人民法院指令其他法院复查此案。最高人民法院经研究已将聂树斌案指令山东省高级人民法院复查。同时，转发最高人民法院官方微博消息：最高人民法院已责成山东高院根据复查工作进展情况通知律师阅卷，依法保障律师阅卷、提出代理申诉意见等诉讼权利。

2005 年 1 月，河南省荥阳警方在当地抓获一名可疑男子，经审讯，这名男子供述称自己名叫王书金，河北省广平县人，曾强奸 4 名妇女并杀害 3 人，其中有“1994 年曾在石家庄市西郊玉米地强奸杀害一名妇女康某”的内容。在移交给河北省广平县公安局后，王书金得知这桩案件早已侦破，“凶手”聂树斌已在 10 年前被执行死刑。王书金案的出现使聂树斌案重新受到高度关注，疑似“一案两凶”引发了舆论对聂树斌案司法公正性的质疑，成为社会一大热点话题。

张焕枝称，她年逾七旬，多年来坚持申诉、上访，只为“给被冤枉的儿子讨回清白”。当年，聂树斌从被警方控制到枪毙，只用了 2 个多月的时间；法院庭审时，因案件涉及他人隐私，她和老伴都没有被允许旁听庭审；儿子被枪毙前，她和老伴都没能再见儿子一面，甚至儿子被枪毙了他们都不知道，直到老伴聂学生去给儿子送衣服，才得知儿子已“上路”了；聂树斌被枪毙后，家人都没拿到法院判决书；王书金案出现后，她走上漫漫上访路，9 年来已不知去了省高院多少趟，历经艰难曲折。现在终于看到聂树斌案向前推动了一步。

13 日，北京博审律师事务所律师刘博今与聂树斌母亲张焕枝签订代理协议，并表示近日将赴山东省高级人民法院要求调阅聂树斌故意杀人、强奸一案相关卷宗。现在聂树斌案由最高人民法院指令山东省高级人民法院异地复查，有利于排除各种干扰，查明事实真相。

——来源：新华网

【项目五】 法律知识竞赛——宣传法律，从我做起

结合“宪法日”普法宣传活动，组织“法律在我心中”知识竞赛，增加学生的法律知识，提升学生的法律意识，从而达到提高学生的法律素质和宣传法律的目的。可以采取笔试和现场竞答方式。

【资料】法律知识题

一、单项选择题

1. 2014 年 10 月 23 日，十八届四中全会通过的《中共中央关于全面推进依法治国若干重大问题的决定》提出全面推进依法治国，总目标是（　　）。

A. 建设中国特色社会主义法治体系，建设社会主义法治国家

B. 建设中国特色社会主义法治体系，建设社会主义法制国家

C. 建设中国特色社会主义法制体系，建设社会主义法治国家

D. 建设中国特色社会主义法制体系，建设社会主义法制国家

2. 2014 年 10 月 23 日，十八届四中全会通过的《中共中央关于全面推进依法治国若干重大问题的决定》提出，坚持依法治国首先要坚持（　　）。

A. 司法独立　　B. 党的领导　　C. 依宪治国　　D. 建立法治政府

3. 党的十八届四中全会指出，依法执政既要求党依据宪法法律治国理政，也要求党依据（　　）管党治党。

A. 党中央指示　　B. 人民群众要求　　C. 党内法规

4. 十八届四中全会指出，法律是治国之重器，（　　）是善治之前提。

A. 法治　　B. 良法　　C. 宪法

5. 十八届四中全会指出，全面推进依法治国，必须坚持党的领导、（　　）、依法治国有机统一。

A. 统一战线　　B. 人民当家做主　　C. 群众路线

6. 十届四中全会指出，（　　）是依法治军的核心和根本要求。

A. 党对军队的绝对领导　　B. 党对军队指导

C. 拥军爱民　　D. 为人民服务

7. 十八届四中全会指出，推进以（　　）为中心的诉讼制度改革，确保侦查、审查起诉的案件事实证据经得起法律的检验。

A. 审判　　B. 司法　　C. 执法　　D. 守法

8. 十八届四中全会通过的《中共中央关于全面推进依法治国若干重大问题的决定》提出：建立法官、检察官逐级（　　）制度。

A. 推选　　B. 遴选　　C. 挑选

9. 劳动者或职工超过（　　）人的，应当设置安全生产管理机构或者配备专职安全生产管理人员。

A. 20　　B. 50　　C. 100　　D. 150

10. 我国的政体是（　　）。

A. 人民代表大会制度　　B. 人民民主专政

11.《宪法》规定，宪法的修改，由全国人民代表大会常务委员会或者五分之一以上的全国人民代表大会代表提议，并由全国人民代表大会以全体代表的（　　）以上的多数通过。

A. 二分之一　　B. 三分之二　　C. 四分之三

12. 全国人大每届任期（　　）年。

A. 3　　B. 4　　C. 5

13. 劳动合同是劳动者与用工单位之间确立劳动关系，明确双方（　　）的协议。

A. 权利和义务　　B. 权力和责任　　C. 职责和义务

14. 依据《女职工劳动保护特别规定》第七条，女职工生育享受（　　）天产假。

A. 90　　B. 98　　C. 100

15. 2014 年 10 月 23 日，十八届四中全会通过的《中共中央关于全面推进依法治国若干重大问题的决定》指出，“对因违法违纪被开除公职的司法人员、吊销执业证书的律师和公证员，（　　）从事法律职业。”

A. 终身禁止　　B. 限期禁止

16.《中共中央关于全面推进依法治国若干重大问题的决定》要求：“（　　）互联网领域立法。”

A. 加强　　B. 加快　　C. 增强

17.《中共中央关于全面推进依法治国若干重大问题的决定》指出：“用严格的（　　）保护生态环境。”

A. 法律　　B. 制度　　C. 法律制度

18.《中共中央关于全面推进依法治国若干重大问题的决定》提出：“深入推进（　　），加快建设法治政府。”

A. 依法行政　　B. 依法执政　　C. 依法理政

19.《中共中央关于全面推进依法治国若干重大问题的决定》提出：“建立重大决策（　　）追究制度及责任倒查机制。”

A. 终身责任　　B. 限期责任

20.《中共中央关于全面推进依法治国若干重大问题的决定》要求：“严格执行（　　）法治审核制度。”

A. 执法决定　　B. 重大执法决定　　C. 重大决定

21.《中共中央关于全面推进依法治国若干重大问题的决定》要求：“（　　）司法解释和案例指导，统一法律适用标准。”

A. 加强　　B. 规范　　C. 加强和规范

22.《中共中央关于全面推进依法治国若干重大问题的决定》提出：“（　　）人民群众参与司法。”

A. 确保　　B. 保证　　C. 保障

23.《中共中央关于全面推进依法治国若干重大问题的决定》要求：“完善人民监督员制度，（　　）检察机关查办职务犯罪的立案、羁押、扣押冻结财物、起诉等环节的执法活动。”

A. 监督　　B. 重点监督

24.《中共中央关于全面推进依法治国若干重大问题的决定》指出：“（　　）全社会树立法治意识。”

A. 推动　　B. 推进

25. 我国的法律服务，主要包括（　　）等。

A. 律师、公证、基层法律服务、法律援助

B. 律师、公证、法律援助

C. 律师、公证、基层法律服务

26.《中共中央关于全面推进依法治国若干重大问题的决定》要求：提高党员干部法治思维和依法办事能力。把法治建设成效作为衡量各级领导班子和领导干部工作实绩的重要内容，纳入（　　）指标体系。

A. 政绩考核　　B. 政绩　　C. 考核

27.《劳动合同法》第十六条规定：“劳动合同由用人单位与劳动者（　　），并经用人单位与劳动者在劳动合同文本上签字或者盖章生效。”

A. 协商　　B. 协商一致

28.《劳动合同法》规定：三年以上固定期限和无固定期限的劳动合同，试用期不得超过（　　）。

A. 一个月　　B. 二个月　　C. 六个月

29. 试用期内用人单位（　　）劳动合同。

A. 不能随意解除　　B. 可以解除

30. 竞业限制时间由当事人事先约定，但不得超过（　　）。

A. 一年　　B. 二年　　C. 三年

二、多项选择题

1. 2014 年 10 月 23 日，十八届四中全会通过的《中共中央关于全面推进依法治国若干重大问题的决定》提出，全面推进依法治国，总目标是建设中国特色社会主义法治体系，建设社会主义法治国家，具体说是（　　）。

A. 在中国共产党领导下，坚持中国特色社会主义制度

B. 贯彻中国特色社会主义法治理论，形成完备的法律规范体系

C. 高效的法治实施体系，严密的法治监督体系

D. 有力的法治保障体系，形成完善的党内法规体系

2. 2014 年 10 月 23 日，十八届四中全会通过的《中共中央关于全面推进依法治国若干重大问题的决定》提出，全面推进依法治国，总目标是建设中国特色社会主义法治体系，建设社会主义法治国家，坚持（　　）。

A. 依法治国　　B. 依法执政　　C. 依法行政　　D. 依法治理

3. 2014 年 10 月 23 日，十八届四中全会通过的《中共中央关于全面推进依法治国若干重大问题的决定》提出，全面推进依法治国，总目标是建设中国特色社会主义法治体系，建设社会主义法治国家，促进国家治理体系和治理能力现代化。其特征是（　　）。

A. 科学立法　　B. 严格执法　　C. 公正司法　　D. 全民守法

4. 2014 年 10 月 23 日，十八届四中全会通过的《中共中央关于全面推进依法治国若干重大问题的决定》提出，全面推进依法治国，总目标是建设中国特色社会主义法治体系，建设社会主义法治国家，实现这个总目标，必须坚持中国共产党的领导，必须（　　）。

A. 坚持人民主体地位　　B. 坚持法律面前人人平等

C. 坚持依法治国和以德治国相结合　　D. 坚持从中国实际出发

5. 2014 年 10 月 23 日，十八届四中全会通过的《中共中央关于全面推进依法治国若干重大问题的决定》明确了全面推进依法治国的重大任务，其内容是（　　）。

A. 完善以宪法为核心的中国特色社会主义法律体系，加强宪法实施

B. 深入推进依法行政，加快建设法治政府

C. 保证公正司法，提高司法公信力；增强全民法治观念，推进法治社会建设

D. 加强法治工作队伍建设；加强和改进党对全面推进依法治国的领导

6. 2014 年 10 月 23 日，十八届四中全会通过的《中共中央关于全面推进依法治国若干重大问题的决定》提出，建立法治政府，必须（　　）。

A. 健全依法决策机制

B. 把公众参与、专家论证、风险评估、合法性审查、集体讨论决定确定为重大行政决策法定程序

C. 建立行政机关内部重大决策合法性审查机制

D. 建立重大决策终身责任追究制度及责任倒查机制

7. 健全依法维权和化解纠纷机制，建立健全（　　），畅通群众利益协调、权益保障法律渠道。

A. 救济救助机制　　B. 协商沟通机制

C. 利益表达机制　　D. 社会矛盾预警机制

8. 要把公正、公平、公开原则贯穿立法全过程，完善立法体制机制，坚持立改废释并举，增强法律法规的（　　）。

A. 及时性　　B. 系统性　　C. 针对性　　D. 有效性

9. 十八届四中全会通过的《中共中央关于全面推进依法治国若干重大问题的决定》指出，加快建设（　　）的法治政府。

A. 职能科学　　B. 权责法定　　C. 执法严明　　D. 公开公正

E. 廉洁高效　　F. 守法诚信

10. 实现（　　），实现我国和平发展的战略目标，必须更好地发挥法治的引领和规范作用。

A. 经济发展　　B. 政治清明　　C. 文化昌盛　　D. 社会公正

E. 生态良好

11. 2014 年 10 月 23 日，十八届四中全会通过的《中共中央关于全面推进依法治国若干重大问题的决定》提出，全面推进依法治国，总目标是建设中国特色社会主义法治体系，建设社会主义法治国家，坚持（　　）一体建设。

A. 法治国家　　B. 法治政府　　C. 法治社会

12. 2014 年 10 月 23 日，十八届四中全会通过的《中共中央关于全面推进依法治国若干重大问题的决定》提出，重点规范（　　）等执法行为。

A. 行政许可　　B. 行政处罚　　C. 行政强制　　D. 行政征收

E. 行政收费　　F. 行政检查

13. 劳动者通常是指具有劳动能力，以从事脑力或体力劳动获取合法收益作为生活来源的公民。法律意义上的劳动者应具备的条件有（　　）。

A. 符合法定的年龄，年满十六周岁（除特殊工种外）至法定退休年龄

B. 具备一定的劳动权利能力和劳动行为能力

C. 与用人单位形成劳动关系

D. 从事的劳动必须是合法的

14. 劳动合同按期限分有（　　）。

A. 固定期限劳动合同　　B. 无固定期限劳动合同

C. 以完成一定工作任务为期限的劳动合同

15. 工会在劳动合同制度实施方面具有（　　）等权利。

A. 知情权　　B. 参与权　　C. 协商权　　D. 建议权

E. 监督权

16. 用人单位与劳动者订立劳动合同时，应当履行（　　）职业病危害告知义务。

A. 工作过程中可能产生的职业病危害及其后果

B. 职业病防护措施

C. 劳动者享有的保险福利待遇

D. 患职业病后享有的职业病人待遇

17. 劳动争议处理有哪些基本原则？(　　)

A. 合法原则　　B. 公正原则　　C. 及时处理原则　　D. 着重调解原则

18. 哪些情形不能认定为工伤？(　　)

A. 故意犯罪　　B. 醉酒或者吸毒

C. 自残或者自杀　　D. 法律、行政法规规定的其他情形

19. 集体协商主要内容有哪些？(　　)

A. 有关劳动标准与劳动条件的条款

B. 有关集体合同本身的一般性条款

C. 双方认为应当协商的其他内容

20. 职业病是指企业、事业单位和个体经济组织等用人单位的劳动者在职业活动中，因接触（　　）而引起的疾病。

A. 粉尘　　B. 放射性物质　　C. 其他有毒、有害因素

21. 依据《女职工劳动保护特别规定》附录，用人单位不得安排女职工做的工作有(　　)。

A. 矿山井下作业

B. 体力劳动强度分级标准中规定的第四级体力劳动强度的作业

C. 每小时负重 6 次以上、每次负重超过 20 公斤[①]的作业，或者间断负重、每次负重超过 26 公斤的作业

22. 根据《劳动法》、《劳动争议调解仲裁法》的规定，解决劳动争议，应当遵循的基本原则包括（　　）。

A. 合法原则　　B. 公正原则　　C. 及时处理原则　　D. 着重调解原则

23. 当事人通过协商解决劳动争议，应当遵循（　　）等原则。

A. 协商主体合法　　B. 当事人地位平等　　C. 在法律允许的范围内协商

24. 根据《社会保险法》第四条的规定，在社会保险关系中个人主要有以下权利：(　　)。

A. 依法享受社会保险待遇

B. 有权监督本单位为其缴费情况

C. 个人可以向社会保险经办机构查询、核对其缴费和享受社会保险待遇记录，要求社会保险经办机构提供社会保险咨询等相关服务

25. 社会保险关系中个人的主要义务有（　　）。

A. 缴费义务　　B. 登记义务　　C. 监督义务

26. 我国公民的人身自由不受非法侵犯，具体包括：(　　)。

A. 公民的人身自由不受侵犯　　B. 公民的人格尊严不受侵犯

C. 公民的住宅不受侵犯　　D. 公民的通信自由和通信秘密受法律保护

---

① 1 公斤 = 1 000 克。

27. 根据《企业民主管理条例》、《全民所有制工业企业职工代表大会条例》等法律和政策的规定，职工代表大会享有的职权有（　　）。

A. 知情权　　B. 共决权　　C. 选举权　　D. 监督权

28. 对工会的劳动法律监督职责和权利作了规定的法律法规有（　　）。

A.《工会法》　　B.《劳动法》　　C.《劳动合同法》　　D.《社会保险法》

29.《宪法》第五十三条规定："中华人民共和国公民必须（　　）"。

A. 遵守宪法和法律　　B. 保守国家秘密　　C. 爱护公共财产　　D. 遵守劳动纪律

E. 遵守公共秩序　　F. 尊重社会公德

30. 我国宪法赋予我国公民十分广泛的权利。具体可归纳为（　　）等方面。

A. 平等权　　B. 政治权利和自由　　C. 宗教信仰自由　　D. 人身自由

E. 社会经济权利　　F. 文化教育权利　　G. 监督权

【项目六】　旁听法律庭审，感受司法过程

在讲授法的适用（司法）时，组织学生到就近的法院参加案件的现场庭审，接触真实的法律生活，了解具体的司法活动过程，使学生不仅体验庭审过程，对法律知识有更加生动和深刻的感性认识，而且更会震撼于法律的尊严，对法律、道德、人情有全新的思考，进一步增强对依法治国的理解和追求。

【项目七】　法律小品秀

为加强法制教育建设，组织学生举行以"弘扬法律，舞动青春"为主题的小品表演，让学生参与小品剧的编演过程中，深化对法律的认识，提高自身的法律素养。

要求：

1. 每班一个作品。

2. 内容要贴近生活，积极健康向上，以宣传法律为主，以学习学法、用法、惩罚违法犯罪为题材。

3. 作品形式可以选择小品、哑剧、幽默剧、滑稽剧等形式。

【项目八】　社会实践——宪法日宣传活动

在"12·4"国家宪法日，组织学生参加宪法宣传活动，通过这项活动，使学生认识到宪法是国家的根本大法，是国家治国安邦的总章程，具有最高的法律地位、法律权威、法律效力。帮助学生树立宪法意识，增强宪法观念，自觉维护宪法权威。

【资料1】习近平在首个宪法日强调宪法是治国安邦的总章程

2014年12月4日，习近平在首个国家宪法日到来之际作出重要指示，强调宪法是治国安邦的总章程。

习近平：推动全面贯彻实施宪法

习近平强调，宪法是国家的根本法，是治国安邦的总章程，是党和人民意志的集中体现，具有最高的法律地位、法律权威、法律效力。我国宪法是符合国情、符合实际、符合时代发展要求的好宪法，是我们国家和人民经受住各种困难和风险考验、始终沿着中国特色社会主义道路前进的根本法制保证。

习近平强调，坚持依法治国，首先要坚持依宪治国；坚持依法执政，首先要坚持依宪执政。要坚持党的领导、人民当家做主、依法治国有机统一，坚定不移走中国特色社会主义法治道路，坚决维护宪法法律权威。要以设立国家宪法日为契机，深入开展宪法宣传教育，大力弘扬宪法精神，切实增强宪法意识，推动全面贯彻实施宪法，更好发挥宪法在全面建成小康社会、全面深化改革、全面推进依法治国中的重大作用。

——来源：新华网，2014－12－03

【资料2】让宪法不能成为“闲法”

健全宪法实施和监督制度。坚持依法治国，首先要坚持依宪治国；坚持依法执政，首先要坚持依宪执政。全国各族人民、一切国家机关和武装力量、各政党和各社会团体、各企业事业组织，都必须以宪法为根本的活动准则，并且负有维护宪法尊严、保证宪法实施的职责。一切违反宪法的行为都必须予以追究和纠正。

完善全国人大及其常委会宪法监督制度，健全宪法解释程序机制。加强备案审查制度和能力建设，把所有规范性文件纳入备案审查范围，依法撤销和纠正违宪违法的规范性文件，禁止地方制发带有立法性质的文件。

将每年12月4日定为国家宪法日。在全社会普遍开展宪法教育，弘扬宪法精神。建立宪法宣誓制度，凡经人大及其常委会选举或者决定任命的国家工作人员，正式就职时需公开向宪法宣誓。——摘自《中共中央关于全面推进依法治国若干重大问题的决定》

习近平总书记所作的《关于〈中共中央关于全面推进依法治国若干重大问题的决定〉的说明》（以下简称《决定》）对此进行了阐释：

健全宪法实施和监督制度。宪法是国家的根本法。法治权威能不能树立起来，首先要看宪法有没有权威。必须把宣传和树立宪法权威作为全面推进依法治国的重大事项抓紧抓好，切实在宪法实施和监督上下功夫。

党的十八届三中全会提出，要进一步健全宪法实施监督机制和程序，把实施宪法要求提高到一个新水平。这次全会决定进一步提出，完善全国人大及其常委会宪法监督制度，健全宪法解释程序机制；加强备案审查制度和能力建设，依法撤销和纠正违宪违法的规范性文件；将每年12月4日定为国家宪法日；在全社会普遍开展宪法教育，弘扬宪法精神。

全会决定提出建立宪法宣誓制度。这是世界上大多数有成文宪法的国家所采取的一种制度。在142个有成文宪法的国家中，规定相关国家公职人员必须宣誓拥护或效忠宪法的有97个。关于宪法宣誓的主体、内容、程序，各国做法不尽相同，一般都在有关人员开始履行职务之前或就职时举行宣誓。全会决定规定，凡经人大及其常委会选举或者决定任命的国家工作人员，正式就职时需公开向宪法宣誓。这样做，有利于彰显宪法权威，增强公职人员宪法观念，激励公职人员忠于和维护宪法，也有利于在全社会增强宪法意识、树立宪法权威。

省社科院法学研究所所长韩旭：宪法是国家的根本大法，是治国安邦的总章程，在社会主义法律规范体系中居于统率地位，具有最高的法律地位、法律权威、法律效力。全面贯彻实施宪法，是全面推进依法治国、建设社会主义法治国家的首要任务和基础性工作。然而，自我国1982年《宪法》颁布至今已经36年过去了，宪法的权威还没有真正树立起来，宪法监督和实施机制尚未被激活，违宪审查并没有得以落实，现实生活中违反宪法的行为因此也无法得以纠正，宪法在某种程度上成了“闲法”（闲置的法律）。为了切实改变这一状况，在全社会树立宪法权威、弘扬宪法精神、普及宪法教育，推动宪法实施，《决定》提出将每年12月4日定为国家宪法日，并建立宪法宣誓制度。11月1日，刚刚闭幕的十二届全国人大常委会第十一次会议正式决定将12月4日设立为国家宪法日，在这一天，国家将通过多种形式大张旗鼓地开展宪法宣传教育活动。这些仪式性的活动，不仅具有象征意义，而且有利于培育宪法文化。公职人员正式就职时公开向宪法宣誓，仪式的庄重性、严肃性和公开性，不仅可以强化宪法对宣誓人内心的约束力，增强其使命感和责任感，而且便于群众监督，督促其在就职后忠于宪法和法律，勤勉尽责，以虔诚和敬畏之心模范遵守宪法。

无论是设定国家宪法日还是建立宪法宣誓制度，虽然都有助于推动宪法的实施，但并不能确保宪法的实施。宪法若要被激活，还需要“健全宪法实施和监督制度”，“完善全国人大及其常委会宪法监督制度，健全宪法解释程序机制”。宪法监督和解释是一项巨大的法治建设工程，任务艰巨、工作繁重，急需建立一个具有权威性的专门机构来完成。下一步可考虑通过修改宪法，在全国人大之下设立宪法委员会，专司宪法监督、解释之责，提高对法律、法规和规范性文件的备案审查能力，从而完成《决定》提出的“把所有规范性文件纳入备案审查范围，依法撤销和纠正违宪违法的规范性文件”的任务。唯有如此，方能使违反宪法的行为真正受到追究和纠正，从根本上维护宪法的尊严和权威。

——来源：四川在线——《四川日报》，2014－11－04

【项目九】 专题讨论——薄案审判是法治建设的里程碑

程序具有独立的价值和意义，人们应当通过正当程序追求实体公正的结果。只有按照正当程序处理问题，处理结果才具有公信力和权威性。在讲授这一问题时，组织学生观看《薄熙来案件庭审全程回顾》，引导学生围绕正当程序的中立性、参与性、公正性、时限性等特征展开讨论，进一步增强学生的法制观念，为推进我国法制的进步而努力。

【资料】薄案审判是法治建设的里程碑

薄熙来案件的审理，其公开透明程度可谓前所未有，可圈可点之处颇多，是严格遵循诉讼程序审理案件的典范。审判组织文明司法，遵守司法礼仪，着装得体、语言文明、态度平和、行为规范，充分体现了高超的庭审艺术和良好的职业修养，体现了良好的司法形象和司法作风，展现了中国司法公正、民主、自信、大度的精神风貌。

2013年8月22—26日，山东省济南市中级人民法院一审公开开庭审理被告人薄熙来受贿、贪污、滥用职权一案，并在其官方微博上详细播报了庭审情况，及时全面地公开了5天以来庭审的现场记录。9月22日，济南中院公开作出一审判决：被告人薄熙来犯受贿罪，判处无期徒刑，剥夺政治权利终身，并处没收个人全部财产；犯贪污罪，判处有期徒刑十五年，并处没收个人财产一百万元；犯滥用职权罪，判处有期徒刑七年；数罪并罚，决定执行无期徒刑，剥夺政治权利终身，并处没收个人全部财产。这一举世瞩目的审判遂告一段落。

此前庭审中，济南中院严格执行新刑事诉讼法的各项规定，认真进行法庭调查，平等对待控辩双方，让控辩双方充分举证、质证、辩论，充分发表意见，充分保障了被告人的辩护权，特别是数十名证人出庭作证，既有利于保障证人证言的真实性、合法性，也实现了被告人的对质权。本案庭审未对旁听庭审设置障碍，完全在阳光下进行，安排在可容纳逾百人的大审判庭，允许被告人亲属、媒体记者和公众旁听，并按照有关规定对庭审活动进行全程同步录音或者录像，特别是微博及时披露庭审信息，及时将庭审笔录向社会公开，满足了公民的知情权，这一“创举”及其公开透明程度可谓前所未有，可圈可点之处颇多，是严格遵循诉讼程序审理案件的典范。本案审判组织文明司法，遵守司法礼仪，着装得体、语言文明、态度平和、行为规范，充分体现了高超的庭审艺术和良好的职业修养，体现了良好的司法形象和司法作风，展现了中国司法公正、民主、自信、大度的精神风貌，既回应了海内外的高度关注，又打破了国外关于本案系“政治审判”的流言和误传。

需要指出一点，不少人因庭审时未对薄使用戒具而误以为是“优待”或“特权”，对这一误解有必要予以澄清。其实，1982 年《最高人民法院关于人民法院公开审判刑事案件时一般不要对被告人使用戒具的通知》已规定，“凡是被告人没有可能逃跑、行凶、自杀和发生其他危险行为时，都不要对他们使用戒具。只有在为保障安全和秩序而有必要时，才允许使用戒具。”尽管薄案属重大案件，国内外关注度极高，但由于看守严密，薄并非人身危险性大的被告人，也没有逃跑、行凶、自杀和发生其他危险行为的可能性，因此可以不对其使用戒具。能不使用戒具就不使用戒具，也是司法文明的表现之一。

通过公开的庭审笔录和五万余字的刑事判决书，不难看出，本案关于薄熙来实施受贿、贪污、滥用职权犯罪的事实清楚，来龙去脉均有相应证据证实，共同指向待证事实，能合理排除矛盾，且已形成完整的证据链，已达到“证据确实充分”的证明标准。

我国《刑法》第三百八十六条规定，“对犯受贿罪的，根据受贿所得数额及情节，依照本法第三百八十三条的规定处罚。”第三百八十三条第一款规定，“对犯贪污罪的，根据情节轻重，分别依照下列规定处罚：(一) 个人贪污数额在十万元以上的，处十年以上有期徒刑或者无期徒刑，可以并处没收财产；情节特别严重的，处死刑，并处没收财产……”第三百九十七条第一款规定，“国家机关工作人员滥用职权或者玩忽职守，致使公共财产、国家和人民利益遭受重大损失的，处三年以下有期徒刑或者拘役；情节特别严重的，处三年以上七年以下有期徒刑。”据此，薄收受唐肖林、徐明等人贿赂高达 20 447 376. 11 元，贪污大连市政府的 500 万元，制造假证并发布虚假信息、放纵杀人凶手薄谷开来参与尼尔·伍德案的研究且破坏刑事案件侦查等所作所为，且导致时任重庆市副市长王立军叛逃，其滥用职权的行为造成极其严重的后果，在国内外造成恶劣影响。薄案的社会危害极大，具有法定、酌定从重处罚情节，却无法定或酌定的从轻、减轻处罚情节。薄当庭否认全部罪行，明显苍白无力，稍有辨别能力的人不会被其迷惑。虽然薄拒不认罪，这是其权利，不能强迫自认其罪。尽管公诉人在法庭上提出“被告人拒不认罪，应予严惩”，但纵观全案，法院仍系以事实为根据、以法律为准绳，依法行使审判权，合法合理地行使自由裁量权，作出公正裁决。一审法院对三个罪名的量刑，完全做到了宽严相济、罚当其罪，很好地贯彻了宽严相济的刑事政策。本案审判程序合法，适用法律正确，定罪准确，量刑适当，罪刑均衡，体现了罪刑法定原则和罪刑相适应原则以及法律面前人人平等原则，也体现了责任主义和并合主义的要求，确保了案件质量，确保了实体公正、程序公正和形象公正，确保了裁判法律效果、社会效果和政治效果的高度统一，是经得起历史检验的铁案。通过审判薄案，体现了国家反腐败的坚定立场，弘扬了正气，振奋了人心，彰显了法治精神，大大增加了社会的正能量。

历史的车轮滚滚向前。这一历史性审判将进一步维护和提升司法公信力，促进司法文明，推动人权保障，可谓中国法治建设的里程碑。当前我国社会主义法治建设正有条不紊、如火如荼地进行，步伐坚定稳健，虽未臻完善，但已远胜往昔。任何人，无论他曾经多么位高权重、炙手可热，只要构成犯罪，必将受到正义的审判。不要忘记，正义可能会迟到，但不会缺席。

——来源：人民法院网，2013－09－24

【项目十】 辩论赛——实体公正和程序公正孰重孰轻

公平公正是社会主义法制建设的根本价值追求，是我国特色社会主义的内在要求。坚持公平公正，其中一个方面就是坚持实体公正和程序公正并重。在讲述这一问题时，结合复旦大学投毒案，组织学生围绕“实体公正和程序公正孰重孰轻”展开讨论，正确认识实体公正和程序公正的关系，打破我国传统的重实体轻程序的观念，进一步提高学生的法制理念。

【资料】复旦投毒案被告变供，林森浩的权利也要捍卫

2014年12月8日上午，备受公众关注的复旦大学投毒案二审在上海市高级人民法院5法庭公开审理。被指在饮水机内投放二甲基亚硝胺致室友黄洋死亡的林森浩，在庭上辩称其没有杀人动机，在投毒后对水进行了稀释。辩方律师指黄洋死亡为爆发性乙型肝病巧发致死，要求法庭重新鉴定黄洋死因。(《京华时报》11月9日)

林森浩一审时被判处死刑，就在一些人认定林森浩死罪难逃之际，事情仿佛起了变化。其实，二审最受关注的不是林森浩的变供，更不是他的道歉，而是“有专门知识的证人”出庭。在庭上，“有专门知识的证人”挥洒自如，做到了用证据说话，给人留下极深印象，似乎使投毒案充满变数。

说到“有专门知识的证人”——有时也叫专家证人，一般出现在民事案件中。不过，2013年1月1日起施行的《新刑诉法》第一百九十二条明确规定：“公诉人、当事人和辩护人、诉讼代理人可以申请法庭通知有专门知识的人出庭，就鉴定人作出的鉴定意见提出意见。”换言之，无论公诉人还是辩护人，都有权利请“有专门知识的人”出庭。“有专门知识的人”能发现案件中不为人知的漏洞，从而更好地维护当事人的合法权益。

“有专门知识的人”，往往出手不凡。众所周知的案例是美国辛普森杀妻案中，由于李昌钰等“有专门知识的人”出庭，将警方的证据驳倒，致使案情发生大扭转。辛普森后被裁定无罪，一大功劳应归于“有专门知识的证人”。而此次林森浩的辩护人请到的“有专门知识的人”——法医胡志强，同样有成功经验。

胡志强曾为“常林锋杀妻案”改判提供了关键证据。常林锋被检方指控掐死妻子后焚尸，一审因故意杀人罪被判处死刑。当事人聘请胡志强担任法医提供鉴定意见后，案情出现了转折。2014年3月20日，北京市一中院判决常林锋无罪，并当庭释放，“胡志强的法医鉴定对此案的改判起到了至关重要的作用。”

不管胡志强能否使复旦大学投毒案发生转折，“有专门知识的人”出庭都见证着法治进步，这也是《新刑诉法》一大亮点。《刑事诉讼法》被誉为“保障人权的小宪法”，《新刑诉法》更加注重人权保障，强化证据意识、程序意识和监督意识。胡志强在庭上称，黄洋死亡原因是爆发性乙型病毒性肝炎致急性肝坏死，多器官衰竭死亡。他根据目前检测报告，认定黄洋中毒致死缺乏依据，确定死者死亡性质是中毒并且是特定二甲基亚硝胺中毒，是“不客观不科学的”。无论这些说法最终会不会被法庭认可，都说明身为“有专门知识的人”，法医胡志强起码是负责的，也是尽力的。

遗憾的是，无论胡志强还是林森浩的律师，在互联网上被骂得狗血喷头，甚至有网友称，“那个为杀人犯狡辩的无良律师，我真的希望林森浩毒死的是你的家人！”也许这种激愤情绪出于对黄洋的同情，是他们表达自己对“正义”的理解，但在法治时代，哪怕林森浩十恶不赦，他也有权利请律师为自己辩护，聘请“有专门知识的人”提供有利于自己的证据。这才是法治社会的基本正义。

有了“有专门知识的人”出庭，复旦大学投毒案确实增添了不确定因素。认可法治精神的理性人，即便再愤恨林森浩，也应该明白他的权利必须捍卫。律师、“有专门知识的人”的出庭，如果能够使该案更禁得起推敲，岂不是好事？

——来源：由作者根据相关资料整理

【项目十一】 互动教学——宣传普及法律知识，培养法治思维方式

社会主义法治国家建设的进程能否顺利进行，在一定程度上要看社会主义法治思维方式能否深入人心。在讲述这一问题时，结合“把权力关进制度的笼子里”的论断，提出问题、思考问题，引导学生正确理解法律、权力、权利、程序这四个治国理政的基本要素，逐步培养起社会主义法治思维方式。

【资料】“把权力关进制度的笼子里”：为什么关？怎么关？

（江必新，最高人民法院副院长，）

【编者按】 习总书记关于“把权力关进制度的笼子里”的说法一经提出，立即引起全党上下及社会各界的强烈反响，也带给人很多期许。“把权力关进制度的笼子里”，可以说是对权力与制度关系的形象概括，也是回归权力本质的必然要求。那么，为什么“把权力关进制度的笼子里”，如何“把权力关进制度的笼子里”，什么样的制度才能把权力关进笼子，在实践中又要处理好哪些与“把权力关进制度的笼子里”相关的关系等，都是需要我们搞清楚的。就相关问题，《中国党政干部论坛》记者特别采访了法学博士、最高人民法院副院长江必新。

记者：习总书记在中央纪委第十八届二次全会上提出“把权力关进制度的笼子里”，随即引起全党及社会的关注或者说更多的是一种期待。您如何理解“把权力关进制度的笼子里”？

江必新：简单说，权力是一种政治上的强制力，是职责范围内的影响力和支配力。对权力而言，没有监督的制约和没有制约的监督，都是危险的。一个社会如果没有这种支配力或影响力，就会陷入混乱。但是经验告诉我们，如果不对这种权力加以限制和控制，它就可能发生异化。这是因为，就权力的属性来说，客观上具有较强的渗透性和扩张性，如果不为它设定法律上的边界，它随时都可能利用其控制的财富和暴力，不适当地膨胀起来，从而得以超越或凌驾于社会成员之上。就权力的效应来看，它具有使权力指向的对象服从掌权者的功能。正是这种服从的效应，使它有可能成为攫取利益的工具，有可能被用作满足个人私欲的手段。从这个意义上说，权力本身就存在着腐化的自然趋向。从权力的实现过程看，权力只有通过掌权者才能实现，甚至必须通过多层政府机构才能实现，换句话说，它必须通过众多的工作人员的活动才能实现。然而，作为权力实现的导体或中介的个人，由于认识、感情、品德或其他方面的不完善性，不可能百分之百地、绝对正确无误地按照权力的应有目的来运用它，权力随时都有可能被滥用或误用。再从权力的作用机制看，权力本身产生于社会，它是在社会发展中凝聚而成的。但是它一经形成，就具有相对独立性，并且有追求尽可能多的

独立性的趋向，从而产生两种不相等的力量的交互作用，而权力的作用方向并非固定的、单向的，它既可以起推动社会进化的作用，也可以沿着相反方向起作用。正所谓“现代国家是为了服务于社会而建立起来的，但是它又对这个社会构成威胁”。因此，不受制约的权力会导致腐败，必须建立完善的制约机制才有可能避免权力的腐化。

这里需要说明的是，权力本身并不代表一种绝对的价值，它本身是一个中性的或潜藏着若干可能性的影响力或支配力。它同社会需要和公共利益相联系，是为维护和实现社会需要和公共利益而存在的；另一方面，权力的运行过程是社会价值和社会资源的分配过程，在这个过程中，一些掌权者可能利用手中的权力谋取私利。在普通人眼里，掌权者就是权力的化身，而每一个掌权者又是社会中的一员，与其他普通人一样。为此，对权力的监督和制约实际上是对掌权者的监督和制约。

记者：正如您所说，不受制约的权力必然导致腐败，避免权力被腐化就要把权力关进制度的“笼子”。那权力会乖乖地“入笼”吗？倘若权力明知应“入笼”却总是在“笼子”口犹豫怎么办？

江必新：那肯定是不想更不愿“入笼”，所以才强调要“把权力关进制度的笼子里”。其实，早在1980年小平同志就说过，我们的“总病根”就是“权力过分集中”。解决这个“总病根”，在我国现阶段最有效的办法，就是在正确理顺党政关系的前提下，以权力控制权力，以权利控制权力，以民主监督权力，以法律规制权力。简单说就是这样几个关键词：分权（工）、民主、人权、法治、党政关系。

所谓分权（工），就是分散权力，防止权力过分集中，避免权力“一股独大”。分散权力在当今世界有两种情况，即权力分立和权力分工。权力分立（分权），是指国家权力不能集中于国家机构的某个部门或一部分人，而应当合理地分割成若干部分，由宪法授予不同的国家机构（部门）和不同的人所执掌。法国哲学家孟德斯鸠说：“一切有权力的人都会滥用权力，这是万古不易的经验。要防止滥用权力，就必须以权力约束权力。”而权力分工是在某一核心领导下的不同的国家机构相互监督与分工。我国全国人民代表大会制度就属于权力分工的范畴。分权或者分工的目的在于避免独裁者的产生。英国史学家阿克顿勋爵“权力使人腐化，绝对的权力使人绝对的腐化”的名言就说明了“分散权力”的重要性。从技术层面上来说，分散权力是制约权力的前提。权力制约是指国家权力的各部分之间相互监督、彼此钳制，由此构筑一个关住权力的“笼子”，以保障公民权利。

再说民主。以“让公民与社会力量来参政督政”为主要内容的民主和分权（工）一样，能够强有力地约束权力，将权力这只怪兽锁入笼中。只有把权力放在民众的眼中去审视、去监管，人民所赋予的权力，才能为民所用，权力天然的兽性才会被制度所驯、为民众所服。对于权力监督，我国不乏规制，也不乏“高度重视”。但掌权者伤民现象并未真正得到扼制。究其原因，就是掌权者设计制作了“笼子”并掌管着“笼子”的钥匙，“笼子”看上去很美，却漏洞百出。权力来自哪里，掌权者就向哪里负责。这是职业道德，更是生存法则。相应地，关住权力的“笼子”由谁来设计，设计成什么样子，谁来掌控“笼子”的钥匙，是权力能否被驯服、能否心甘情愿待在“笼子”里，从而能否真正为民所用的决定因素。因此，把权力关进“笼子”，更要把钥匙交给人民。钥匙在人民手上，“让全体人民来监督”，变关猫的牛栏为制度的铁笼，迫使掌权者不得不成为公众的孺子牛，才算是真正实现了“人民当家做主”。

还有人权。人权可以划出权力的禁区，通过保护公民的生命权、自由权、人身权与财产权来划出一块政府权力绝对不得进入的领域，从而大大缩小了政府权力的活动范围。因此必须保证人民依法享有广泛的权利和自由。这就要求：一要在“广泛”上做文章。不仅要保护人民私法上的权利，而且要保护人民公法上的权利；不仅承认国民的法定权利，而且要承认国民的基本人权与正当利益；不仅要不断扩大人民的政治权利，而且要不断扩大国民的经济、社会、文化、环境权利；不仅要强化对自由权的保护，而且要强化对平等权的保护；不仅要保护当代人的权利，而且要保护子孙后代的权利。二要在“保证”上下功夫。其一，为权利的行使提供必要的物质资源；其二，使每项权利相应的义务或职责具有对应支持；其三，有效防止权利遭受公共权力的侵害；其四，切实保障权利的平等行使；其五健全权利受损的救济机制，使受公共权力侵害的私益得到及时赔偿或补偿。

再次是法治。“民主和法治可以被看作克服国家与社会之间矛盾的两种不同的方法。国家的建立对社会来说是必要的，但是它也代表着一种威胁。法治是要约束国家的权力，而民主则是要在行使国家权力的过程中动员社会。”用宪法和法律来规范权力，通过确立法治来对权力加以法律的约束，确保政府是法治的，而不是人治的。1215 年，英国的一些地主联合起来，第一次成功用法律束缚君王，由此开创了法治驯化权力的先河。对权力的监督和制约，是任何法治形态的基本要义。破坏法治的最大危险一般情况下都来自权力，只有约束好权力，国民的权利和自由才可能安全实现。

最后一个是党政关系。区分党权与国权，正确处理党政关系，这是由我国特殊国情决定的。《中华人民共和国宪法》序言确定了中国共产党的领导地位。中国共产党对国家的领导权是政治、思想与组织的领导，因此，党权与国权是不同的。党对国家必须实行政治领导，但不能因此而使党凌驾于宪法和法律之上，使党行政化、司法化。只有正确处理好党政关系，才能从根本上优化对掌权者行使权力进行监督的条件与环境。

记者：把权力关进制度的“笼子”，关键还是要看“制度笼子”的质地。您刚才说到变关猫的“牛栏”为制度的“铁笼”，我想起 13 年前江西省原副省长胡长清因贪污受贿被严惩，死前曾说“组织的管理和监督对我而言，如同牛栏关猫，进出自由”。习总书记谈到“把权力关进制度的笼子里”时要求建立“三不”机制。您怎样理解这个“制度笼子”？好的“制度笼子”应具备哪些特点？

江必新：要关住权力，加强教育、重视掌权者的个人德性固然重要，但更重要的是制度。小平同志就曾说过，“制度问题不解决，思想作风问题也解决不了”。因为“制度问题更带有根本性、全局性、稳定性和长期性”。“制度好，可以使坏人无法横行，制度不好，可以使好人无法充分做好事，甚至会走向反面……必须引起全党的高度重视”。这指出了制度的重要性，也强调制度必须是良善的。

一般来说，好的“制度笼子”具有以下特点：一是客观性。不能脱离和超越其产生的前提和条件，应当符合我国的世情、国情、社情、民情。二是代表性。必须体现多数人的整体意志和利益，应广泛听取各方声音，吸纳各种力量，集合各方才智，共同打造腐败的“终结笼子”。三是严密性。我们党一直致力于探索加强制度建设和教育防范工作。但是现有的一些法规制度，有的相对滞后或过于笼统，有的虽然建立了一些相应的制度，但落实的力度不够。当务之急是要编织更为坚实、合体的“制度笼子”，彻底解决“牛栏关不住猫”的问题。四是可操作性。不仅在实体内容上切实可行，在程序上也要简易方便。五是刚性。

事实上，用来关权力的“笼子”一直都有，但或许是看管“笼子”的人不够尽职或者不独立公正，致使权力从“笼内”轻易窜出，为所欲为，从而导致用来关权力的“笼子”成了“纸笼子”。

记者：编织好更为坚实、合体的“制度笼子”以解决“牛栏关不住猫”的问题，您认为重点应进行哪些相应的改革和完善？

江必新：首先是优化权力。不科学、不合理的权力结构，是“纸笼子”。“纸笼子”是关不住权力这只猛虎的。党的十七大报告提出建立健全决策权、执行权、监督权既相互制约又相互协调的权力结构和运行机制，是对改革开放以来我们党在探索权力制约和监督机制方面的重要经验和实践成果的总结，是对权力结构和运行机制认识的进一步深化，对于规范权力运行、从源头上防治腐败，对于深化我国的政治体制改革，意义重大。当前在优化权力内部结构的同时，也要优化权力行使的外在环境。国务院《全面推进依法行政实施纲要》中已有明确规定。凡是公民、法人和其他组织能够自主解决的，市场竞争机制能够调节的，行业组织或者中介机构通过自律能够解决的事项，除法律另有规定外，行政机关不要通过行政管理去解决。

第二，职权法定。“行政机关是法律的产儿”，权力在形式上只能来源于法律，由法律规定。法律应当规范权力的运行，为权力运行设定明确的范围、条件和界限。国务院《全面推进依法行政实施纲要》强调指出，行政执法要在“法定的职权范围内实施”。掌权者必须在法律规定的职权范围内活动。非经法律授权，不可能具有并行使某项职权。这与“凡法律没有禁止皆可为”的公民权利不同。职权法定，越权无效，是公法的主要原则之一。凡法律没有授予的，掌权者就不得为之。法律禁止的当然更不得为之。

第三，合法合理。合法性原则，是指权力的存在、行使必须依据法律，符合法律，不得与法律相抵触。德国近代行政法学的奠基人奥托·迈耶把行政合法性原则分解为法律优先原则和法律保留原则。法律优先原则要求行政机关不得实施与法律规定不一致的行为，任何行政行为若与法律规定相冲突则无效，该原则亦称为消极的依法行政原则；法律保留原则要求行政机关的行政行为必须有明确的法律授权，否则不得行为，因此该原则亦称为积极的依法行政原则。由于自由裁量权的大量出现，为防止权力的滥用，应当为权力的行使设定正当目的及合理基准与要求，因此合理性原则也随之出现，并成为合法性原则的延伸或拓展。国务院《全面推进依法行政实施纲要》对行政机关合法合理行政提出明确要求。

第四，程序正当。“把权力关进制度的笼子里”，尤其要注意设置程序“笼子”。通过设立具有高度正当性的程序，通过赋予利益相关方充分的程序权利，通过科学、有效且符合规律的管理，通过有效而理性的层级监督和外部监督等，确保掌权者正确行使权力。这些程序包括听取意见、利益回避、平等对待、兼听则明、公正高效、便民利民等。当前我国在设置程序“笼子”中，应重点关注参与原则和公开透明原则。

第五，有效监督。对权力的监督，从监督主体上看，可以分为利害关系人的监督、专门国家机关或者机构的监督和社会舆论的监督。在所有对权力的监督方式中，来自利害关系人的监督是最好的监督。因此，必须充分赋予利害关系人以知情权、参与权、表达权、协议权、异议权、请求救济权等权利，确保其理性、有效、适度参与决策及其执行程序。“制度笼子”一旦制定出来，包括制定者都不能随心所欲去违反。因为好的制度，必然以强制性为后盾，必然以科学分工的“专门机构”有效权力制衡为保障，确保掌权者的意志不得凌驾于法律和人民之上。专门国家机关或者机构的监督包括司法监督、行政监督、监察监督、审计监督、舆论监督等。其中最为重要的是司法监督。应为司法机关依法独立公正行使职权创造体制条件，并设置高度正当的司法程序。司法的性质、功能和使命，要求司法主体必须具有中立性，而司法的中立须以确保司法机关独立行使职权并有足够的能力抗拒任何形式的干扰为条件。在中国，对司法的干扰，不仅来自“金钱”和“权力”，还来自“人情”和“关系”，这种国情和现实，使中国的司法所面临的干扰风险非常大，必须进一步推进司法体制改革和制度完善。需要说明一点，即使是专门国家机关或者机构的监督者自身，也要受到监督，而且要受到更加严格的监督。也就是说，在强化监督的同时要防止监督权的滥用。习总书记说打铁还需自身硬，要用铁的法律纪律打造监督队伍，以保证监督者足够“铁”，足够“硬”。

第六，问责制度。问责制已经成为世界通行的政府管理机制。问责制的本质在于对权力的违法或不当行使进行责任追究，体现了责任政府的原则。问责制是现代国家强化和明确责任、改善国家治理的一种有效制度，是民主政治的本质要求，正如潘恩所说：“一切授予的权力都是委托，一切僭越的权力都是篡夺，政府权力来自人民，必须对人民负责。”国务院《全面推进依法行政实施纲要》要求行政机关违法或者不当行使职权，应当依法承担法律责任，实现权力和责任的统一。依法做到执法有保障、有权必有责、用权受监督、违法受追究、侵权须赔偿。

记者：习总书记提出的“三不”机制，可以说是标本兼治、惩防并举的反腐倡廉体系的制度化标准。如何让“制度笼子”发挥其应有的作用呢？

江必新：重点要处理好五个方面的关系。其一，限制与激励。当“制度笼子”建设得愈加健全并执行有力时，权力才会老老实实地待在“笼子”里。当然，权力并非恶之滥觞，把权力关进“笼子”里，不是让权力躺在“笼子”里“睡大觉”，无所作为，也不是打压掌权者，而是让掌权者不专权、不越权、不谋私的同时，通过“制度笼子”的约束，激励掌权者更好地承担责任，让权力恰如其分地发挥作用，实现其取之于民、用之于民、造福于民的价值。其二，他律与自律。权力是人民赋予的，只能用来为人民服务，否则就是权力异化。把权力关进“制度笼子”里的关键就是你说的“笼子”的质地，变关猫的“牛栏”为制度的“铁笼”，变依靠个人自觉的软约束为依靠刚性制度的硬制衡。当然，制度的刚性他律不否定掌权者的自律，他们应树立权力是人民赋予的观念，正确对待组织；树立领导就是服务的观念，正确对待群众；树立做官就是奉献的观念，正确对待个人；树立权力必须受到制约的观念，正确对待监督。特别重要的是，要让掌权者意识到他不会永远拥有权力。其三，自上与自下。“把权力关进制度的笼子里”恐怕绝不是单靠上层的施压就可以做到，也需要全民监督局面的形成。小平同志总结“文化大革命”的教训，把人民监督作为一项制度提出来，强调“要有群众监督制度，让群众和党员监督干部，特别是领导干部”。如果说“把权力关进笼子”作为一个政治目标，“分权”就是把“笼子”里的权力分散并使之相互制约，而“自下”的监督就是“把权利放出笼子”，让公民和社会的力量构成一道坚不可摧的“监督笼子”。其四，“老虎”与“苍蝇”。党的十八大提出“不管涉及什么人，不论权力大小、职位高低，只要触犯党纪国法，都要严惩不贷”。习总书记指出要坚持“老虎”“苍蝇”一起打。这里实际上有一个“大”与“小”的辩证法。也就意味着，制度的“笼子”既要关“大”权力，也要关“小”权力。但是这并不否定我国目前权力监督的主要对象仍然是“老虎”。其五，“常”与“长”。权力天然具有腐败的倾向，即便有“制度笼子”的震慑，也按捺不住有些掌权者蠢蠢欲动的心，总想挑战一下“制度笼子”的权威。要让权力在制度的“笼子”里安分守己，正如习总书记所言：“反腐倡廉必须常抓不懈，拒腐防变必须警钟长鸣，关键就在‘常’、‘长’二字。”一个是经常抓，唯有经常性地敲打掌权者，才能让权力时刻保持警醒；一个是长期抓，唯有长期性地拒腐防变，才能清除权力妄为的土壤；也唯有“常”“长”二剑同时出鞘，“把权力关进制度的‘笼子’里”才不会沦为“运动式”“一阵风”“上有政策、下有对策”之类的权宜之计。

记者：非常感谢您接受本刊采访。

——来源：《中国党政干部论坛》，第20130706期

【项目十二】 情景模拟——“我爸是市长”

法治理念是理性化的法制观念，是指导人们进行法治实践的思想基础、基本原则和价值追求。树立社会主义法治理念，有利于促进正确法制观念的形成。在讲述这一问题时，以“我爸是市长”为题，组织学生扮演其中角色，模拟情景过程。然后在这个基础上进一步分析事实发生的原因及造成的影响，从而正确认识法治和人治、法治和德治的关系，帮助学生树立正确的法制观念。

【资料1】男子飞机上拒关手机殴打安全员，称：我爸是市长

2014年10月30日，记者从福鼎市宣传部门获悉，29日微博爆料的“福建福鼎市市长儿子殴打安全员”一案，经初步调查核实，并非福鼎市市长包江苏的儿子，而是另一位郑姓副市长的儿子。

据29日的微博爆料，河北航空重庆到温州的航班，在起飞前，乘务员两次提醒头等舱旅客郑某关闭手机，但乘务员走后郑某又开机，被安全员制止。起飞后两分钟爬升关键阶段他又开机，安全员再次出面制止，该旅客随后对安全员多次进行辱骂及推搡，并威胁要让父亲报复安全员。

微博内容还指出，“男子自称是福建省福鼎市市长儿子，让自己父亲报复当班安全员和证人们。后来地面公安证明他的父亲真的是市长。”

福鼎市宣传部门向新华网记者证实，福鼎市市长是包江苏，包江苏的孩子近日在厦门，微博爆料的“福建福鼎市市长儿子”与事实不符，“但经调查核实，他是另一位郑姓副市长的儿子。”

——来源：新华网福州

【资料2】2014年山西事业单位考试申论热点——“我爸是市长”的反思

【原因分析】

从“我爸是李刚”到“我爸是县长”，再到“我爸是市长”，从“官二代”口里发出的狂言让人不寒而栗。牛气冲天的话中透露出权力的傲慢，透露出有权就可以无法无天，透露出有权就可以肆意欺凌别人。哪怕自己并非权力的真正拥有者，哪怕只是与权力沾亲带故，也能理所当然地享受权力的雨露，成为权力的庇护者和受益者。在这大闹机场的时刻，更是该拿出来在群众面前显摆的时候。叫嚣“我爸是市长”不仅是对民意的藐视，更是对社会公平公正的戕害。

【措施】

第一是要坚持依法治国，对政府官员手中的权力进行制约。此次“副市长之子殴打安全员”一事，本质上反映的是权力专横和对法律尊严的漠视。刚刚结束的党的十八届四中全会将法治提高到一个前所未有的高度，依法治国的关键是对权力的制约和监督。习近平总书记一再强调“奉法者强则国强，奉法者弱则国弱”。

第二是要对政府官员手中的权力进行监督。特别是现如今网络舆论正成为一支不可忽视的力量，对政府官员手中权力进行监督，需要加大群众对政府官员手中权力的监督，并依法举报。政府也要积极引导舆论，避免被网络情绪牵着鼻子走；但是最为根本的是要用良法实现善治，网络戾气的根源还在网络之外，如何让更多的人不再焦虑应是执政者考虑的重要命题。

第三是作为一名官员干部，更需要教育好自己的子女；子不教，父之过，官员干部不仅仅应是律于自身，在工作中履行职责，而且还要管好家庭，管好家属和子女，一个立身正、以身作则的人，怎会容忍嚣张跋扈、蛮不讲理的家教！另外，家庭也是组织观察和考核的组成部分，没有一个相得益彰的家属和安守本分的子女，不可能有一个良好的自我塑身氛围。对广大领导干部来说，要加强对于子女的培养和教育，对其道德养成应尤其注意，不要因忽视教育而酿成大祸之后才追悔莫及。这不仅仅是对子女的照护，也是对自身道德风范的营塑。

实践教学应注意的问题

1. 从法律发展史来看，法律是一种复杂的社会历史现象。实践教学中引导学生透过各种法律现象，把握法律的本质，正确看待法律的社会作用。

2. 社会主义法律的运行是一种从创制、实施到实现的过程。实践教学中使学生了解立法、守法、执法、司法的环节，把握社会主义法律体系建立健全的内在规律。

3. 中国特色社会主义法律体系是全面落实依法治国基本方略的前提和基础。实践教学中，引导学生正确理解中国特色社会主义法律体系的形成标志、构成和意义，增强对社会主义法律制度的认同感和维护法律权威的责任感。

4. 全面贯彻实施宪法是全国推进依法治国建设社会主义法治国家的首要任务和基础性工作。实践教学中引导学生认识设立国家宪法日和建立宪法宣誓制度，有利于在全社会增强宪法意识，树立宪法权威，推动宪法的实施。

5. 注意引导学生理解依法治国作为社会主义法治理念的核心是以科学立法、严格立法、公正立法、全民守法为基本要素，并随着国情的变化而不断丰富与发展完善。

6. 以法律至上、权力制约、人权保障、正当程序为基本要素的社会主义法治思维方式的培养是一个长期的实践过程。在实践教学中，鼓励学生学习法律知识、参加法律实践、树立法制观念，自觉提高依法办事能力。

7. 注意引导学生在实践中时刻关心国家大事，关注法制建设的发展，利用所学知识思考问题、分析问题、解决问题，不断提高自身法治素质。